NORBERT KLUGE

EINFÜHRUNG IN DIE SYSTEMATISCHE PÄDAGOGIK

DIE ERZIEHUNGSWISSENSCHAFT

Einführungen in Gegenstand, Methoden und Ergebnisse
ihrer Teildisziplinen und Hilfswissenschaften

1983
WISSENSCHAFTLICHE BUCHGESELLSCHAFT
DARMSTADT

NORBERT KLUGE

EINFÜHRUNG IN DIE SYSTEMATISCHE PÄDAGOGIK

Ansätze zu einer systematischen Betrachtungsweise der Allgemeinen Pädagogik

1983
WISSENSCHAFTLICHE BUCHGESELLSCHAFT
DARMSTADT

CIP-Kurztitelaufnahme der Deutschen Bibliothek

Kluge, Norbert:
Einführung in die systematische Pädagogik:
Ansätze zu e. systemat. Betrachtungsweise
d. allg. Pädagogik / Norbert Kluge. –
Darmstadt: Wissenschaftliche Buchgesellschaft,
1983.
(Die Erziehungswissenschaft)
ISBN 3-534-06784-3

1 2 3 4 5

Bestellnummer 6784-3

Satz: Maschinensetzerei Janß, Pfungstadt
Druck und Einband: Wissenschaftliche Buchgesellschaft, Darmstadt
Printed in Germany
Schrift: Linotype Garamond, 9/11

ISBN 3-534-06784-3

INHALT

EINLEITUNG

In der deutschsprachigen Fachliteratur fehlt es gegenwärtig nicht an Publikationen, deren erklärtes Ziel es ist, in den Gegenstandsbereich der Erziehungswissenschaft einzuführen. Die stattliche Zahl der zur Zeit vorliegenden Einführungsschriften läßt vermuten, daß in der Vergangenheit wohl bei den Adressaten solcher Veröffentlichungen eine gesteigerte Nachfrage bestand oder noch keine Arbeit vollends überzeugen konnte und somit das Interesse an neuen Entwürfen wachgehalten wurde.

Allerdings darf der Schwierigkeitsgrad propädeutischer Schriften nicht unterschätzt werden, worauf in letzter Zeit mehrmals aufmerksam gemacht wurde.[1] Demnach scheint es gerade zu den schwierigsten Vorhaben eines erziehungswissenschaftlichen Autors zu gehören, eine Einführungsschrift zu verfassen, die möglichst vielen Erwartungen seiner Leser gerecht wird. Eine kritische Sichtung der vorhandenen Einführungen führt keineswegs zu der Feststellung, daß es *die* erziehungswissenschaftliche Einführungsschrift, die anspruchsvollen Beurteilungskriterien genügen könnte, bereits gibt. Schon deshalb ist anzunehmen, daß auch in Zukunft die Reihe der Versuche, in die Erziehungswissenschaft einzuführen, fortgesetzt wird.

Die vorliegende Schrift erhebt nicht den Anspruch, in die Erziehungswissenschaft schlechthin, sondern – laut Titel – in eine ihrer Teildisziplinen einzuführen. Die „Systematische Pädagogik", die nicht selten auch als Allgemeine Pädagogik synonym angesprochen wird, betrachtet ihren Gegenstand nicht wie die Historische Pädagogik retrospektiv oder die Vergleichende Pädagogik komparativ, sondern sie betrachtet die erziehungswissenschaftlichen Fundamentalbegriffe in einem bestimmten Strukturgefüge. „Systematisch" erhält die Bedeutung der ordnenden Darstellung erziehungstheoretisch relevanter Grundaussagen und Grundbegriffe von einem leitenden und vorgegebenen Strukturprinzip her.

[1] J. Derbolav: Vorüberlegungen zu einer „Einführung in die Pädagogik". In: Pädagogische Rundschau 20 (1966), S. 35–44; W. Brezinka: Die Krise der wissenschaftlichen Pädagogik im Spiegel neuer Lehrbücher. In: Zeitschrift für Pädagogik 12 (1966), S. 53–88; J. Falkson/G. Homfeldt: Über die Schwierigkeiten, eine „Einführung in die Pädagogik" zu schreiben. In: Neue Sammlung 10 (1970), S. 397–405; H. Giesecke: Über das Schreiben von Lehrbüchern. In: Neue Sammlung 10 (1970), S. 406–415; L. Koch: Über die Schwierigkeit einer Einführung in die Erziehungswissenschaft. In: Vierteljahresschrift für wissenschaftliche Pädagogik 52 (1976), S. 1–10.

Wie die einschlägige Literatur zu erkennen gibt, handelt es sich bei einem solchen terminologischen Beziehungsgeflecht nie um ein abgeschlossenes und endgültiges System der Erziehungstheorie. Vielmehr beschreiben die Darstellungen der Systematischen Pädagogik in der Regel unterschiedliche Systementwürfe aus der Sicht einer erziehungsphilosophischen Fragestellung. Strenggenommen haben solche Arbeiten die systematische Betrachtungsweise der Allgemeinen Pädagogik aus dem Blickwinkel einer philosophischen Denkrichtung bzw. eines wissenschaftstheoretischen Ansatzes zum Gegenstand. Bei den Titeln solcher Abhandlungen wird dann nicht immer streng zwischen einer „Einführung in die Pädagogik/Erziehungswissenschaft" und „Allgemeinen Pädagogik" oder „Systematischen Pädagogik" unterschieden.

Seit sich die Pädagogik als eine wissenschaftliche Disziplin versteht, wobei dieser Anspruch stets vom jeweiligen Stand der wissenschaftstheoretischen Diskussion zu betrachten ist, sind zahlreiche Vorschläge für ein pädagogisches System unterbreitet worden.[2] Es wäre sicherlich allzu vordergründig, ihr die Tatsache des häufigen Versuchs schon als einen Mangel anzulasten. Statt dessen kann man in den ersten Systementwürfen nachlesen, daß sich die Verfasser außerstande sahen, ein geschlossenes System der Erziehungstheorie zu entwerfen. Sie sind sich über den Versuchscharakter ihres Vorhabens durchaus im klaren.

Die Krise der Systematischen Pädagogik begann in der Mitte der sechziger Jahre – zu dem Zeitpunkt, als deutlich wurde, daß angesichts zahlreicher, ja zahlloser erziehungswissenschaftlich relevanter Forschungsbefunde der einzelne Erziehungswissenschaftler überfordert sei, ein abgerundetes oder gar vollständiges System zu entwerfen. Nicht zuletzt haben ideologiekritische Beiträge bis dahin unangefochtene Systementwürfe in Frage gestellt und vor einer ungeprüften Übernahme aus Gründen der Manipulation gewarnt. 1972 stellte U. Müllges stellvertretend für andere Erziehungswissenschaftler fest: „... der Selbstvollzug der Systematischen Pädagogik [hat] zwar viele anregende Gedankenexperimente hervorgebracht, [ist] im ganzen jedoch von verbindlichen und gültigen Resultaten weit entfernt."[3] In der Erziehungswissenschaft machten sich Resignation, Skepsis und Zurückhaltung gegenüber den systematischen Darstellungen der pädagogischen Theorie breit. Systematisches Denken innerhalb des

[2] Siehe die zahlreichen Titel in der Fachliteratur seit den Arbeiten von E. Ch. Trapp, I. Kant und den frühen pädagogischen Kantianern (u. a. J. Schuderoff, J. Ch. Greiling, J. H. Heusinger, W. F. Lehne, K. Weiller, K. H. L. Pölitz).

[3] U. Müllges: Ist Systematische Pädagogik noch möglich? In: Erziehungswissenschaft und Beruf 20 (1972), S. 2.

erziehungstheoretischen Problemzusammenhangs galt als überholt und nutzlos.

Der Verzicht auf jegliche Systematisierungsabsicht hatte nun zur Folge, daß in den letzten Jahren wieder die Stimmen derer zunehmen, die vor allem im Namen der Studenten eine Systematisierung der erziehungswissenschaftlichen Grundaussagen im Sinne einer ersten Orientierung verlangen. Außerdem geben Vertreter der Erziehungswissenschaft zu bedenken: Es sei geradezu das Merkmal wissenschaftlichen Denkens und Vorgehens, die Einzelergebnisse erziehungswissenschaftlicher Forschung zu sammeln und einem System – welchem auch immer – zuzuordnen. Der Mangel an Systementwürfen offenbare augenfällig eine Kluft zwischen Erziehungstheorie und Erziehungswirklichkeit. L. Koch hat im Blick auf den wissenschaftstheoretischen Aspekt den Grundgedanken geäußert: „Jeder Verzicht auf Systematik unserer Erkenntnisse ist gleichbedeutend mit vernunftloser Forschung. Sie läßt uns darüber im unklaren, in welchem Verhältnis die einzelnen Erkenntnisse zu anderen Erkenntnissen stehen.“ [4]

Es besteht also ebenso aus der hochschuldidaktischen Notwendigkeit, junge Menschen in eine wissenschaftliche Teildisziplin einzuführen, wie in wissenschaftstheoretischer Hinsicht das Desiderat, weiterhin nach pädagogischen Systementwürfen Ausschau zu halten, moderne Konzepte zu entwickeln und zu diskutieren. Der Einwand, daß es in den vergangenen Jahrhunderten nicht gelungen sei, ein einwandfreies und allgemeingültiges Konzept zu finden, vermag heute nicht mehr zu überzeugen, da dieser Anspruch von keinem erziehungstheoretischen Systematiker erhoben worden ist. Vielmehr ist die Allgemeine Pädagogik aufgefordert, unter Ablehnung perfektionistischer Wunschvorstellungen und mit allen zur Verfügung stehenden Methoden nach geeigneten Modellen zu suchen.

Es gibt zuverlässige Hinweise, daß seit geraumer Zeit wieder an allgemeinpädagogischen Systementwürfen gearbeitet wird. Es sei hier nur auf die Veröffentlichungen von W. Brezinka, J. Derbolav, H. Scheuerl, F. v. Cube und K. Schaller verwiesen.[5] Die Autoren erklären im Titel, Untertitel, Vorwort oder Text ihrer Arbeiten, daß sie ihre Abhandlungen als Vor-

[4] L. Koch: A. a. O., S. 8.

[5] W. Brezinka: Grundbegriffe der Erziehungswissenschaft, München 1974; ders.: Erziehungsziele, Erziehungsmittel, Erziehungserfolg, München 1976; ders.: Metatheorie der Erziehung, München 1978; J. Derbolav: Frage und Anspruch, Wuppertal 1970; ders.: Systematische Perspektiven der Pädagogik, Heidelberg 1971; H. Scheuerl: Probleme einer Systematischen Pädagogik, aus: Th. Ellwein u. a. (Hrsg.), Erziehungswissenschaftliches Handbuch, Bd. 4, Berlin 1975, S. 13–88; F. v. Cube: Erziehungswissenschaft, Stuttgart 1977; K. Schaller: Einführung in die Kommunikative Pädagogik, Freiburg 1978.

arbeiten oder Vorschläge für einen Systementwurf betrachten. In aller Bescheidenheit wird zugegeben, daß *das* System der Erziehungswissenschaft noch nicht gefunden sei. Beachtenswert dürften die neuen Ansätze schon deshalb sein, weil sie unterschiedlichen Hauptströmungen der Gegenwart entstammen und mehrere Forschungsrichtungen repräsentieren. Während früher ausschließlich die deduktive Methode gewählt wurde, gibt es heute auch erste Beiträge aus dem Bereich der empirisch-analytischen Forschung. Es ist nicht nur wünschenswert, sondern erscheint vom gegenwärtigen Forschungsstand her geboten, daß sich die Vertreter der empirisch-pädagogischen Forschungsrichtung an der Diskussion über zeitgemäße pädagogische Systeme beteiligen. Dies dürfte aus zweierlei Gründen begrüßenswert sein: zum einen, weil die empirischen Forschungsmethoden in der Erziehungswissenschaft inzwischen einen angemessenen Platz einnehmen, zum anderen sie bei Ideologieverdacht rein spekulativ gewonnener Modelle eine wichtige Ergänzungs- und Kontrollfunktion übernehmen können.

Eine „Einführung in die Systematische Pädagogik" kann ihre Aufgabe nicht darin sehen, in die Erziehungswissenschaft global oder nur in ein einzelnes System erziehungsphilosophischer Theoriebildung einzuführen. Sie sollte vor allem mit den einschlägigen Systementwürfen bekannt machen und den jeweiligen Begründungszusammenhang herauszuarbeiten versuchen. Daß es im Rahmen einer Einführungsschrift nur möglich ist, eine kleine Auswahl aus den in der Vergangenheit zahlreich vorgelegten Systemansätzen zu berücksichtigen, versteht sich von selbst. Unser Augenmerk gilt insbesondere den weitverbreiteten Monographien, die in ihrem Titel den systematischen Themenbereich eindeutig ausweisen. Bei der Darstellung der ersten Ansätze zu einer Systematischen Pädagogik im 18. und 19. Jahrhundert geht es nicht darum, die Pädagogik der einzelnen Klassiker umfassend und detailliert zu behandeln. Mit dieser Fragestellung befassen sich ältere und zum großen Teil auch neuere Arbeiten, auf die teilweise verwiesen wird. In einer Schrift wie der vorliegenden kommt es in erster Linie darauf an, den *systematischen* Grundgedanken im Horizont des Gesamtwerkes eines Pädagogikers deutlich herauszuarbeiten. Als Hilfsmittel zur Verdeutlichung des jeweiligen Konzepts dient ein *Schema,* das trotz der bekannten und nicht zu leugnenden Einwände gegen schematische Darstellungen erstellt wurde. Es dürfte gerade da nützlich und hilfreich sein, wo der Versuch unternommen wird, ein anspruchsvolles System vorzustellen, z. B. bei den Monographien der Systematischen Pädagogik. Allerdings ergeben sich bei der Schematisierung des Begründungszusammenhangs bisweilen (z. B. bei Ballauff) oder bei umfangreichen Systemen (z. B. bei Henz) erhebliche Schwierigkeiten und unlösbare Probleme.

Die neueren Ansätze zu einem System der Allgemeinen Pädagogik lassen sich zwar überschaubar darstellen, bei der Zuordnung der Autoren zu einer spezifischen Forschungsrichtung zeigen sich die Grenzen der begrifflichen Fixierung nur allzu deutlich. So bekennen sich Brezinka, Rössner und v. Cube zweifellos zur Position des Kritischen Rationalismus; dennoch lassen sich gewisse Unterschiede bei allen drei Vertretern der wissenschaftstheoretischen Hauptrichtung nicht übersehen. Im ganzen fällt bei diesem Kapitel das breite Spektrum der modernen Ansätze auf.

Überblickt man die einzelnen Systementwürfe, so erkennt man eine größere Zahl von Grundbegriffen, die je nach Systematisierungsversuch unterschiedlich zueinander in Beziehung stehen. Ebenso ist augenfällig, daß einige Grundbegriffe bei allen Systemen immer wiederkehren und eine zentrale Funktion einnehmen. Auf drei solche herausragende Fundamentalbegriffe, Erziehung, Erziehungsziel, Erziehungswissenschaft, geht die vorliegende Arbeit in ihrem letzten Teil ein und stellt auf der Grundlage der hermeneutisch gewonnenen Aussagen – unter Berücksichtigung kontroverser und antithetischer Positionen – den systematischen Ertrag dar, ohne jedoch damit schon ein eigenes System zu entwerfen.

Wenn es auch denkbar wäre, an dieser Stelle anzusetzen und nach neueren Erkenntnissen wenigstens einen spekulativen Modellentwurf zu wagen, so würde ein solches Unterfangen die Intention einer Einführungsschrift gründlich mißverstehen. Eine „Einführung“ in eine wissenschaftliche Disziplin bzw. Teildisziplin hat eine bescheidenere, aber deshalb nicht leichtere Aufgabe, den Leser zu den Grundfragen, Grundproblemen, Grundpositionen und Grundbegriffen einer Wissenschaft *hin*zuführen und ihre Aussagen möglichst objektiv, exemplarisch und anschaulich darzustellen. Ihr Hauptziel sollte es sein, den Leser anzuregen, sich mit der weiterführenden Literatur zu beschäftigen, um nach kritischer Auseinandersetzung mit ihr zu einer eigenen Beurteilung zu gelangen. Der Verfasser hat sich bemüht, den Zugang zur Fachliteratur durch entsprechende Auswahl der Zitate und der Literaturangaben zu erleichtern.

1. ERSTE ENTWÜRFE ZU EINEM SYSTEM DER PÄDAGOGIK

1.1. Überblick

Zu Beginn erziehungswissenschaftlicher Theoriebildung in der zweiten Hälfte des 18. Jahrhunderts entdeckten die deutschen Pädagogen unter dem Einfluß kritizistischer und idealistischer Philosophie die *Systematisierung* erziehungstheoretischer Grunderkenntnisse als das Wesensmerkmal einer wissenschaftlichen Pädagogik. Wie andere Disziplinen sollte sich auch die Pädagogik durch ein sie kennzeichnendes, aber erst noch zu entwickelndes System ausweisen. Ein solches pädagogisches System hatte sich selbstverständlich auf die gesamte Erziehungstheorie zu erstrecken und sollte so umfassend wie möglich sein – wohl wissend, daß dieses Postulat als ein wissenschaftstheoretisches Ideal nie ganz erreicht werden wird.

Der erste Pädagogiker, der sich anschickte, die Theorie der Erziehung nach den Grundsätzen der deutschen Aufklärungspädagogik zu systematisieren und sich als erster Pädagogikprofessor zu dieser Aufgabe genötigt sah, war Ernst Christian Trapp. Vor dem Hintergrund Rousseauscher und philanthropischer (insb. Basedowscher) Erziehungsprinzipien entwarf er die erste Systematische Pädagogik, die diese Bezeichnung verdient. Er nannte sie ›Versuch einer Pädagogik‹; sie erschien 1780 in Berlin.

Aus der Kritik an diesem Werk und dem Bewußtsein, die Pädagogik als eine an transzendentalphilosophischen Erkenntnissen orientierte Wissenschaft zu begründen, entstehen um die Wende vom 18. zum 19. Jahrhundert zwei Hauptrichtungen, die sich in der Verfolgung ihrer Ziele durchaus unterscheiden: die frühen pädagogischen Kantianer und die pädagogischen Fichteaner. Während die pädagogischen Kantianer (Schuderoff, Greiling, Heusinger, Lehne, Weiller, Pölitz u. a.) im Anschluß an Kant ein weitverzweigtes erziehungstheoretisches System aus letzten allgemeingültigen Zwecken herzuleiten glaubten und von der deduzierten und organisierten Einheit des gefundenen Systems die Wissenschaftlichkeit der Pädagogik abhängig machten, bezweifelten indes die pädagogischen Fichteaner (Ritter, Johannsen u. a.) die Möglichkeit der streng logischen Deduktion allgemeiner und pädagogischer Zielsetzungen aus a priori erkannten Endzwecken und somit den Wissenschaftscharakter einer sich systematisch verstehenden Pädagogik. Die letzteren bescheiden sich vielmehr, indem sie die Pädagogik zwar auch als eine von der Philosophie her bestimmte Disziplin auffassen, aber schließlich alle pädagogischen Maßgaben in der stringenten Herleitung aus *einem* obersten allgemeinen Prinzip sehen, worauf wiederum alle pädagogischen Grundaussagen zurückgeführt werden können. Die pädagogischen Fichteaner blieben gegenüber vollständigen Systemen skeptisch und enthielten sich einer allzu differenzierenden Systematisierung.

Neben diesen beiden Hauptströmungen spekulativen Erziehungsdenkens lassen sich freilich Systemansätze von Pädagogen ausfindig machen, die keiner bestimmten Denkrichtung zugeordnet werden können, sondern deren Vorgehensweise eher als eklektisch einzustufen ist. Zu ihnen gehört A. H. Niemeyer mit seinen ›Grundsätzen der Erziehung und des Unterrichts‹ (1796) ebenso wie F. H. C. Schwarz mit seinem ›Lehrbuch der Pädagogik und Didaktik‹ (1805). Diese Arbeiten zeichnen sich sowohl durch umfangreiche Detailkenntnisse wie erkennbaren Praxisbezug aus.

Alle diese pädagogischen Kunstlehren, die eine rasche Verbreitung fanden, wurden bald von Erziehungstheoretikern kritisiert und von einigen fortschrittlichen unter ihnen als unwissenschaftlich abqualifiziert. Spätere „Klassiker der Pädagogik", Herbart, Schleiermacher und Dilthey, sahen sich herausgefordert, auf der Grundlage ihrer Kritik und eines eigenen Denkansatzes ein neues, für ihre Zeit gültiges pädagogisches System zu erstellen.

Das folgende Kapitel geht auf die vier originellsten und wichtigsten Systementwürfe ein. Kants pädagogischer Systemversuch, der unzweifelhaft zahlreichen Pädagogikern zum Ausgangspunkt ihrer eigenen Überlegungen diente, bleibt hier unberücksichtigt, da sich längst bekannte Zweifel an der Authentizität des Quellentextes bisher noch nicht ausräumen ließen und das Beziehungsgeflecht der Grundbegriffe noch nicht den komplexen Zusammenhang aufweist, der den späteren Systemansätzen eigentümlich ist.

1.2. E. Ch. Trapp

Es ist wohl kein Zufall, daß der erste Lehrstuhlinhaber des Fachgebietes Pädagogik an einer deutschen Universität (Halle) schon ein Jahr nach seiner Berufung einen systematischen Aufriß der neuen akademischen Disziplin vorlegt. 1780 erscheint Ernst Christian Trapps Hauptwerk ›Versuch einer Pädagogik‹. Es dürfte die erste Darstellung einer systematisch konzipierten Pädagogik sein, der die Absicht zugrunde liegt, die zentralen Fragestellungen der pädagogischen Wissenschaft in einem spezifisch erziehungstheoretischen Kontext zu betrachten.

Trapp (1745–1818) brachte für diese Aufgabe wichtige Voraussetzungen mit. Er war vom Geist der Aufklärung geprägt, hatte einige Jahre am Dessauer Philanthropin, der Modelleinrichtung der deutschen Aufklärungsbewegung, als Lehrer gewirkt und erhielt als erster Inhaber eines Lehrstuhls für Pädagogik eine Chance, die Grundzüge dieser Disziplin zu bestimmen. So war er bestrebt, die Trennung von Theologie und Pädagogik herbeizuführen und seinen Studenten ein Lehrbuch anzubieten, das den Zusammenhang der zeitgenössischen, d.h. vernunftgemäßen Erziehungstheorie darzustellen versprach. Der junge Pädagogiker war bescheiden genug, seinen Systementwurf nur als einen Versuch zu bezeichnen; denn er hatte erkannt: Es gibt „kein System, das nicht seine Lücken und Mängel hätte" (§ 26). Diese Einsicht kann jedoch nicht dazu führen, deshalb auf solche Konzepte und Grundsätze gänzlich zu verzichten. Einleuchtend ist seine Vorstellung: „Sobald man Menschen für die bürgerliche Gesellschaft erzieht, hat man ein System, es sei so gut oder schlecht, so übel oder wohl zusammenhängend, als es immer wolle" (§ 26). Als unerläßliche Aufgabe sieht er es aber an, daß das systematische Gedankengebäude und dessen Prämissen ständig geprüft und gegebenenfalls korrigiert werden. Mit Hilfe zuverlässiger Erfahrungen (Experimente) und erzieherischer Beobachtungen ist es erst möglich, ein wissenschaftlich fundiertes System der Pädagogik zu erstellen.

Zum Systementwurf (s. Abb. 1)

Erziehung und ihr Zweck

Für Trapp ist *Erziehung* die Entwicklung förderungsbedürftiger Anlagen zum Wohle des einzelnen und der Gesellschaft (§ 2) oder die Bildung des Menschen zur Glückseligkeit (§ 11). Der Begriff der Glückseligkeit darf in diesem Zusammenhang nicht zu eng, also metaphysisch oder theologisch: etwa als Verherrlichung Gottes, aufgefaßt werden. Dieses Erziehungsideal ist diesseitsbezogen und anthropologisch, d.h. auch psychologisch, orientiert. Glückseligkeit als *Erziehungsziel* und höchster *Zweck* menschlichen Strebens meint hier einen Zustand angenehmer Empfindung, der auch angesprochen werden kann als Zufriedenheit, Wohlsein, Freude, Seligkeit u.a.

Der Erziehung kommt die Aufgabe zu, „jedem Menschen zu so viel Glückseligkeit [zu] verhelfen, als für ihn möglich und nötig ist" (§ 17). Die Möglichkeit der Glückseligkeit richtet sich nach dem Grad der natürlichen „Empfänglichkeit" (Anlagen), ihre Notwendigkeit nach der individuellen Bedürftigkeit. Indem man die eigenen und fremden Bedürfnisse befriedigt,

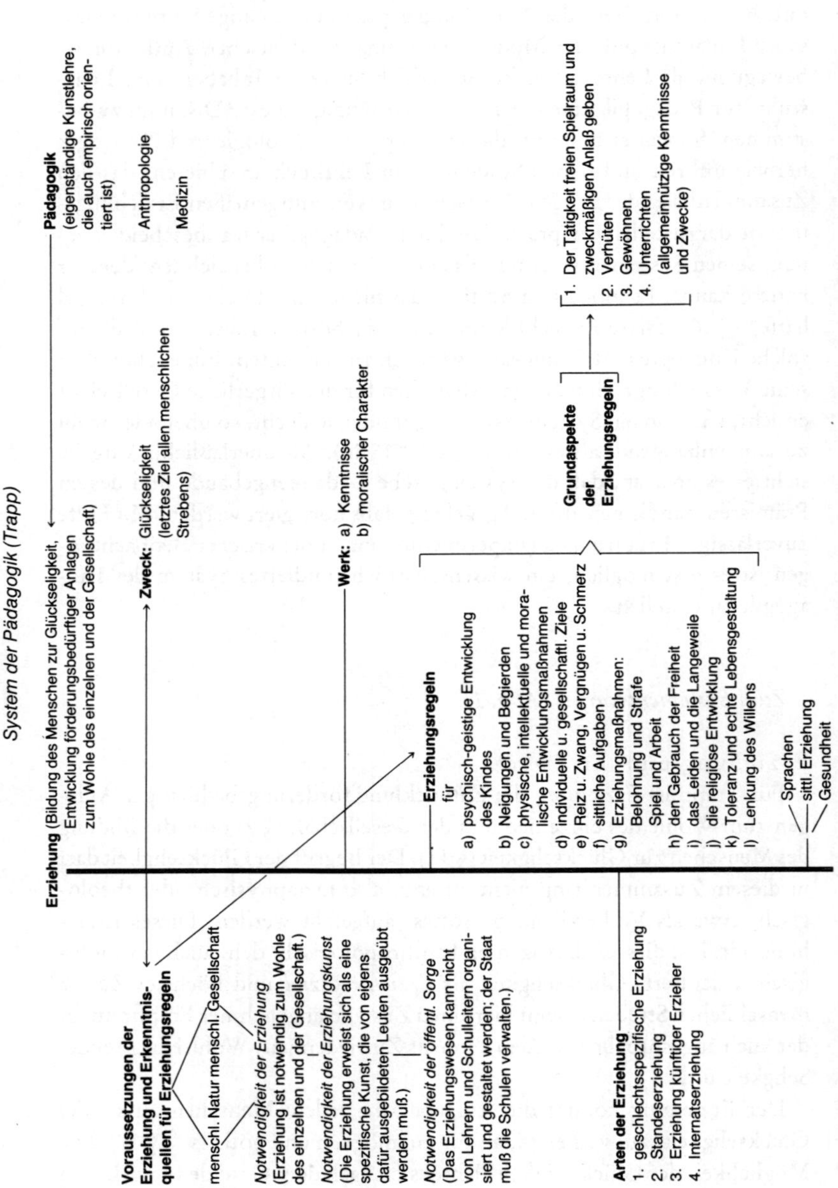
System der Pädagogik (Trapp)
Erziehung (Bildung des Menschen zur Glückseligkeit, Entwicklung förderungsbedürftiger Anlagen zum Wohle des einzelnen und der Gesellschaft)
Pädagogik (eigenständige Kunstlehre, die auch empirisch orientiert ist)
Anthropologie
Medizin
Zweck: Glückseligkeit (letztes Ziel allen menschlichen Strebens)
Werk: a) Kenntnisse b) moralischer Charakter
Grundaspekte der Erziehungsregeln
1. Der Tätigkeit freien Spielraum und zweckmäßigen Anlaß geben
2. Verhüten
3. Gewöhnen
4. Unterrichten (allgemeinnützige Kenntnisse und Zwecke)
Voraussetzungen der Erziehung und Erkenntnisquellen für Erziehungsregeln
menschl. Natur menschl. Gesellschaft
Notwendigkeit der Erziehung (Erziehung ist notwendig zum Wohle des einzelnen und der Gesellschaft.)
Notwendigkeit der Erziehungskunst (Die Erziehung erweist sich als eine spezifische Kunst, die von eigens dafür ausgebildeten Leuten ausgeübt werden muß.)
Notwendigkeit der öffentl. Sorge (Das Erziehungswesen kann nicht von Lehrern und Schulleitern organisiert und gestaltet werden; der Staat muß die Schulen verwalten.)
Erziehungsregeln für
a) psychisch-geistige Entwicklung des Kindes
b) Neigungen und Begierden
c) physische, intellektuelle und moralische Entwicklungsmaßnahmen
d) individuelle u. gesellschaftl. Ziele
e) Reiz u. Zwang, Vergnügen u. Schmerz
f) sittliche Aufgaben
g) Erziehungsmaßnahmen: Belohnung und Strafe Spiel und Arbeit
h) den Gebrauch der Freiheit
i) das Leiden und die Langeweile
j) die religiöse Entwicklung
k) Toleranz und echte Lebensgestaltung
l) Lenkung des Willens
Sprachen
sittl. Erziehung
Gesundheit
Arten der Erziehung
1. geschlechtsspezifische Erziehung
2. Standeserziehung
3. Erziehung künftiger Erzieher
4. Internatserziehung

Abb. 1

trägt man mit dazu bei, die angenehmen Empfindungen und Gefühle hervorzubringen und zu fördern.

Voraussetzungen der Erziehung und Erkenntnisquellen für Erziehungsregeln

Trapp nennt zwei elementare Voraussetzungen für den Erziehungsvorgang, die zugleich als Erkenntnisquellen für die Erziehungsregeln anzusehen sind: die menschliche Natur (individueller Aspekt) und die menschliche Gesellschaft (sozialer Aspekt). Beide elementaren Sichtweisen führen auch zu Aussagen über die Notwendigkeit von Erziehung.

Erziehung ist nämlich zum Wohle des einzelnen und der Gesellschaft notwendig. Sie kann ihrer zweifachen Aufgabe nur nachkommen, wenn sie als eine spezifische Kunst verstanden und von einem eigens hierfür ausgebildeten Personenkreis ausgeübt wird. Zu den Hauptaufgaben des Lehrers gehört es, Kenntnisse zu vermitteln und den moralischen Charakter zu stärken. Sie werden als das *Werk der Erziehung* postuliert. Das gesamte Erziehungswesen kann jedoch nicht von den professionellen Erziehern allein organisiert und zielstrebig weitergeführt werden. Deshalb obliegt dem Staat die Schulverwaltung und Schulaufsicht.

In der menschlichen Natur und Gesellschaft sieht Trapp ebenso die *Erkenntnisquellen für Erziehungsregeln,* die ihre Bedeutung für die Erziehungspraxis haben. Diese Erziehungsgrundsätze, ein bevorzugtes Thema philanthropischer Erziehungskunst, sollen stringent hergeleitet, also jedem Erzieher einsichtig sein, und von möglichst vielen Praktikern übernommen werden. Erziehungsanstalten müßten das im kleinen sein, was das menschliche Leben im großen ist. Sie können dies aber nicht eher werden, bis die Erziehung eine Angelegenheit des Staates geworden ist. Trapp behandelt auf breitem Raum die *allgemeinen Erziehungsregeln* für die physische, psychische, geistige, sittliche und religiöse Entwicklung des jungen Menschen, wobei auch die Erziehungsmaßnahmen (Belohnung, Strafe, Spiel und Arbeit) sowie die individuellen und gesellschaftlichen Zielsetzungen im Mittelpunkt stehen.

Gesondert und im einzelnen dargestellt werden die Schwerpunkte der organisierten Erziehung: der Erwerb von Sprachen, die sittliche Erziehung und die Gesundheit. Diese Akzentuierung läßt sich durchaus mit den vorrangigen Zielvorstellungen der deutschen Aufklärungspädagogen des 18. Jahrhunderts vereinbaren.

Der globalen Betrachtungsweise von Erziehung schließt sich eine Darstellung der *Arten der Erziehung* an. Trapp unterscheidet zwischen einer geschlechtsspezifischen und Standeserziehung, zwischen der Erziehung der künftigen Erzieher und der Erziehung in Pensionsanstalten (Internatserziehung). Auf die letzten beiden Arten der Erziehung geht er insbesondere ein. Dies erscheint ihm von der Sache her gerechtfertigt.

Die allgemeinen Erziehungsregeln werden durch *Grundaspekte* ergänzt, die auch als Erziehungsprinzipien bezeichnet werden können. Trapp nennt vier erzieherische Grundsätze, die am besten alle gemeinsam, nie isoliert angewandt werden sollen:

1. Gewährung von Freiheit und Begründung des Tuns,
2. Verhüten,
3. Gewöhnen,
4. Unterrichten.

Die Gestaltung des Unterrichts nimmt nach Auffassung des wissenschaftlichen Vertreters der deutschen Aufklärungspädagogik eine Vorrangstellung ein. Ihr widmet er nicht weniger als 17 Paragraphen seiner Ausführungen.

Pädagogik

Trapp versteht unter Pädagogik eine eigenständige Kunstlehre, die nicht nur die anthropologischen Erkenntnisse berücksichtigt, um u. a. Erziehungsregeln aufzustellen, sondern auch ihr Wissen auf eigene Beobachtungen und Experimente gründet und die Zuverlässigkeit ihrer Aussagen stets überprüft. Trapp zeigt an zahlreichen Beispielen auf, wie er sich das methodische Vorgehen vorstellt. Sie lassen erkennen, daß er das Postulat einer empirisch-pädagogischen Forschung sehr ernst genommen hat und entschlossen war, die spekulative Pädagogik zu einer erfahrungswissenschaftlichen Disziplin weiterzuentwickeln. Selbstkritisch stellt er fest:

> Unsere Regeln sind oft aus armseligen, einseitigen, krüppelhaften, zufälligen Erfahrungen abgeleitet, manchmal noch dazu unrichtig abgeleitet; und aufs Beobachten sind wir, soviel ich weiß, besonders in Absicht auf die Erziehung, noch nie recht ausgegangen. (§ 25)

Es sollte noch über 100 Jahre dauern, bis Trapps Grundideen einer empirischen bzw. experimentellen Pädagogik im Bereich der schulpädagogischen Forschung realisiert worden sind. Im Gegensatz zu anderen zeitgenössischen Autoren erblickt der Hallenser Pädagogiker nicht in der Theologie und Philosophie die entscheidenden Nachbardisziplinen, die der Pädagogik zusätzlich Detailkenntnisse vermitteln, sondern in der empirisch orientierten *Anthropologie* und *Medizin*. Hier liegt auch ein bedeutender Unterschied zu den pädagogischen Denkern, die nach ihm die Theoriebildung der wissenschaftlichen Pädagogik maßgeblich beeinflußt haben.

Stellungnahme

Trapps Versuch, eine eigenständige Pädagogik zu begründen und dies vor dem Hintergrund eines eigenen Systems zu rechtfertigen, ist in mancher Hinsicht aufschlußreich und originell. Freilich verzichtet dieser Systementwurf noch weitgehend auf Begründungszusammenhänge, methodologische Detailerörterungen und überhaupt auf Querverbindungen und Wechselbeziehungen der Grundaussagen. Daß die meisten Grundbegriffe nur aneinandergefügt, aber dadurch noch kein letztlich befriedigendes pädagogisches System entsteht, zeigt bereits optisch unser Schema und der Vergleich mit späteren Denkmodellen. Manche Aussage klingt heute sicherlich naiv, und das Postulat einer empirischen Pädagogik ist durchaus überzeugend, wenn es auch bei Trapp selbst noch bloße Absichtserklärung bleibt.

Mit Th. Ballauff und K. Schaller (1970, 371) kann als das Verdienst Trapps zusammenfassend festgehalten werden: Trotz der genannten Mängel „aber ist der Grundgedanke, aus der Natur des Menschen und aus der Gesellschaft als seinen natürlichen Aufenthalt einerseits, und andererseits aus seiner Bestimmung, der Glückseligkeit, eine auf Erfahrung gegründete und durch Erfahrung kontrollierte Pädagogik abzuleiten, für das ganze Werk bestimmend".

Literatur

Quelle

Trapp, E. Ch.: Versuch einer Pädagogik. – Unveränderter Nachdruck der 1. Ausgabe. Berlin 1780. Besorgt von U. Herrmann. Paderborn 1977.

Schrifttum

Ballauff, Th./K. Schaller: Das neue System: Ernst Christian Trapp. Aus: Dies., Pädagogik. Eine Geschichte der Bildung und Erziehung. Bd. 2. Freiburg 1970, S. 371–375.

Dietrich, Th.: Geschichte der Pädagogik in Beispielen aus Erziehung, Schule und Unterricht (18.–20. Jh.). Bad Heilbrunn ²1975, S. 60–65.

Herrmann, U.: Die Pädagogik der Philanthropen. Aus: H. Scheuerl (Hrsg.), Klassiker der Pädagogik. Bd. I. München 1979, S. 135–158.

Lochner, R.: Trapp als Vorläufer und Außenseiter. Aus: Ders., Deutsche Erziehungswissenschaft. Meisenheim am Glan 1963, S. 81–88.

Pinloche, A.: Geschichte des Philanthropismus. Deutsche Bearbeitung von J. Rauschenfels und A. Pinloche. Leipzig 1896.

1.3. J. F. Herbart

Mit Ernst Christian Trapp, dem philanthropischen Denker und ersten Systematiker, hat Johann Friedrich Herbart zweierlei gemeinsam. Auch Herbart (1776–1841) sieht seine erste Aufgabe als Universitätslehrer darin, der neuen pädagogischen Disziplin die wissenschaftliche Grundlage zu geben und ihr damit zur allgemeinen Anerkennung unter den Wissenschaften zu verhelfen. Deshalb besinnt er sich auf die „einheimischen" Begriffe, prägt überdies neue Grundbegriffe (z. B. Bildsamkeit, päd. Takt, Apperzeption) und setzt sie in einem neuen pädagogischen System zueinander in Beziehung, das allerdings genauso wie die bereits bekannten Systemversuche unvollendet bleibt. Zum anderen gründet er wie Trapp nach seiner Berufung auf den Lehrstuhl I. Kants (1809) – als dessen zweiter Nachfolger in Königsberg – ein Pädagogisches Seminar, dem er ebenso wie Trapp in Halle eine Übungsschule angliederte. Schon daraus wird deutlich, daß auch der Königsberger Philosoph und Pädagoge bestrebt war, die wissenschaftliche Erkenntnis mit dem praktischen Nutzen, der Beobachtung und empirischen Prüfung sowie der unterrichtlichen Einübung zu verbinden.

Aber Herbart ging als Pädagogiker – er selbst hielt sich nur für einen pädagogisch interessierten Philosophen – durchaus eigene Wege. Unabhängig von den nachkantischen Modeströmungen, beispielsweise der Philosophie des spekulativen Idealismus, entwickelte er auf dem Boden des Kritischen Realismus ein systematisches Konzept, das vor allem in der zweiten Hälfte des 19. Jahrhunderts schulpädagogisch fruchtbar werden sollte. Allerdings haben Herbarts Schüler, die Herbartianer, selbst dazu beigetragen, das wissenschaftliche Vermächtnis ihres Lehrers in Gefahr zu bringen, indem sie die Grundgedanken der Herbartschen Systematik unangemessen interpretierten und Teilbereiche unterrichtstechnologisch verabsolutierten. Herbarts Wirkung auf die Unterrichtslehre des späten 19. Jahrhunderts läßt sich nur aufgrund der Praxisrelevanz der Fragestellung und des unterrichtsorientierten Bezugs der ganzen Systematik erklären.

Zum Systementwurf (s. Abb. 2)

Erziehung

Erziehung ist für Herbart ein Vorgang, der sich primär zwischen Erzieher und Zögling abspielt. Wie seine Zeitgenossen spricht er häufig von dem „pädagogischen Geschäft", das auf die Wechselbeziehung zweier Partner, die vorwiegend der Hauslehrer und der ihm anvertraute Zögling repräsentiert, hindeutet.

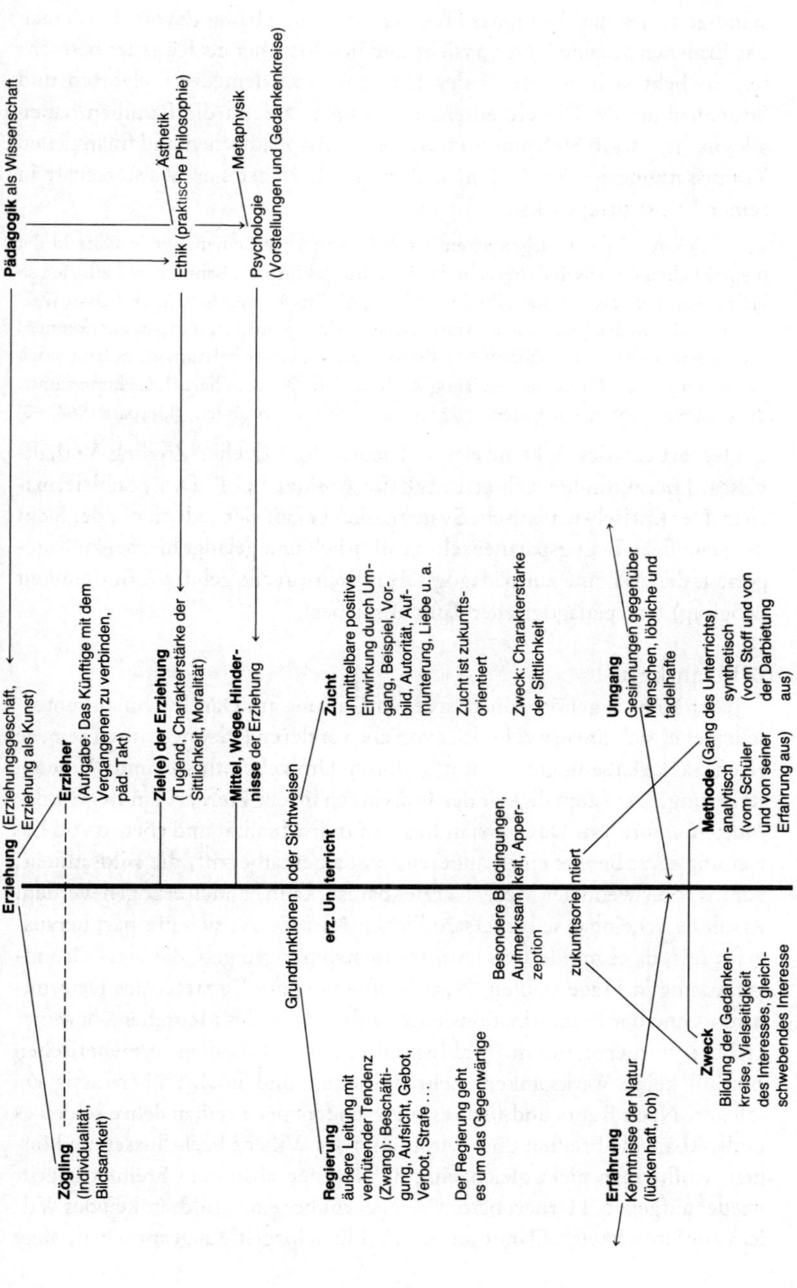
System der Pädagogik (Herbart)
Pädagogik als Wissenschaft
Ästhetik
Ethik (praktische Philosophie)
Metaphysik
Psychologie (Vorstellungen und Gedankenkreise)
Erziehung (Erziehungsgeschäft, Erziehung als Kunst)
Zögling (Individualität, Bildsamkeit)
Erzieher (Aufgabe: Das Künftige mit dem Vergangenen zu verbinden, päd. Takt)
Ziel(e) der Erziehung (Tugend, Charakterstärke der Sittlichkeit, Moralität)
Mittel, Wege, Hindernisse der Erziehung
Grundfunktionen oder Sichtweisen
Regierung äußere Leitung mit verhütender Tendenz (Zwang): Beschäftigung, Aufsicht, Gebot, Verbot, Strafe ...
Der Regierung geht es um das Gegenwärtige
erz. Unterricht
Besondere Bedingungen, Aufmerksamkeit, Apperzeption
zukunftsorientiert
Zucht unmittelbare positive Einwirkung durch Umgang, Beispiel, Vorbild, Autorität, Aufmunterung, Liebe u. a.
Zucht ist zukunftsorientiert
Zweck: Charakterstärke der Sittlichkeit
Erfahrung Kenntnisse der Natur (lückenhaft, roh)
Zweck Bildung der Gedankenkreise, Vielseitigkeit des Interesses, gleichschwebendes Interesse
Methode (Gang des Unterrichts) analytisch (vom Schüler und von seiner Erfahrung aus) synthetisch (vom Stoff und von der Darbietung aus)
Umgang Gesinnungen gegenüber Menschen, löbliche und tadelhafte

Abb. 2

Geradezu leidenschaftlich setzt sich Herbart für die Erziehung als eigenständige Kunst ein. Denn das Heil der Erziehung hängt davon ab, ob man das Erziehen als eine Kunst ansieht und den Erzieher als Künstler betrachtet. So hebt sich der Beruf des Erziehers von dem des Gelehrten und Staatsmannes ab. Die Gesellschaft und nicht zuletzt die Familien haben alles in ihrer Kraft Stehende zu tun, die berufsspezifischen und finanziellen Voraussetzungen zu schaffen, daß es der Erzieher zur Meisterschaft in seiner Kunst bringen kann.

Eigne Talente, eigne Gelegenheiten, eigne Übungen und einen eignen Platz in der menschlichen Gesellschaft braucht der Erziehungskünstler. Seiner aber bedürfen so viele Menschen, als es Väter gibt und Mütter, die ihre Kinder lieben, und als es Waisen gibt, die weder Vater noch Mutter haben. Möchte man nun dieses anerkennen! Möchte man statt des schädlichen Selbstvertrauens, lieber behaupten, es habe noch *keiner* unter den Menschen Pädagogik, diese tiefe Wissenschaft, Erziehungskunst, diese schwere und nie auszulernende Kunst, wirklich verstanden. (Herbart 1968, 60)

Herbart entwickelt keine eigene Theorie des Erzieher-Zögling-Verhältnisses. Hierzu finden sich erst zaghafte Ansätze bei F. D. E. Schleiermacher. Der kritisch-realistische Systematiker befaßt sich jedoch mit der Sicht der jeweiligen Bezugspartner sehr ausführlich und gelangt hierbei zu Kategorien, die bis heute zur pädagogischen Fachsprache gehören: Bildsamkeit (Zögling) und pädagogischer Takt (Erzieher).

Bildsamkeit

Jeder Mensch gehört zunächst seiner Gattung an. Darüber hinaus unterscheidet er sich unverwechselbar von allen anderen Personen durch seine je eigene anlagenbedingte „Natur“, durch Umwelteinflüsse und Willenssteuerung. Die Einmaligkeit der Individuen macht Herbart am Begriff der *Individualität* fest. Das Verständnis von Individualität und ebenso von Erziehung setzt bereits einen anderen Fundamentalbegriff, die Bildsamkeit, voraus. Nur wenn der Mensch erziehbar ist, kann er auch erzogen werden. Zu dieser scheinbar selbstverständlichen Aussage sah sich Herbart herausgefordert, da es mindestens zwei Hauptströmungen gab, die diese Grundauffassung in Frage stellten. Nach Auffassung der Vertreter des Determinismus und der Prädestinationslehre ist das Leben des Menschen vor seiner Geburt vorherbestimmt (prädisponiert), so daß dem erzieherischen Einfluß keine Wirksamkeit mehr zukommt und höchst überflüssig erscheint. Nach Kants und Fichtes transzendentaler Freiheitslehre schien es undenkbar, die Freiheit und Autonomie des Willens beeinflussen zu können, wollte man nicht gleichzeitig den eigenen absoluten Freiheitsbegriff wieder aufgeben. Herbart betont demgegenüber eine „Bildsamkeit des Willens zur Sittlichkeit“. Damit sind drei Schlüsselbegriffe angesprochen, ohne die der neue Systementwurf nicht angemessen interpretiert werden kann. An seinem Anfang steht der Grundbegriff der Bildsamkeit.

Die Bildsamkeit des Menschen als notwendig gedachte Bildungsfähigkeit hat durchaus ihre Grenzen. Herbart nennt drei: Eine gewisse Unbestimmtheit der Erziehbarkeit ist zwangsläufig durch die Individualität des Kindes gegeben; die pädagogische Beeinflussung wird zudem eingeschränkt durch andere Faktoren wie die „Umstände der Lage und der Zeit", worunter die soziale Lage und der jeweilige Zeitgeist zu verstehen sind; schließlich kann eine von der Erziehung selbst verfolgte Fertigkeit des Willens zu einer Festlegung und Entschlossenheit aufgrund einer starren Unaufgeschlossenheit führen, die einer Lernbereitschaft im Wege stehen und die Erziehbarkeit ausschließen.

Beachtenswert ist Herbarts Unterscheidung zwischen der Bildsamkeit der körperlichen und geistigen Anlagen. Hinsichtlich der somatischen Entwicklung ist der Mensch von der Natur ziemlich festgelegt. Hier bleibt der Erziehung nur das eine zu tun: sich um günstige Wachstumsvoraussetzungen zu kümmern. Dank der größeren Variationsbreite der geistigen Anlagen erwachsen der Erziehung hieraus mehr direkte Einflußmöglichkeiten. Bei der Förderung der Sprachentwicklung tritt dies besonders augenfällig zutage.

Pädagogischer Takt

Der Bildsamkeit des Zöglings entspricht auf der Seite des Erziehers ein beinahe ebenso wichtiger Grundbegriff, der des pädagogischen Taktes. Herbart plädiert ausdrücklich für die dynamische Sichtweise des Erziehungsbegriffs und nennt das „Geschäft" des Erziehers ein „fortlaufendes". Die Aufgabe des Erziehers besteht bei allen seinen Handlungen darin, „das Künftige mit dem Vergangenen [zu] verbinden" (Herbart 1964, 6). Eine erzieherische Fähigkeit kann bei Kontaktnahmen mit jungen Menschen recht nützlich sein, die Herbart den „pädagogischen Takt" nennt. Dieser Takt zeigt sich u. a. im schnellen Beurteilen und raschen Entscheiden bei plötzlich auftretenden Schwierigkeiten im Erziehungsalltag, in der Kunst des Improvisierens und nicht zuletzt im Feingefühl sowie in der gewollten Zurückhaltung gegenüber den erhofften und angezeigten Aktivitäten der Schüler.

Sichtweisen der Erziehung

Neben allgemeinen Aussagen zu möglichen *Zielen der Erziehung*, die in der Tugend als „die in einer Person zur beharrlichen Wirklichkeit gediehene Idee der inneren Freiheit" (Herbart 1964, 7) oder in der Moralität (→ Charakterstärke der Sittlichkeit) zusammengefaßt werden, und zu den

Mitteln, Wegen und Hindernissen im Erziehungsgeschäft differenziert Herbart den Erziehungsvorgang nach drei unterschiedlichen Betrachtungsweisen: Regierung, erziehender Unterricht und Zucht.

Die *Regierung* als eine Grundfunktion der Erziehung dominiert in der „ersten", der frühkindlichen Erziehung und bedeutet soviel wie die äußere Leitung mit verhütender Tendenz, die auch den Zwang mit einschließt und der Beschäftigung freien Raum gibt, aber ebenso – wenn nötig – repressive Maßnahmen umfaßt: Gebot, Verbot, Tadel, Strafe u. a. Wie die Beschäftigung als bevorzugte Tätigkeitsform schon zeigt, geht es der Regierung um das Gegenwärtige, Situative, die Gegenwart des Zöglings.

Von der Regierung wird die *Zucht* unterschieden. Sie blickt in die Zukunft, bleibt zukunftsorientiert und aktualisiert den Erziehungszweck. Sie wird notwendig, wenn der Zögling der mitmenschlichen Hilfe bedarf. Die Zucht als spezielle Grundfunktion der Erziehung versteht sich als unmittelbare positive Einwirkung (freundliche Behandlung) durch Aufmunterung, Vorbild, Autorität, Liebe. Ihr unmittelbarer Zweck ist die „Charakterstärke der Sittlichkeit". Während Tugend ein Erziehungsideal ist und bleiben wird, bedeutet Sittlichkeit Hinwendung, ja Annäherung. Den Weg zur individuellen Sittlichkeit weisen die von Herbart erläuterten sittlichen Ideen.

Für den Göttinger bzw. Königsberger Pädagogiker ist *Unterricht* die bestmögliche Realisationsform von Erziehung. Unmißverständlich spricht er dies in der Einleitung seines Hauptwerkes ›Allgemeine Pädagogik‹ (1806) aus:

> Und ich gestehe gleich hier, keinen Begriff zu haben von Erziehung *ohne Unterricht*; so wie ich rückwärts ... keinen Unterricht anerkenne, der nicht erzieht. (Herbart 1963, 11)

Deshalb verwendet Herbart bewußt die Formel vom „erziehenden Unterricht", der nicht nur Regierung und Zucht, Erfahrung und Umgang ergänzt, sondern sie alle vorzüglich repräsentiert; denn durch ihn kann in hervorragender Weise auf den Zu-Erziehenden Einfluß genommen werden: Er lenkt durch sinnvolle Planung, führt über individuelle Enge und Einseitigkeit hinaus, setzt die Mittel sinnvoll ein, sucht nach neuen Wegen und erweitert kontinuierlich die Vorstellungswelt der Heranwachsenden. Die Bildung der „Gedankenkreise" wird zu einer der Hauptaufgaben des Unterrichts.

Herbart hat eine vielbeachtete Interessenlehre entwickelt. Danach lassen sich zwei Kategorien von Gedankenkreisen besonders scharf voneinander abheben. Ein Gedankenkreis repräsentiert den Bezug des einzelnen Menschen zu den Dingen („Interessen der Erfahrung") und ein anderer bezieht sich auf das Verhältnis des Individuums zu den Mitmenschen („Interessen der Teilnahme"). Ziel des Unterrichts ist es, beide Interessenkreise beim Schüler „gleichschwebend", d. h. harmonisch zu entwickeln. Die Interessen bedeuten nicht nur Interessiertheit (im Sinne von Neugierverhalten), sondern sie werden auch bei Herbart geradezu mit dem gleichgesetzt, was diese Interessen hervorrufen, wachhalten und erweitern soll: die Bildungs- oder Lerninhalte. Fragen des Bildungsgutes werden bei Herbart kaum thematisiert. Es wird bei ihm lediglich eine Vorrangstellung der geschichtlichen (Geschichte, Sprachkunde), der naturwissenschaftlichen (Naturlehre) und mathematischen Lerninhalte sichtbar.

Der erziehende Unterricht ist von zwei Voraussetzungen abhängig: der Aufmerksamkeit des Lernenden und der Apperzeption bzw. der didaktisch gestalteten Verbindung von bereits erworbenen mit neuen Vorstellungen. Bei der Aufmerksamkeit ist die unwillkürliche der willkürlichen, von denen die letztere vorsätzlich und meistens durch Gebote und Verbote herbeigeführt wird, vorzuziehen. Apperzeption meint die fruchtbare Verknüpfung früher erworbener mit neu hinzutretenden Lerninhalten. Erstrebenswert für den Unterricht ist die apperzipierende Aufmerksamkeit als Unterform der unwillkürlichen.

Die *Methode (Weg, Gang) des Unterrichts* kann sich nach zwei Verfahren richten. Sie ist analytisch, wenn sie vom Gedankengang und von der Erfahrung des Schülers ausgeht und sie weiterführt; sie ist dagegen synthetisch, wenn der Lehrer allein die Unterrichtsinhalte auswählt, sie vorschreibt und darbietet.

Von Herbarts Interessenlehre her wird auch die Artikulation (Stufung) des Unterrichts, das von den Herbartianern durch die Verabsolutierung am meisten mißverstandene Kategorienschema, verständlich. Hier kann nur auf die vier Stufen verwiesen werden, die selbst wieder einen Teilaspekt eines differenzierten Zusammenhangs darstellen:

1. *Klarheit* als *ruhende Vertiefung* in den Lerngegenstand, der nach intensiver Bemühung in seinen Strukturen klar erkannt wird.
2. *Assoziation* als *fortschreitende Vertiefung*, die die Verbindung und Verknüpfung der Vorstellungen, möglichst im freien Gespräch, unter Einlassungen der Phantasie herstellt.
3. *System* als *ruhende Besinnung*, die das Verhältnis der Teile zum Ganzen in den Blick bringt, diese Kenntnisse strafft und ordnet.
4. *Methode* als *fortschreitende Besinnung*, die über die Reflexion des Systems hinausgehend die erkannte Ordnung (den Zusammenhang) prüft und sich um die konsequente Anwendung des Erkannten (oder allgemeiner: des Gelernten) bemüht.

Jeder Unterricht hat sowohl Kenntnisse zu vermitteln, zu Erkenntnissen hinzuführen, als auch das zwischenmenschliche Gefühl des Kindes zu entwickeln.

Erfahrung und Umgang

Aller geplanten Erziehung gehen „Erfahrung“ und „Umgang“ voraus; sie werden *neben* Regierung, Zucht und Unterricht angetroffen, da sie meistens das Ergebnis unbewußter und unbeabsichtigter, d. h. zufälliger Lernprozesse darstellen. Während die Erfahrung die Kenntnisse der Natur i. w. S. umfaßt, orientiert sich der Umgang an zwischenmenschlichen Beziehungen und hat die Gesinnungen gegenüber den Mitmenschen zum Gegenstand. Die Vorstellungen, die aufgrund von Erfahrung gewonnen werden, sind vorwiegend rudimentär und ergänzungsbedürftig, unsere Gesinnungen, die aus dem Umgang hervorgehen, oft negativ und daher korrekturbedürftig.

Die Erziehung, insbesondere der Unterricht, hat hier anzuknüpfen und eine echte Komplementärfunktion zu übernehmen. Sie hat aber darauf zu achten, daß der Kenntniserwerb nicht zu stark in den Vordergrund rückt, womöglich als alleiniger Zweck betrachtet wird; denn „der Wert des Menschen liegt ... nicht im Wissen, sondern im Wollen“ (Herbart 1964, 24). Jedoch erwächst das Wollen, insonderheit das sittliche Tun, aus dem Gedankenkreis, der Einsicht, den Kenntnissen und Erkenntnissen. Die bestmögliche Erziehung garantiert erst eine wissenschaftlich fundierte Pädagogik.

Pädagogik als Wissenschaft

Die Pädagogik hat vor allem zwei Aufgaben zu verfolgen: einmal dem erzieherischen Handeln Grundsätze („Maßregeln“) anzubieten, zum anderen die Möglichkeiten der Erziehung zu reflektieren, zu beschreiben und in Ansehung psychologischer Erkenntnisse theoretisch abzusichern. Herbart sorgt sich unverkennbar um den wissenschaftlichen Charakter der Erziehungstheorie. Die Wissenschaftlichkeit der Pädagogik kann aber nur dadurch gewonnen werden, daß die pädagogische Disziplin die Nachbardisziplinen Ethik (praktische Philosophie) und Psychologie (Teildisziplin der Philosophie) an ihrer Theoriebildung maßgeblich beteiligt. So soll die *Ethik* das Ziel aller Erziehung aufzeigen, die *Psychologie* liefert ihr Anhaltspunkte für Methoden, Mittel und auftretende Schwierigkeiten im Erziehungsalltag. Herbart fordert expressis verbis die Rückbindung der Erziehungstheorie an die Erfahrung. Theoretische Besinnung und empirische Prüfung sind aufeinander angewiesen. Diese Grundauffassung eines philosophischen Pädagogikers wird von seinen Kritikern gern übersehen.

Weil Ethik und Psychologie allein noch nicht die erhofften Erkenntnisse gewährleisten können, fordert der kritische Realist die Abhängigkeit der ersteren von der *Ästhetik* und der letzteren von der *Metaphysik*. Beide philosophischen Teildisziplinen übernehmen unverzichtbare Regulativfunktionen, indem sie über letzte Prinzipien Aufschluß geben. So bekennt sich Herbart zu einer von der Philosophie und ihren Teildisziplinen ganz und gar abhängigen Erziehungstheorie, deren Kernstück ein aus pädagogischen Grundbegriffen deduziertes System ist, das allerdings verbale Ansätze zu empirischen Verfahrensweisen enthält. Wahrscheinlich hat R. Lochner recht, wenn auch sein Urteil zunächst überzogen klingt: Herbarts Verständnis von „Pädagogik bleibt letzten Endes normative Erziehungslehre" (Lochner 1963, 97).

Stellungnahme

Wie E. Ch. Trapp, so versucht auch J. F. Herbart die wissenschaftliche Pädagogik zu begründen, indem er ein eigenes pädagogisches System konzipiert. Herbarts Konzept ist getragen von dem Grundprinzip der Moralität, ein Begriff, der sogleich an Kant und Fichte erinnert, aber in entscheidenden Punkten doch über das Verständnis der praktischen Philosophie des Idealismus hinausführt. Herbart verstand sich als Vertreter des kritischen Realismus. Dies zeigt sich nicht nur darin, daß er der spekulativen die empirische Betrachtungsweise an die Seite stellte und beide aufeinander bezog, sondern auch in dem umfassenderen Verständnis von Erziehung als Erfahrung und Umgang.

Schließlich wurde seine Unterrichtslehre so praxisnah entwickelt, daß sie, nach ihrer Weiterentwicklung durch die Herbartianer (Ziller, Rein, Willmann), mehrere Jahrzehnte den Unterrichtspraktikern als bevorzugte Orientierung diente. Es läßt sich nicht übersehen, daß Herbart den Erziehungsbegriff nur allzusehr auf Unterricht eingrenzte und damit andere ebenso bedeutsame Bereiche der außerschulischen Erziehung aussparte oder stark vernachlässigte. Auch tritt der geschichtlich-gesellschaftliche Zusammenhang von Erziehung kaum in Erscheinung. Um diese Dimension pädagogischer Reflexion bemühte sich F. D. E. Schleiermacher in besonderem Maße. Wie Herbart und Trapp sah dieser Philosoph seine Aufgabe darin, die Pädagogik als Wissenschaft auf der Grundlage eines Systementwurfs zu begründen. Unter der wissenschaftlichen Pädagogik verstand Schleiermacher nichts anderes als eine theoriegeleitete Erziehungslehre, die er als verlängerte bzw. angewandte Philosophie auffaßte.

Literatur

Quellen

Herbart, J. F.: Die Pädagogik Herbarts. Allgemeine Pädagogik aus dem Zweck der Erziehung abgeleitet ([1]1806). Weinheim [5]1963.

Ders: Umriß pädagogischer Vorlesungen ([1]1835). Besorgt von J. Esterhues. Paderborn [2]1964.

Ders.: Kleine pädagogische Schriften. Besorgt von A. Brückmann. Paderborn 1968.

Schrifttum

Asmus, W.: Herbart. Eine pädagogische Biographie. Bd. I: Der Denker (1776–1809); Bd. II: Der Lehrer (1809–1841). Heidelberg 1968/70.

Ders.: Herbart in seiner und in unserer Zeit. Essen 1972.

Blaß, J. L.: Pädagogische Theoriebildung bei Johann Friedrich Herbart. Meisenheim am Glan 1972.

Geißler, E. E.: Herbarts Lehre vom erziehenden Unterricht. Heidelberg 1972.

Ders.: Johann Friedrich Herbart. Aus: H. Scheuerl (Hrsg.), Klassiker der Pädagogik. Bd. I. München 1979, S. 234–248.

Gerner, B. (Hrsg.): Herbart – Interpretation und Kritik. München 1971.

Lochner, R.: Herbart. Aus: Ders., Deutsche Erziehungswissenschaft. Meisenheim am Glan 1963, S. 89–97.

1.4. F. D. E. Schleiermacher

J. F. Herbart und Friedrich Daniel Ernst Schleiermacher (1768–1834) waren Zeitgenossen und bemühten sich beide um die wissenschaftliche Systematik der Pädagogik. Schleiermachers Theorie erlangte zwar nicht annähernd die Bedeutung für die Schulpraxis wie die pädagogischen Grundideen Herbarts; aber für die pädagogische Theoriebildung des ausgehenden 19. Jahrhunderts (→ W. Dilthey) und der ersten Hälfte des 20. Jahrhunderts (→ Geisteswissenschaftliche Pädagogik) lieferte sie grundlegende Einsichten und hinsichtlich ihrer systematischen Betrachtungsweise einen neuen Denkansatz.

Befremdlich und zu bedauern ist, daß beide großen pädagogischen Systematiker des frühen 19. Jahrhunderts nicht miteinander disputierten oder wenigstens in ihren Werken auf die Grundgedanken des anderen Bezug nahmen. Zur gleichen Zeit befaßten sich nämlich beide Pädagogiker mit den gleichen wissenschaftlichen Problemen. Gemeinsam war ihnen die Auseinandersetzung mit der Transzendentalphilosophie I. Kants und der Kantianer, die Konzeption eines eigenen, voneinander abweichenden Systems der Pädagogik, in dem jeweils der Ethik eine Schlüsselstellung zugewiesen wird, und schließlich ihre wissenschaftliche Mitarbeit an den politischen Plänen zur Reform des preußischen Schulwesens. Wenn es auch für Herbart schwierig gewesen sein dürfte, an Schleiermachers Grundaussagen zur ›Theorie der Erziehung‹ heranzukommen, die bekanntlich nur als Vorlesungsnachschrift publiziert wurde, ist sicherlich davon auszugehen, daß Schleiermacher die eine oder andere Veröffentlichung seines Konkurrenten gekannt hat. Wer Schleiermachers Werk überblickt, weiß, daß dieser ebensowenig die Auseinandersetzung mit den Klassikern der Geschichte der Pädagogik suchte. Als Platonforscher erwähnt er in seinen pädagogischen Schriften einige Male den Namen des großen Sokrates-Schülers, selbst Comenius, Locke, Basedow, Rousseau und Pestalozzi werden nur einmal oder gar nicht genannt. Dies mag ein Hinweis dafür sein, daß Schleiermacher aus eigener Kraft ein erziehungstheoretisches Modell entwickeln wollte, das über die früheren und zeitgenössischen Konzeptionen hinausführen sollte.

Mit Schleiermacher überwindet die pädagogische Reflexion das Aufklärungsdenken des 18. Jahrhunderts. Erziehung wird nach *dialektischem* Verständnis als eine geschichtlich-gesellschaftliche Wirklichkeit begriffen, die sich unabhängig von aller Theorie im Verhältnis der älteren zur jüngeren Generation konstituiert. Das Erziehungsgeschehen erweist sich somit als ein Vorgang mit eigener Dynamik, der von außen, vom Erzieher, steuerbar ist. Der Erziehungsprozeß ist eingebunden in den jeweiligen kulturellen Zusammenhang und zugleich Bestandteil der Geschichte, die als fortschreitende Einigung des vorfindbaren Gegensatzes von Natur und Vernunft interpretiert wird. In ihm sind vornehmlich die Ansprüche des Ich auf Individualität und die Interessen der großen Lebensgemeinschaften an der Integration des Individuums in die Lebensordnungen in Einklang zu bringen. Die Ethik bleibt – wie bei Herbart – die bewährte Führerin in der Erziehungskunst; von daher erklärt sich ihre Sonderstellung im Einflußbereich pädagogisch relevanter Disziplinen. Dennoch läßt sich bei Herbart und Schleiermacher eine unterschiedliche Betrachtungsweise des Verhältnisses von Pädagogik und Ethik nachweisen, worauf A. Reble hingewiesen hat:

> Die Abhängigkeit der Pädagogik von der Ethik bedeutet demzufolge bei Schleiermacher etwas anderes als bei Herbart. Während Herbarts Ethik mit ihren abstrakten sittlichen Ideen uns in einen geschichtsfreien Raum führt und dem Wanderer höchstens ein paar Fixsterne zur Orientierung gibt, die weit oberhalb des geschichtlichen Lebens leuchten, will Schleiermachers Ethik *das Gerüst des geschichtlichen Lebens* selbst sichtbar machen, und wenn er die pädagogische Theorie auf sie gründet, so will er damit nicht so sehr eine allgemeine sittliche Idee als Ziel für die Erziehung aufstellen, sondern er folgt damit zwangsläufig seiner Konzeption der Ethik, die ja aufzeigen soll, was als menschlich-geschichtliches Leben überhaupt 'möglich' ist. (Reble in Gerner 1971, 66)

Unübersehbar treten im pädagogischen System erziehungsträchtige Lebensgemeinschaften in den Blick, die in früheren Theorieansätzen nur einzeln, unzulänglich oder überhaupt nicht berücksichtigt wurden. Darüber hinaus stellt Schleiermacher den Bezug zu den überpersönlichen Mächten des geistigen und kulturellen Lebens wieder her, der zweifelsohne mit dazu beitrug, daß sich die geisteswissenschaftliche Pädagogik des 20. Jahrhunderts vor allem kulturphilosophisch orientierte und einige ihrer Vertreter (Spranger, Litt u. a.) sogar veranlaßte, eigene Darstellungen zur Kulturpädagogik vorzulegen.

Aus dieser speziellen Sicht und auch von grundsätzlicher Bedeutung ist die skizzierende Darstellung des Schleiermacherschen Systementwurfs.

Zum Systementwurf (s. Abb. 3)

Erziehung

Schleiermacher versteht unter Erziehung die Einwirkung der älteren auf die jüngere Generation mit dem Ziel der Eingliederung des jungen Menschen in eine bestimmte Kultur und deren repräsentative Gruppen. Jede Kulturgemeinschaft entwickelt hier eine bestimmte Technik, so daß niemand von vorne anzufangen braucht. Erziehung im engeren Sinne bedeutet die planmäßige Beeinflussung der *Gesinnung;* sie ist somit eine ethische Kunst. Dem Unterrichten geht es demgegenüber nur um die *Mitteilung* von Kenntnissen und Fertigkeiten.

Erziehung ist ein Prozeß. Diese Aussage setzt schon voraus, daß der Mensch erziehbar ist. Aber wann beginnt eigentlich die Erziehung?, fragt Schleiermacher konkret und macht sich seine eigenen Gedanken. Er nennt drei mögliche Anfangspunkte für den Beginn pädagogischer Einwirkung: sogleich nach dem Zeugungsakt bzw. der Empfängnis, nach der Geburt oder nach dem Erwachen der Intelligenz, wenn der Mensch sich also wahrhaft als Mensch, nicht mehr allein animalisch zu äußern vermag. Alle drei Zeitpunkte kommen nach Schleiermacher in Frage. Deshalb wird keine endgültige Antwort gegeben. So wie zu Anfang die Erziehung allmählich einsetzt und die erzieherische Einwirkung sich dann verstärkt, so klingt sie auch am Ende allmählich ab und verliert an Bedeutung. Ein fester Punkt, der Endpunkt der vorschreibenden Erziehung, ist gewiß die Mündigkeit des jungen Menschen. Ein Mensch wird mündig, „wenn die jüngere Generation auf selbständige Weise zur Erfüllung der sittlichen Aufgabe mitwirkend der älteren Generation gleich steht“ (Schleiermacher 1964, 45 f.). Dieser Zeitpunkt läßt sich jedoch nicht politisch, etwa mit dem Erreichen eines bestimmten Alters, exakt festlegen. Der Staat ist auch gar nicht befugt und

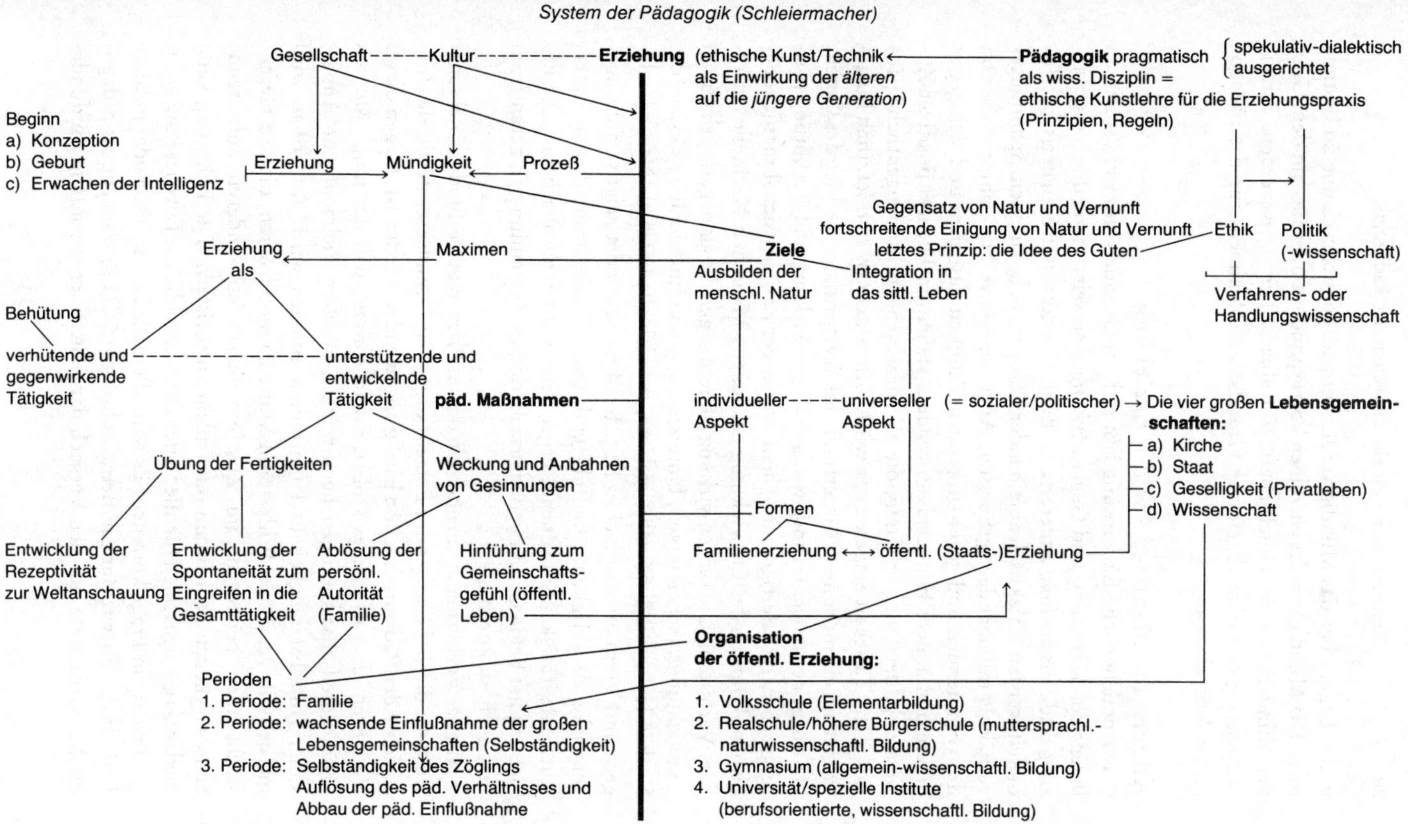
System der Pädagogik (Schleiermacher)
Gesellschaft
Kultur
Erziehung
(ethische Kunst/Technik als Einwirkung der älteren auf die jüngere Generation)
Pädagogik pragmatisch als wiss. Disziplin = ethische Kunstlehre für die Erziehungspraxis (Prinzipien, Regeln)
spekulativ-dialektisch ausgerichtet
Beginn
a) Konzeption
b) Geburt
c) Erwachen der Intelligenz
Erziehung
Mündigkeit
Prozeß
Gegensatz von Natur und Vernunft
fortschreitende Einigung von Natur und Vernunft
letztes Prinzip: die Idee des Guten
Ethik
Politik (-wissenschaft)
Verfahrens- oder Handlungswissenschaft
Erziehung als
Maximen
Ziele
Ausbilden der menschl. Natur
Integration in das sittl. Leben
Behütung
verhütende und gegenwirkende Tätigkeit
unterstützende und entwickelnde Tätigkeit
päd. Maßnahmen
individueller Aspekt
universeller Aspekt
(= sozialer/politischer)
Die vier großen Lebensgemeinschaften:
a) Kirche
b) Staat
c) Geselligkeit (Privatleben)
d) Wissenschaft
Übung der Fertigkeiten
Weckung und Anbahnen von Gesinnungen
Formen
Entwicklung der Rezeptivität zur Weltanschauung
Entwicklung der Spontaneität zum Eingreifen in die Gesamttätigkeit
Ablösung der persönl. Autorität (Familie)
Hinführung zum Gemeinschaftsgefühl (öffentl. Leben)
Familienerziehung
öffentl. (Staats-)Erziehung
Organisation der öffentl. Erziehung:
Perioden
1. Periode: Familie
2. Periode: wachsende Einflußnahme der großen Lebensgemeinschaften (Selbständigkeit)
3. Periode: Selbständigkeit des Zöglings Auflösung des päd. Verhältnisses und Abbau der päd. Einflußnahme
1. Volksschule (Elementarbildung)
2. Realschule/höhere Bürgerschule (muttersprachl.-naturwissenschaftl. Bildung)
3. Gymnasium (allgemein-wissenschaftl. Bildung)
4. Universität/spezielle Institute (berufsorientierte, wissenschaftl. Bildung)

Abb. 3

in der Lage, über das Mündigwerden im pädagogischen Sinne zu bestimmen. Die Mündigkeit des einzelnen korrespondiert überdies mit dem Grad der Mündigkeit einer Gesellschaft. Wie aber soll erzogen werden? Schleiermacher gibt einige allgemeine Grundsätze (Maximen) für das pädagogische Vorgehen an.

Allgemeine Maximen für die Erziehung

Die erzieherische Einwirkung läßt sich im Grunde von zwei Prinzipien leiten: der *Verhütung* und *Gegenwirkung* einerseits sowie der *Unterstützung* und *Entwicklung* andererseits. Beide Grundweisen erzieherischer Tätigkeit werden dialektisch aufeinander bezogen, d. h. zu einem Spannungsverhältnis miteinander verbunden. Auch repressive Maßnahmen, die von der verhütenden und gegenwirkenden Tätigkeit ausgehen und sich gegen innere und äußere Hindernisse wenden, stehen im Dienste positiver Zuwendung, der Unterstützung, die als vorzuziehende und eigentliche pädagogische Tätigkeit eingeschätzt wird. Alle Maximen sind letztlich hingeordnet auf ein nicht mehr hinterfragbares Wertprinzip: die Idee des Guten. Hier liegt der tiefste Grund, wonach Gegenwirkung und Verhütung pädagogisch zu rechtfertigen sind; denn würde der Erzieher sich ihrer nicht bedienen, könnten der Entwicklung des jungen Menschen Nachteile entstehen. Verhütung und Gegenwirkung steuern gegen die als negativ erkannten Entwicklungserscheinungen, Unterstützung und Entwicklung fördern das Vorhandene, ja individuell Gegebene, das sich allgemein als Natur (Anlagen) und Vernunft ansprechen läßt. Konkret gewendet zeigt sich die „gegenwirkende Tätigkeit“: mißbilligend, tadelnd und strafend, die „unterstützende Tätigkeit“: ordnend, ergänzend und bewußtmachend. Die Erziehung hat beide Grundweisen erzieherischer Zuwendung zu garantieren und auch zu kombinieren.

Mit der Verhütung kann noch ein drittes Prinzip in Verbindung gebracht werden: die *Behütung* oder *Bewahrung* – ein Grundsatz, der in der Geschichte der Pädagogik schon häufig angewendet worden ist. Gegen dieses Verfahren als vorrangiges Isolierprinzip spricht, daß der junge Mensch kaum gesellschaftsbezogen heranwächst, sondern vielmehr zur Anpassung, Unselbständigkeit und Unfreiheit erzogen wird. Außerdem wird meistenteils versäumt, Widerstandskräfte zu mobilisieren, die den Heranwachsenden befähigen, im Zusammenleben mit anderen auftretende Schwierigkeiten gemeinsam oder allein zu meistern. Die Behütung kann weder als einziges noch für alle Stufen der menschlichen Entwicklung gültiges Prinzip in Frage kommen. Es wird allenfalls für die frühe oder mittlere Periode der Entwicklung in Betracht kommen. Da Bewahrung als pädagogischer Grundsatz nur den Versuch darstellt, einen irgendwie empfundenen Mangel zu beheben, Hindernisse auszuräumen oder negativen Einflußnahmen zuvorzukommen bzw. sie zu reduzieren, stellt sie keine eigentliche pädagogische Tätigkeit dar. Wie Verhütung und Gegenwirkung macht sie die Unterstützung als ergänzendes Verfahren notwendig, die allein Einsicht, die Einheit von Natur und Vernunft sowie Freiheit gewährleistet.

Aufgabe der Erziehungsform als unterstützender Tätigkeit ist die Übung der Fertigkeiten sowie die Weckung und das Anbahnen von Gesinnungen in einem relativ freiheitlichen Raum. Gesinnungen und Fertigkeiten repräsentieren bei Schleiermacher all jenes, was das Leben dem Heranwachsenden an Realitätsbewältigung abverlangt.

Auf dem Gebiet der *Fertigkeiten,* insbesondere innerhalb des Unterrichts, hat der Erzieher bzw. Lehrer vor allem zwei Hauptziele zu verfolgen:

a) die Rezeptivität, ein diffuses Denken und Vorstellen, des Zöglings zu einer Art reflektierender Weltoffenheit weiterzuentwickeln;
b) die Spontaneität, etwa Antriebsverhalten und Handlungsstruktur, des Zu-Erziehenden so auszubilden, daß er, wenn es nötig ist, autonom in das Leben der Gemeinschaft, welcher auch immer er angehört, eingreift und sein Leben selbst zu gestalten in der Lage ist.

Im Bereich der *Gesinnungen* (Erziehung i. e. S.) gilt folgendes zu beachten:

a) die Selbständigkeit und Selbstdarstellung des jungen Menschen wird dann am ehesten erreicht, wenn die Loslösung von der personalen Autorität in der Familie behutsam und möglichst frühzeitig eingeleitet wird;
b) damit geht einher die Hinführung zum Wir- oder Gemeinschaftsgefühl, ein Identifizieren mit den Interessen und Aufgaben des öffentlichen Lebens (Staates).

Bei allen Aufgabenbereichen erzieherischer Einwirkung, insbesondere der Hinführung zur Mündigkeit, sind drei Zeitabschnitte zu berücksichtigen: die erste Periode umfaßt die pädagogische Einflußnahme innerhalb der Familie, die wenig Spielraum für Selbsttätigkeit und Selbständigkeit bietet und schon bald ergänzt werden muß durch die spezifischen Einflüsse (zweite Periode) der großen Lebensgemeinschaften (Kirche, Staat, Geselligkeit, Wissenschaft); in der dritten Periode erlangt der Zögling ein Höchstmaß an Selbständigkeit: er wird mündig. Zu diesem Zeitpunkt hebt sich die enge Beziehung zwischen Erzieher und Zu-Erziehendem von selbst auf und geht in ein distanziertes, sachbezogenes oder partnerschaftliches Verhältnis über. Die pädagogische Einflußnahme, bei der insgesamt Spiel und Übung (Arbeit) als erzieherische Maßnahmen im Mittelpunkt der Schleiermacherschen Reflexion stehen, hat ihr primäres Ziel erreicht.

Erziehungsziel

Schleiermachers allgemeines Erziehungsziel der Mündigkeit wird – wie alle seine Schlüsselbegriffe – dialektisch, d. h. durch die zusammenhängende Betrachtung von Gegensätzen, begründet. Danach stellt sich die Welt als Gegensatz von Natur und Vernunft dar. Auf lange Sicht ergibt sich daraus die fortschreitende Einigung bis zum völligen Einswerden dieser beiden, den einzelnen Menschen übersteigenden Größen. Höchstes Wertprinzip ist die Idee des Guten. Jeder Mensch ist das Spiegelbild des Einigungsprozesses im kleinen, der an der Aufgabe des Menschengeschlechts teilhaben kann. Aus der von Schleiermacher dargelegten allgemeinen Zielsetzung können zwei Teilziele für die Entwicklung des Heranwachsenden abgeleitet werden:

a) die Ausbildung der menschlichen Natur aufgrund der vorhandenen individuellen Anlagen;
b) die Eingliederung des einzelnen in das sittliche Leben der Gemeinschaft.

Die eine Sichtweise verdeutlicht den individuellen, die andere den universellen Hauptaspekt, der auch den sozialen und politischen Bezug mit einschließt. Der individuellen Betrachtungsweise kann unschwer die Familienerziehung, der sozialen und politischen Blickrichtung die öffentliche Erziehung gerecht werden.

Die großen Lebensgemeinschaften als Erziehungsfeld

Während sich die Familie der individuellen Erziehungsaufgaben annimmt, übernehmen die großen Lebensgemeinschaften die Funktion der Sozialwerdung, indem sie den jungen Menschen, wenn auch keineswegs aus altruistischen Motiven, zu einem brauchbaren, aktiven Mitglied der jeweiligen Gesellungsform heranbilden. Schleiermacher hebt drei bekannte und erziehlich bedeutsame Institutionen hervor, die zugleich die größten Kulturträger eines Volkes darstellen: Kirche, Staat, Wissenschaft, und er spricht weiter von der „Geselligkeit“ oder dem „freien geselligen Leben“. Die letztere Verdichtungsform sozialen Lebens meint bewußt einen sozialen Raum, der institutionell und begrifflich nicht so eindeutig definiert ist wie die drei anderen. Sie bedeutet einen Zwischenbereich, der zwischen Familie und Staat zu lokalisieren ist, und als undifferenzierter Bereich sozialer Interaktion zu umschreiben wäre, der vom Staate weder strukturiert noch organisiert wird. Der Freiraum, der dem einzelnen demzufolge für die soziale Wirksamkeit und politische Bewußtseinsbildung bleibt, ist ein pädagogisch prädisponiertes und äußerst ergiebiges Gebiet. Für das Sozialwerden des jungen Menschen ist es unverzichtbar. J. L. Blaß deutet dies für den Aufgabenbereich der politischen Bildung an, wenn er zu dem Ergebnis kommt:

Das gesellige Leben als der Bereich zwischen Familie und Staat ist das Element und Medium, in welchem sich die politische Bildung, d. h. die Bildung des politischen Bewußtseins entwickeln kann. (Blaß 1978, 95)

Alle genannten Lebensgemeinschaften üben ihren Einfluß entweder methodisch-technologisch über die Fertigkeiten oder nach liberalen, weniger festgelegten Prinzipien über die Gesinnungsbildung aus.

Dem Staat fällt die Aufgabe zu, die öffentliche Erziehung für alle Bürger zu organisieren. Schleiermacher sieht in der ersten Hälfte des 19. Jahrhunderts das Schulsystem wie folgt gegliedert und weist den Schulformen bestimmte Bildungsschwerpunkte zu:

- die *Volksschule* vermittelt Grundkenntnisse der Elementarbildung;
- die *Realschule* oder *höhere Bürgerschule* hat ihren Schwerpunkt in der muttersprachlich-naturwissenschaftlichen Bildung;
- das *Gymnasium* bevorzugt eine allgemeine, insbesondere wissenschaftlich ausgerichtete Bildung;
- die *Universität* oder spezielle Institute machen ein berufsorientiertes wissenschaftliches Bildungsangebot.

Pädagogik als wissenschaftliche Disziplin

Ist für Schleiermacher Erziehung eine nach ethischen Prinzipien angewandte Kunst, so entspricht dieser Kunst eine von der Ethik abhängige Kunstlehre. Da auch die Politik eine ethische Disziplin ist und als Verfahrens- oder Handlungswissenschaft vieles mit der Pädagogik gemeinsam hat, gehören beide zusammen, ja „greifen auf das vollständigste ineinander ein" (Schleiermacher 1964, 42). Daher kommt der Berliner Erziehungstheoretiker – ähnlich wie Herbart – zu dem Ergebnis:

Die Pädagogik ist eine rein mit der Ethik zusammenhängende, aus ihr abgeleitete angewandte Wissenschaft, der Politik koordiniert. (Schleiermacher 1964, 42)

Die pädagogische Kunst bedarf einer theoretisch orientierten Kunstlehre, die sich insbesondere der Entwicklung pädagogischer Prinzipien und hieraus ableitbarer Regeln für die Erziehungspraxis annimmt.

Die Abhängigkeit der Pädagogik von der *Ethik* und der *Politik* verbietet es, sie als eine *allgemeingültige* Wissenschaft zu deklarieren, die ihre Ergebnisse für alle Zeiten und für jedwede Gesellschaft formuliert. Die enge Bindung an die Philosophie fordert ihren Preis, den der wissenschaftlichen Autonomie. Obgleich sich Schleiermacher vorstellen kann, daß sich die pädagogische Kunstlehre sowohl der spekulativen wie der empirischen Methoden bedient, ja nachweislich bei seinen Erkenntnissen auf Erfahrung begründete Beobachtungen zurückgreift, entscheidet sich der Philosoph und Theologe für die von der philosophischen Spekulation geleitete Erziehungstheorie. Begründet wird diese, im Vergleich mit Trapps und Herbarts breiterem Ansatz methodologischer Überlegungen, gewiß willkürliche Festlegung mit dem Theorieverständnis von Erziehung; denn die Erziehungstheorie sei nichts anderes als die Anwendung und das Praktischwerden des spekulativen Prinzips der Erziehung selbst im Blick auf die vorfindbaren Fakten in der Erziehungswirklichkeit. Zu diesen Fakten könne man von Erziehungssituation zu Erziehungssituation einen unterschiedlichen Standpunkt einnehmen. Hier sei weniger das Faktische als vielmehr die Interpretation der aufgewiesenen Tatsachen entscheidend. Deshalb hat die pädagogische Wissenschaft sich zu bescheiden; sie kann nicht den Anspruch erheben, reine bzw. exakte oder autonome Wissenschaft zu sein, aber im Verein mit der Ethik und Politik vermag sie zu wissenschaftlich fundierten, erziehungstheoretischen Erkenntnissen zu führen, aus denen schließlich Grundsätze und Regeln für das erzieherische Handeln abzuleiten sind. Damit wurde der apriorischen Erkenntnisgewinnung in der Erziehungstheorie erneut der Vorzug gegeben und – wie wir heute wissen – der philosophisch und historisch bestimmten Erziehungswissenschaft für viele Jahrzehnte der Weg gewiesen.

Stellungnahme

F. D. E. Schleiermachers Systementwurf zeichnet sich durch eine gewisse „Offenheit" und durch seinen gesellschaftlich-geschichtlichen Begründungszusammenhang aus. Ausgangspunkt für den neuen Denkansatz ist die dynamische und dialektische Betrachtungsweise von Erziehung. Zwischen den Kategorien innerhalb des aufgewiesenen Systems lassen sich etliche Querverbindungen herstellen, was für den gedanklichen Zusammenhang dieses Entwurfs spricht.

Erziehung wird als Teilprozeß des gesamtgesellschaftlichen Bedingungsgefüges betrachtet und zum ersten Mal in dieser Deutlichkeit für den systematischen Kontext herausgearbeitet.

Die Kennzeichnung des pädagogischen Systems als ein „offenes" Interpretationsschema wird durch das spekulativ-dialektische Vorgehen erreicht. Die gestrichelte Linie in der schematischen Darstellung (s. Abb. 3) macht an einigen entscheidenden, jedoch längst nicht allen Stellen auf diesen Sachverhalt aufmerksam. Die Verabsolutierung des spekulativen Denkens drängt aber augenfällig die empirischen Verfahren, wie sie bereits von Trapp und Herbart als mögliche Forschungsmethoden angedeutet werden, zurück und verleitet zu einer methodischen Einseitigkeit pädagogischer Theoriebildung. Verhängnisvoll wirkt sich dieser Ansatz in den letzten

Jahrzehnten des 19. Jahrhunderts und in der ersten Hälfte des 20. Jahrhunderts auf das Theorieverständnis und den Wissenschaftscharakter der Pädagogik aus, die unter der Ägide der geisteswissenschaftlich orientierten Pädagogik allein die philosophisch-hermeneutischen Forschungsmethoden favorisierte.

Die Pädagogik als wissenschaftliche Disziplin bleibt bei Schleiermacher in totaler Abhängigkeit von Ethik. Dieses Schicksal teilt sie mit der Politik, die ebenfalls als eine Handlungswissenschaft verstanden wird. Dieser Zusammenhang von Politik, Ethik und Pädagogik und nicht zuletzt der Fundamentalbegriff der „Idee des Guten“ im Sinne eines letzten Wertprinzips zeigen unverkennbar den Bezug zum platonischen Denken an, wie es uns in Platons Hauptwerk ›Politeia‹ überliefert ist. Dieser Rückbezug pädagogischen Denkens auf antikes Gedankengut und die Überbetonung der kulturphilosophischen Komponente haben zur Folge, daß die Pädagogik nicht als eine autonome oder wenigstens relativ autonome Wissenschaft konzipiert wird. Sie erscheint ohnehin nur als ein theoretisches Konstrukt von Prinzipien, Regeln, Ratschlägen und Empfehlungen. Nach Schleiermacher soll das ganze pädagogische System aus der „Idee des Guten“ deduziert werden. R. Lochner hat dagegen eingewandt: „Satz für Satz versucht er [Schleiermacher, d. Vf.] aus der 'Idee des Guten' abzuleiten. In seiner Pädagogik scheitert er mit dieser Methode, zumindest muß er sie auf weite Strecken hin aufgeben: Überall, wo er auf empirisch gewonnene Tatsachen, auf Erfahrungen zurückgreift, bleibt es dunkel, wie der 'Brückenschlag nach rückwärts', hin zur Idee des Guten, gelingen soll. Der Zusammenhang mit den leitenden ethischen Grundgedanken wird immer undeutlicher“ (Lochner 1963, 145).

Die zentrale Stellung des Unterrichts, die wir bei Herbarts Systematik kennengelernt haben, wird von Schleiermacher zugunsten einer differenzierten Sichtweise von Erziehung aufgegeben. Erziehung ereignet sich einerseits als *Gesinnungsbildung* (Erziehung i. e. S.), andererseits als *Wissensvermittlung* (Unterricht). Beide Möglichkeiten erzieherischer Einwirkung stehen für zwei verschiedene Handlungsweisen mit jeweils anderer Zielrichtung. Aus dem Quellentext läßt sich sogar eine gewisse polare Gegensätzlichkeit von Unterricht und Erziehung herauslesen. Durch den dialektischen Spannungsbogen werden jedoch beide erzieherischen Grundweisen nicht nur in einem dynamischen Wechselspiel aufeinander bezogen. Schleiermacher stellt zusätzlich die pädagogische Bedeutsamkeit der Familie und der sogenannten großen Lebensgemeinschaften (Kirche, Staat, geselliges Leben, Wissenschaft) heraus, die erst heute wieder von der soziologischen Forschung als Schwerpunktthemen erziehungstheoretischer Grundorientierung eingebracht werden.

Die Unterscheidung zwischen der ungeplanten Erziehung im funktionalen Verständnis und der zielbewußten und verantworteten Erziehung im intentionalen Sinne kündigt sich bei dem Schleiermacherschen Erziehungsdenken bereits an. Es wird erst von W. Dilthey ausführlich reflektiert und im pädagogischen System dieses pädagogischen Denkens terminologisch verankert.

Literatur

Quelle

Schleiermacher, F. D. E.: Ausgewählte pädagogische Schriften. Besorgt von E. Lichtenstein. Paderborn ²1964.

Schrifttum

Ballauff, Th./K. Schaller: Pädagogik. Eine Geschichte der Bildung und Erziehung. Bd. III. Freiburg 1973; insb.: Die Synthese von Fertigkeiten und Gesinnung: F. D. Schleiermacher, S. 51–66.

Blaß, J. L.: Pädagogische Theoriebildung im politisch-sozialen Bezugsfeld – Schleiermacher. Aus: Ders., Modelle pädagogischer Theoriebildung. Bd. I. Stuttgart 1978, S. 80–108.

Gerner, B. (Hrsg.): Schleiermacher. Interpretation und Kritik. München 1971.

Lochner, R.: Schleiermacher. Aus: Ders., Deutsche Erziehungswissenschaft. Meisenheim am Glan 1963, S. 133–146.

Menze, C.: Die Wissenschaft von der Erziehung in Deutschland. Aus: J. Speck (Hrsg.), Problemgeschichte der neueren Pädagogik. Bd. I. Stuttgart 1976, S. 23–28.

Schmidt, G. R.: Friedrich Schleiermacher. Aus: H. Scheuerl (Hrsg.), Klassiker der Pädagogik. Bd. I. München 1979, S. 217–233.

Schurr, J.: Schleiermachers Theorie der Erziehung. Interpretationen zur Pädagogikvorlesung von 1826. Düsseldorf 1975.

1.5. W. Dilthey

Im Anschluß an Kant, Herbart und Schleiermacher unternimmt Wilhelm Dilthey (1833–1911) im ausgehenden 19. Jahrhundert erneut den Versuch, die Pädagogik als Wissenschaft zu konstituieren. Er war ebenso wie die bisher behandelten Vertreter einer „Systematischen Pädagogik“ Universitätsprofessor und lehrte an den Universitäten in Basel, Kiel, Breslau und ab 1882 in Berlin Philosophie und Pädagogik. Von der ethischen Fragestellung ausgehend, der er sich schon früh im Rahmen seiner Dissertation und Habilitationsschrift zuwandte, beschäftigte sich Dilthey gerade in den Berliner

Jahren mit den Grundproblemen und der Grundlegung einer wissenschaftlichen Pädagogik.

Sein Theorieansatz setzt sich bewußt von den vorherigen und zeitgenössischen pädagogischen Systemen ab, die er gern – freilich etwas abwertend – als „natürliche Systeme" bezeichnete, weil sie nach seiner Auffassung noch ganz in die Zweckzusammenhänge vergangener Gesellschaften eingebunden waren. Den „natürlichen Systemen" wirft er vor, sie hätten der Pädagogik noch nicht zu einer *wissenschaftlichen* Disziplin verholfen. Im Gegenteil, sie hätten sie nur in neue Abhängigkeit zur Ethik und Psychologie gebracht. Eine Wissenschaft muß sich aber auf sich selbst besinnen und eigene Kriterien für objektive, überprüfbare Aussagen entwickeln. Sie darf daher nicht von einer anderen Wissenschaft abgeleitet werden und als Anhängsel dienen.

Im Mittelpunkt der Diltheyschen Forschungsarbeiten stehen insbesondere wissenschaftstheoretische Grundüberlegungen vor dem Hintergrund einer lebens- bzw. kulturphilosophischen Neuorientierung. Die Begründung der Geisteswissenschaften und der Aufweis der Pädagogik als einer geisteswissenschaftlichen Disziplin führen zu grundsätzlichen Fragen der jungen Wissenschaft. Kritisch hinterfragt werden beispielsweise: Forschungsgegenstand, Forschungsmethoden, die Hilfestellung bereits okkupierter Nachbardisziplinen (Psychologie, Ethik, Politik) bei der Erkenntnisgewinnung und die Gewichtung dieser Wissenschaften innerhalb eines pädagogischen Systems. Das Ergebnis der wissenschaftstheoretischen Reflexion ist ein erziehungstheoretischer Systementwurf, der zwar ebenso wie andere ein Torso bleibt, aber dennoch der Pädagogik neue Perspektiven eröffnet und sie dem Ziel einer allgemein anerkannten wissenschaftlichen Disziplin näherbringt.

Dilthey hatte es sich als Kultur- und Lebensphilosoph zur Aufgabe gemacht, zwischen den natur-, sozial- und geisteswissenschaftlichen Theorieansätzen zu vermitteln, ohne ihre Unterschiede zu verkennen. Bei der Grundlegung seines geisteswissenschaftlichen Modells gelangte er zu einer Theorie des Verstehens, die anfangs vornehmlich psychologisch orientiert war und im Laufe der Jahre zu einer Hermeneutik des geschichtlich-gesellschaftlichen Lebens weiterentwickelt wurde. Allein aufgrund des historisch-hermeneutischen Ansatzes zählt Dilthey neben Schleiermacher zu den geistigen Ahnherren, ja er ist als der eigentliche Begründer der geisteswissenschaftlichen Pädagogik anzusehen, die eine der einflußreichsten Hauptströmungen der theoretischen Pädagogik unseres Jahrhunderts wurde und zu deren bekanntesten Vertretern M. Frischeisen-Köhler, H. Nohl, E. Spranger, Th. Litt, W. Flitner, E. Weniger u. a. gehören.

Auf dem Wege zur Neubegründung der wissenschaftlichen Pädagogik als geisteswissenschaftlicher Disziplin stellt Dilthey nicht nur bislang unangefochtene Theorien in Frage, z. B. die Abhängigkeit der Pädagogik von Ethik, Psychologie, Politik, die pädagogische Disziplin allein aus einem allgemeinen Zweck abzuleiten, die Deduktion als bevorzugte oder ausschließlich angewandte Methode, die Beschränkung erziehungstheoretischer Erkenntnisse auf normative und dogmatische Setzungen. Er knüpft ebenso an die Vorarbeiten der pädagogischen Systematiker an. So übernimmt er von Herbart die Theorie der Bildsamkeit und liefert hierzu erst den psychologischen Begründungszusammenhang, von Schleiermacher die Theorie der Gesellungsformen bzw. Lebensgemeinschaften und differenziert das Schleiermachersche, rudimentär angedeutete Grundmodell der Erziehung, die Einwirkung der älteren auf die jüngere Generation, weiter zum konkreten Erzieher-Zögling-Verhältnis innerhalb der Erziehungssituation. H. Nohl hat diesen Ansatz in den dreißiger Jahren aufgegriffen und hieraus die Theorie des pädagogischen Bezuges entwickelt.

Diese wenigen Hinweise machen deutlich, daß Dilthey die überlieferten Denkansätze nicht ausschließlich kritisiert oder abgelehnt hat. Die von ihm intendierte Neubegründung der Pädagogik sollte in der spezifisch historischen und psychologischen Ausrichtung Elemente bisheriger Theoriebildung in sich aufnehmen und unter neuen Perspektiven weiterführen.

Der Begründer der geisteswissenschaftlichen Pädagogik hat es vermocht, zumindest einen Teil der Pädagogiker von der allzugern betriebenen Deduktionsakrobatik pädagogischer Systementwürfe abzulenken und sie auf die Erziehungswirklichkeit als genuin pädagogisches Forschungsfeld wieder aufmerksam zu machen. Unterstützt wurde diese wissenschaftlich bedeutsame Wende, die allerdings noch keine Bevorzugung empirisch-analytischer Forschung zur Folge hatte, durch Diltheys in Anlehnung an Aristoteles und Leibniz mehrfach dargelegte Grundauffassung von der „Teleologie des Seelenlebens“. Dieser Strukturbegriff geisteswissenschaftlicher Psychologie und Pädagogik, der bedeutet, daß die Struktur der menschlichen Individualität in der individuellen Seele vorgegeben, auf Entwicklung angelegt ist und der erzieherischen Einflußnahme bedarf, wenn sie voll entfaltet werden soll, wurde zum entscheidenden Ausgangspunkt multidisziplinärer Forschung. Es überrascht daher nicht, daß ihm innerhalb des Diltheyschen Systematisierungsversuchs eine Schlüsselfunktion zukommt.

Zum Systementwurf (s. Abb. 4)

Für die Darstellung des Diltheyschen Systems der Pädagogik müssen heute mehrere Quellentexte herangezogen werden. Mehrere Jahrzehnte

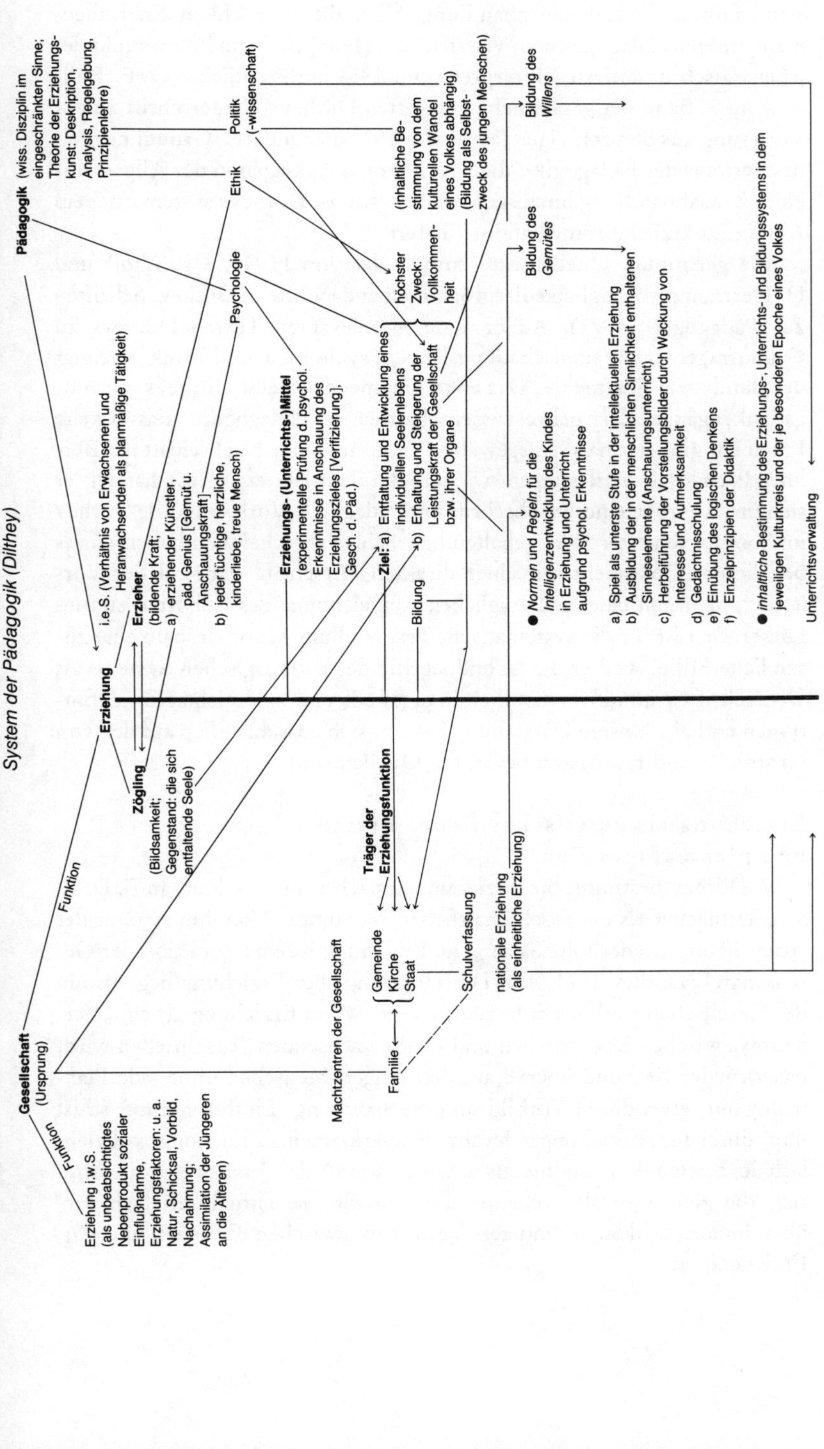
System der Pädagogik (Dilthey)
Gesellschaft (Ursprung)
Funktion
Funktion
Erziehung i.w.S. (als unbeabsichtigtes Nebenprodukt sozialer Einflußnahme, Erziehungsfaktoren: u. a. Natur, Schicksal, Vorbild, Nachahmung; Assimilation der Jüngeren an die Älteren)
Erziehung
i.e.S. (Verhältnis von Erwachsenen und Heranwachsenden als planmäßige Tätigkeit)
Zögling (Bildsamkeit; Gegenstand: die sich entfaltende Seele)
Erzieher (bildende Kraft; a) erziehender Künstler, päd. Genius [Gemüt u. Anschauungskraft] b) jeder tüchtige, herzliche, kinderliebe, treue Mensch)
Erziehungs- (Unterrichts-)Mittel (experimentelle Prüfung d. psychol. Erkenntnisse in Anschauung des Erziehungszieles [Verifizierung], Gesch. d. Päd.)
Ziel: a) Entfaltung und Entwicklung eines individuellen Seelenlebens
b) Erhaltung und Steigerung der Leistungskraft der Gesellschaft bzw. ihrer Organe
Bildung
höchster Zweck: Vollkommenheit
(inhaltliche Bestimmung von dem kulturellen Wandel eines Volkes abhängig) (Bildung als Selbstzweck des jungen Menschen)
Pädagogik (wiss. Disziplin im eingeschränkten Sinne; Theorie der Erziehungskunst: Deskription, Analysis, Regelgebung, Prinzipienlehre)
Psychologie
Ethik
Politik (-wissenschaft)
Bildung des Gemütes
Bildung des Willens
Normen und Regeln für die Intelligenzentwicklung des Kindes in Erziehung und Unterricht aufgrund psychol. Erkenntnisse
a) Spiel als unterste Stufe in der intellektuellen Erziehung
b) Ausbildung der in der menschlichen Sinnlichkeit enthaltenen Sinneselemente (Anschauungsunterricht)
c) Herbeiführung der Vorstellungsbilder durch Weckung von Interesse und Aufmerksamkeit
d) Gedächtnisschulung
e) Einübung des logischen Denkens
f) Einzelprinzipien der Didaktik
inhaltliche Bestimmung des Erziehungs-, Unterrichts- und Bildungssystems in dem jeweiligen Kulturkreis und der je besonderen Epoche eines Volkes
Unterrichtsverwaltung
Machtzentren der Gesellschaft
Familie
Gemeinde
Kirche
Staat
Träger der Erziehungsfunktion
Schulverfassung
nationale Erziehung (als einheitliche Erziehung)

Abb. 4

stand Diltheys Akademieabhandlung ›Über die Möglichkeit einer allgemeingültigen pädagogischen Wissenschaft‹ (1888) allein im Brennpunkt der pädagogisch orientierten Interpretation. 1934 veröffentlichte O. F. Bollnow im 9. Band der gesammelten Schriften Diltheys Niederschrift zu der Vorlesung aus den achtziger Jahren des 19. Jahrhunderts ›Grundlinien eines Systems der Pädagogik‹, die weit über die Aussagen in der Allgemeingültigkeitsabhandlung hinausgeht und gerade zu Diltheys systematischem Ansatz zusätzliche Informationen liefert.

Alle genannten Quellentexte enthält der von H.-H. Groothoff und U. Herrmann vorzüglich edierte Sammelband ›Wilhelm Dilthey: Schriften zur Pädagogik‹ (1971). Außer anderen relevanten Texten Diltheys zu Grundfragen der Weltanschauungslehre, Psychologie und Ethik vereinigt der Band zwei Fragmente. Das erste Fragment umreißt Diltheys ›Grundgedankengänge der geisteswissenschaftlichen Pädagogik‹, das zweite Fragment gibt erstmals ›Ausgewählte Texte aus einer Nachschrift der Berliner Pädagogik-Vorlesungen‹ wieder. Bei dem letzteren Text handelt es sich um Auszüge einer Nachschrift der Pädagogik-Vorlesung, die Dilthey im Sommersemester 1884 gehalten hat. Sehr wahrscheinlich haben wir es bei diesem Dokument mit einer direkten *Mit*schrift während der Vorlesung, nicht mit einer nachträglichen Aufzeichnung des Gehörten zu tun. Dieser Text ist für die systematische Fragestellung schon deshalb eine zusätzliche Hilfe, weil er die Grundbegriffe des pädagogischen Systems als Überschriften unmißverständlich herausstellt und zahlreiche Kurzdefinitionen enthält. Unsere Darstellung bezieht sich ausschließlich auf den von Groothoff und Herrmann besorgten Quellenband.

Erziehung als gesellschaftliches Ereignis und planmäßiges Tun

W. Dilthey bestimmt die Erziehung zunächst im Anschluß an F. D. E. Schleiermacher als ein gesellschaftliches Phänomen. Von ihm stammt der später häufig wiederholte Satz: „Die Erziehung ist eine Funktion der Gesellschaft" (Dilthey 1971, 45). Der Ursprung aller Erziehung liegt also in der Gesellschaft und ihrem Bezugssystem. Wenn Erziehung als ein „Verhältnis zwischen Erwachsenen und Heranwachsenden" beschrieben wird, das zu jeder Zeit und überall auf den jungen Menschen ohne jede Planmäßigkeit, etwa durch Vorbild und Nachahmung, Einfluß nimmt, so ist ihm durchaus Erziehungsrelevanz zuzuerkennen. Erziehung vollzieht sich in diesem Verständnis als „Assimilation" der Jungen an die Älteren, die gleichsam als Nebenprodukt anfällt. Sie aktualisiert sich darüber hinaus in dem lebendigen Verhältnis zwischen Erzieher und Zu-Erziehendem.

Dilthey unterscheidet somit zwischen zwei Auffassungen von Erziehung.

a) Erziehung kann einmal *in einem weiteren und übertragenen Sinne* verstanden werden. Sie ist dann ein erzieherisch ungeplantes Geschehen, das sich nicht ausdrücklich auf eine pädagogische Zielsetzung bezieht, sondern vielmehr das unbeabsichtigte Nebenprodukt sozialer Einflußnahme darstellt. Dilthey definiert: Der Begriff „wird in erweitertem Sinne gebraucht, wenn eine planmäßige Tätigkeit, welche auf ein anderes Ziel gerichtet ist und als Nebenerfolg Erziehung in sich aufnimmt, so benannt wird“ (Dilthey 1971, 44). Erziehung ereignet sich so in allen sozialen Gruppen als reines Anpassungsgeschehen und bedeutet soviel wie Eingliederung in die Gesellschaft und Kultur eines Volkes. Als Erziehungsfaktoren kommen u. a. die Natur, das Schicksal, Vorbild, Nachahmung und das Leben selbst in Frage. Diese Art von Erziehung beruht nicht zuletzt auf dem Bedürfnis der Gesellschaft, auch künftig fortzubestehen.

b) Von der Erziehung im weiteren Sinne hebt Dilthey die Erziehung *im engeren und eigentlichen Verständnis* ab. Er begreift sie als „die planmäßige Tätigkeit, durch welche Erwachsene das Seelenleben von Heranwachsenden zu bilden suchen“ (Dilthey 1971, 44). Diese Art der Erziehung findet vorwiegend in den Machtzentren der Gesellschaft und den Trägern mit Erziehungsfunktionen statt: Familie, staatliche und andere Institutionen der Gesellschaft. Dabei nimmt die Familie eine Sonderstellung ein. Sie ist das Erziehungsverhältnis, „in welchem der Unmündige seinem Erzieher unterworfen und ihm unlösbar verbunden ist, der Erzieher durch Pflicht und Recht mit der erziehenden Herrschaft über den Zögling betraut ist“ (Dilthey 1971, 46). Dilthey läßt keinen Zweifel darüber, daß nur vom intentionalen Verständnis der Erziehung aus ein pädagogisches System mit erziehungswissenschaftlichem Anspruch aufgestellt werden kann.

Ähnlich wie den Begriff der Erziehung faßt Dilthey auch den der *Bildung* in einem doppelten Sinne. Allerdings ist der Bildungsbegriff qualitativ höher angesetzt. Bildung wird als Ziel des Erziehungsgeschehens und jeglicher Erziehungsmaßnahme bestimmt. Sie ist „die Funktion aller Institutionen der menschlichen Gesellschaft, da sie alle schließlich, Individuen ihre höchste Gestaltung zu geben, mitwirken“ (Dilthey 1971, 44). Während Bildung den vollkommenen Zustand der menschlichen Seele bezeichnet, bedeutet „bilden“ jenen aktiven Vorgang, der die Vollkommenheit des seelischen Zustandes um ihrer selbst willen anstrebt. Bildung erscheint also als Werk der Erziehung. Sie ist – funktional oder intentional gesehen – die ideale Zwecksetzung der Erziehung.

Dem Erzieher-Zögling-Verhältnis eignet eine Herrschaftsstruktur, die für die Eltern-Kind-Beziehung konstitutiv, allerdings nicht als autonom anzusehen ist. Es ist an elterliche Pflichten und Verantwortung gebunden und wird von den nächsthöheren Institutionen der Gemeinde, des Staates und der Kirche kontrolliert und reguliert. Gemeinde, Staat und Kirche haben die Aufgabe, die Erziehungsaufgaben der Familie auf ihre Weise zu ergänzen. Der Familie kommt eine gewisse Vorrangstellung zu; denn sie ist nach Dilthey der „eigentliche Sitz der Erziehung". Die unterschiedlichen und komplementär zu verstehenden Erziehungsfunktionen der Erziehungsinstitutionen leiten sich von dem gesellschaftlichen Prinzip der Arbeitsteilung her. Selbstverständlich kann eine stärkere Einflußnahme von Kirche (Mittelalter) und Staat (seit dem 18. Jh.) historisch nachgewiesen werden. Aber der Einfluß der Kirche als Erziehungsträger ist auch in neuerer Zeit nicht unbedeutend. Die Schulverfassung wird für ein Gleichgewicht der herrschenden Interessen sorgen müssen.

Das Erzieher-Zögling-Verhältnis

Mittelpunkt der eigentlichen, d.h. der absichtlichen und geplanten Erziehung ist das Verhältnis des Erziehers zu seinem Zögling. In Anlehnung an Schleiermacher, der zu dem Verhältnis der älteren zur jüngeren Generation bereits den Zusammenhang herstellte, erblickt Dilthey in der personalen Beziehung des Erziehers zu einem Zu-Erziehenden eine entscheidende Grundbedingung der konkret vorfindbaren Erziehungssituation. Wenn auch bei Dilthey der interaktionale Charakter der Beziehung noch nicht so stark wie bei H. Nohls Theorie des pädagogischen Bezuges hervortritt, so beschreibt er doch ausführlich Einzelmomente der am Erziehungsverhältnis Beteiligten, des Erziehers und Zöglings. Die Aktivitäten des Erziehers sind – anders als bei anderen Künstlern – von dem Adressaten, insb. von der Entwicklung des jungen Menschen, abhängig. Dies „ist bedingt durch die entfaltende Seele, auf welche er wirkt. Sie regt in ihm die bildende Kraft an und gibt dieser ihr Gesetz" (Dilthey 1971, 52). Nicht zufällig tritt daher der Zögling zuerst in das Blickfeld der grundlegenden Betrachtung.

Diltheys Augenmerk gilt auf der Seite des Zöglings dem Fundamentalbegriff der *Bildsamkeit.* Er knüpft hier offenkundig an den von Herbart eingeführten Terminus an und bemüht sich auffällig um die psychologisch-pädagogische Bedeutungsvariante. Die neue Sicht der Bildsamkeit des Menschen legt den Akzent auf die Entwicklung des individuellen Seelenlebens, das dispositionell stets vorgegeben ist. Die Förderung der kindlichen Entwicklung ist aber nur möglich, sofern der Erzieher „die Gesetze des Seelenlebens" kennt und als pädagogischer Genius es versteht, seine Handlungen dem Entwicklungsstand entsprechend auszurichten. Außer der *all-*

gemeinen Kenntnis der Teleologie des menschlichen Seelenlebens bedarf der erziehende Künstler zusätzlicher Informationen über die Struktur der jeweiligen *individuellen* Seele, die er mit den gesellschaftlichen Absichten einer Berufstätigkeit als einer nützlichen Aufgabe in der Gesellschaft in Einklang zu bringen hat. Wie hier und bei der formalen Zielsetzung bezieht der Lebens- und Kulturphilosoph die Ansprüche des einzelnen und der Gesellschaft aufeinander und betrachtet sie als zwei legitime Interessensbereiche einer Lebenswirklichkeit. Somit werden die soziale, kulturelle und personale Dimension der Erziehungssituation einzeln angesprochen, begründet und im übergreifenden Kontext der Geschichte zusammengeschaut.

Der Garant für das Zusammenwirken von individuellen und gesellschaftlichen Ansprüchen im Bildungsprozeß ist der Erzieher. Er wird einmal von Dilthey in idealtypischer Sicht als *pädagogischer Genius* oder erzieherischer Künstler, zum anderen nüchterner als Mensch, der sich eine pädagogische Technik angeeignet hat, gesehen und zeichnet sich vor allem durch die Tugenden der Tüchtigkeit, Treue, Herzlichkeit und Kinderliebe aus.

Den idealen Erzieher erkennt man nicht so sehr an seinen hervorragenden intellektuellen Fähigkeiten. Vor allem sind es die Kräfte des Gemüts, der Anschauung und des unmittelbaren Verstehens, die seine schwierige Aufgabe unterstützen. Er hat nicht nur „Achtung vor der individuellen Anlage", sondern auch einen besonderen Sinn für das unmittelbar Notwendige. Dilthey hat es nicht schwer, Leitbilder für die Kunst pädagogischen Handelns zu finden und die beschriebenen Eigenschaften an genialen Gestalten wie Pestalozzi, Salzmann, Fröbel, Diesterweg u. a. lebendig werden zu lassen. Aber diese hohe Kunst historisch aufgewiesenen Erzieherdaseins ist nicht ohne weiteres erlernbar. Solch strahlende Erziehergestalten werden einem Volk nicht allzuhäufig geschenkt.

> Der Genius ist selten, wie überall, so in der Erziehung. Die Erziehung kann nicht auf ihn warten. Die Organisation des Erziehungswesens liegt eben darin, daß der Genius praktisch, theoretisch eine Technik des Erziehungswesens für eine Nation vorausschaut, anbahnt. Helden erstehen, eine Bewegung. (Dilthey 1971, 57)

Dilthey ist realistisch genug, neben den genialen Erziehernaturen den Durchschnittserzieher nicht zu vergessen. Dieser einfache Erzieher, dem die Erziehungskunst nicht angeboren ist, kann sich an den Ideen und der Technik der Erziehungskünstler orientieren und durch seine kindzugewandte Haltung ebenfalls viel bewirken. Im Vergleich mit dem pädagogischen Genius nimmt er freilich nur eine unter- und nachgeordnete Stellung ein.

Erziehungsziele, Erziehungsmittel, Organisation der Bildung

Erziehungsziele lassen sich nicht allgemeingültig bestimmen; sie können allenfalls als Bildungsideale in den verschiedenen Epochen der Geschichte aufgewiesen und für einzelne Völker beschrieben werden. Rein formal können jedoch, wenn auch auf Kosten inhaltlicher Präzisierung, zwei Zielpunkte für die Erziehungskunst festgelegt werden, die entweder ein subjektiv-personales oder ein objektiv-gesellschaftliches Moment enthalten:

a) die Entfaltung und Entwicklung eines individuellen Seelenlebens;
b) die Erhaltung und Steigerung der Leistungskraft der Gesellschaft, der der einzelne angehört.

Diese Zielrichtungen entsprechen in ihrer individuellen und sozialen Ausrichtung dem Diltheyschen Erziehungsbegriff. Sie entscheiden selbstverständlich mit darüber, welche *Erziehungsmittel* bzw. *Unterrichtsmittel* vom Erzieher ausgewählt werden. Von daher gesehen gewinnt die Pädagogik ein weiteres Kriterium für die Übernahme von Erkenntnissen, die verwandte Wissenschaften (Psychologie, Soziologie u. a.) bereitstellen. Der entscheidende Beitrag der Pädagogik liegt darin, vor der Übernahme der pädagogisch relevanten Erkenntnisse diese kritisch zu hinterfragen und nach der doppelten Zielsetzung zu prüfen. Dilthey trägt mit diesem Gedanken bewußt dem Autonomiestreben einer wissenschaftlichen Pädagogik Rechnung, die sich gerade unter diesem Aspekt aus dem Abhängigkeitsverhältnis der klassischen Disziplinen (Theologie, Philosophie, Psychologie) lösen kann.

Erziehung wird zentral in nationalen Einheiten organisiert. Diesem modernen Trend, so glaubt Dilthey, entspricht eine *nationale Erziehung*, „welche die Leistungsfähigkeit des nationalen deutschen Staates im Wettkampf der Nationen auf das höchste Maß brächte und derselben doch zugleich die höchste Dauerhaftigkeit ermöglichte“ (Dilthey 1971, 51). Sie ist im Blick auf die gesellschaftlichen Gruppen eine einheitliche Erziehung, da sie zentral vom Staat gelenkt wird. Diese vom Staat zu organisierende Erziehung darf nicht einseitig, d. h. intellektualistisch geplant werden. Außer der *Entwicklung der Intelligenz* ist beim Erziehungsvorgang auf die *Bildung des Gemüts* und des *Willens* zu achten. Dilthey nennt für die Intelligenzentwicklung des Kindes einige Normen und Regeln vor dem Hintergrund psychologischer Erkenntnisse (s. Abb. 4). Über inhaltliche Aspekte des Bildungssystems macht er keine konkreten Angaben, da sie sich nur in dem jeweiligen Kulturkreis einer Epoche und eines Volkes bestimmen lassen. Dem nationalen Erziehungswesen entspricht schließlich eine zentrale Unterrichtsverwaltung, die insbesondere bildungspolitische Ziele verfolgt.

Pädagogik als Wissenschaft von der Erziehung

W. Diltheys Grundüberlegungen zu einem pädagogischen System kulminieren in seinem Hauptanliegen, die Pädagogik „zum Rang einer wirklichen Wissenschaft zu erheben". Deshalb müssen an die Erziehungstheorie dieselben Maßstäbe angelegt und die gleichen Forderungen gestellt werden, wie man sie von den etablierten Disziplinen her kennt. Im Vergleich mit den früher entwickelten normativen Systemen und pragmatischen Kunstlehren hat die neu zu konzipierende Wissenschaft von der Erziehung sich jeglicher dogmatischer Setzung zu enthalten, allgemeingültige Aussagen bei inhaltlichen (insb. Ziel-)Fragen zu vermeiden und sich aus der unmittelbaren oder mittelbaren Abhängigkeit anderer Wissenschaften zu befreien. Sie hat sich vor allem auf sich selbst zu besinnen. Dabei darf sie nicht wieder den Fehler machen, sich allzufern von der Erziehungswirklichkeit in abstrakten Deduktionen pädagogischer Systeme zu gefallen. Die Pädagogik ist und bleibt eine Theorie der Erziehungskunst, allerdings mit neuen Aufgaben und Schwerpunkten: z. B. Betrachtung von erziehungsrelevanten Einzelvorgängen und deren ursächlicher Zusammenhang, Beschreibung von Bildungssystemen und Erziehergestalten in historischer Absicht, Analyse des Zweckzusammenhangs von Erziehung und Bildung.

Bevorzugtes Aufgabenfeld der Erziehungstheorie neuer Prägung ist der Bereich der bewußten und geplanten Erziehung. Dilthey stellt ausdrücklich fest:

> Die Wissenschaft der Pädagogik... kann nur beginnen mit der Deskription des Erziehers in seinem Verhältnis zum Zögling. (Dilthey 1971, 43)

Demnach hat die wissenschaftliche Pädagogik im Verständnis der geisteswissenschaftlichen Position die Grundphänomene der Erziehung wirklichkeitsnah zu beschreiben und zu analysieren, aber auch – wie der Lebensphilosoph betont – „Prinzipienlehre" und „Regelgebung" zu sein. Sie ist jedoch außerstande, ein allgemeingültiges System, das für alle Völker und Zeiten verbindlich wäre, zu entwickeln und vorzuschreiben. Wie andere Wissenschaften hat sie neben hermeneutisch-beschreibenden Methoden auch induktive Verfahren, z. B. das Experiment, bei der Erkenntnisgewinnung zu berücksichtigen. Dilthey selbst bediente sich vornehmlich der Hermeneutik als geisteswissenschaftlicher Methode.

Wenn auch die Pädagogik aufgefordert ist, sich von der engen Bindung an *Philosophie, Psychologie* und *Politik(wissenschaft)* zu lösen, so bleiben sie als Nachbardisziplinen auf gegenseitige Unterstützung bei Forschungsvorhaben angewiesen. Zu dieser Betrachtung des Verhältnisses der pädagogischen Disziplin zu den sogenannten Hilfswissenschaften ist Dilthey verhältnismäßig spät gekommen. In seinen ersten Beiträgen zur Systematischen Pädagogik betont er noch das reine Abhängigkeitsverhältnis der Erziehungstheorie von Psychologie, Ethik und Politik – ähnlich wie es bei Herbart und Schleiermacher dargestellt wurde.

Stellungnahme

Aus der Kritik an den überkommenen „natürlichen Systemen" pädagogischer Theoriebildung erwächst Diltheys Bemühen um den Wissenschaftscharakter der Pädagogik. Im Anschluß an die Grundlegung der Geisteswissenschaften, bei denen er insbesondere die methodologischen Grundstrukturen und Unterschiede zu den Naturwissenschaften herausarbeitet, begründet er ebenso die Pädagogik wie die Psychologie als eine dem hermeneutischen Verfahren verpflichtete Disziplin. Das Kernstück des neuen geisteswissenschaftlichen Ansatzes ist die an der Lebensphilosophie orientierte Theorie des Verstehens, die sich deutlich von dem Schleiermacherschen Konzept einer allgemeinen Hermeneutik abhebt. Mit ihr erhoffte sich Dilthey, die geschichtlich-gesellschaftlichen und individuell-sozialen Zusammenhänge der Erziehungswirklichkeit zu erschließen. Neben der historischen tritt zunehmend die systematische Fragestellung in das Blickfeld erziehungstheoretischer Reflexion.

Wer in historischen Kategorien denkt, stellt notwendig den Allgemeingültigkeitsanspruch von Systementwürfen und inhaltlichen Zielsetzungen in Frage, sofern diese Aussagen zukunftsgerichtet sind und ausschließlich in systematischem Zusammenhang stehen. Sie haben nach Dilthey nur begrenzte Bedeutung für die Epochen, in denen die pädagogischen Systematiker und Verkünder von Bildungsidealen leben. Bedeutsam erscheint bei Diltheys systematischem Konzept die anthropologische Begründung der Erziehungssituation und ihre Kennzeichnung als gesamtgesellschaftliches Phänomen. Wenn es auch nicht immer gelingt, die Konsequenzen hieraus für die Erziehungsinstitutionen, Erzieher und Zöglinge zu ziehen, so werden fruchtbare Ansätze zu einem fortschrittlichen Erziehungsverständnis bereits erkennbar. Beachtenswert für die erziehungstheoretische Diskussion bleibt, wie es J. L. Blaß treffend formuliert hat:

> Das Subjekt pädagogischer Theoriebildung bei Dilthey ist der Mensch als das sich in seiner individuellen und gesellschaftlichen Existenz geschichtlich verstehende Lebewesen. (Blaß 1978, 112)

Folgerichtig erscheint in diesem Zusammenhang das Zueinander-in-Beziehung-Setzen der am Erziehungsvorgang Beteiligten: Erzieher und Zu-

Erziehender. Das Erzieher-Zögling-Verhältnis, das in seiner Interaktionsstruktur nur rudimentär, vermutlich in Weiterführung des Schleiermacherschen „Generationsverhältnisses“ erfaßt und beschrieben wird, bleibt ein Hauptthema der geisteswissenschaftlichen Pädagogik. Die Dilthey- und Nohl-Schüler beschäftigen sich mit ihm sehr ausführlich und kommen hierbei zu Ergebnissen, die sich heute nur allzu pauschal ausnehmen, aber zum großen Teil von der empirisch-analytischen Forschung in differenzierter Form inzwischen bestätigt wurden. Bis zur Gegenwart aktuell ist die von Dilthey vertretene zweifache Sichtweise von Erziehung geblieben. Während in den ersten Jahrzehnten unseres Jahrhunderts diese Thematik unter dem Begriffspaar „funktionale“ und „intentionale“ Erziehung diskutiert wurde, stellen sich heute gleiche Fragen bei dem Fragenkomplex „Sozialisation und Erziehung“.

Die große Wende der wissenschaftlichen Pädagogik zu realen Bezügen der Erziehungswirklichkeit kündigt sich in Diltheys pädagogischem Werk hoffnungsvoll und vielversprechend an. Sie wurde in Deutschland tatsächlich erst in der Mitte unseres Jahrhunderts mit der allmählichen Hinwendung zu erfahrungswissenschaftlichen Methoden, insbesondere empirisch-analytischen Verfahren, eingeleitet. Rückblickend ist sogar zu konstatieren, daß die jahrzehntelange Vorherrschaft der geisteswissenschaftlichen Pädagogik die „realistische Wendung“ (H. Roth) in der Erziehungswissenschaft nachweislich verzögert hat. W. Dilthey, der sich auch für die Verwendung erfahrungswissenschaftlicher Methoden ausgeprochen hat, hat das Verdienst, die normativen Ansätze der pädagogischen Kunstlehren kritisiert, neue Wege zu einer wissenschaftlichen Betrachtungsweise der Pädagogik aufgezeigt und mit Hilfe der zum Teil von ihm selbst entwickelten geisteswissenschaftlichen Methoden der Erziehungstheorie bis dahin unbekannte Perspektiven eröffnet zu haben. Daß Dilthey dann doch wieder die „Regelgebung“ und „Prinzipienlehre“ neben Deskription und Analyse zu spezifischen Aufgabenbereichen der pädagogischen Wissenschaft erklärt, ist mit den Mitteln der Logik nicht nachvollziehbar. Wir stoßen hier auf ein altes Problem der Erziehungswissenschaft als handlungsbedeutsamer Theorie, die auch in der Gegenwart im Anschluß an W. Brezinkas metatheoretischem Konzept weiter diskutiert werden wird.

Literatur

Quelle

Dilthey, W.: Schriften zur Pädagogik. Besorgt von H.-H. Groothoff u. U. Herrmann. Paderborn 1971.

Schrifttum

Ballauff, Th./K. Schaller: Pädagogik. Eine Geschichte der Bildung und Erziehung. Bd. III. Freiburg 1973; insb.: Normenkritik und Begründung der Pädagogik in der Erziehungswirklichkeit: W. Dilthey, S. 499–508.

Blaß, J. L.: Dilthey. Aus: Ders., Modelle pädagogischer Theoriebildung. Bd. I. Stuttgart 1978, S. 109–139.

Danner, H.: Methoden geisteswissenschaftlicher Pädagogik. München 1979.

Herrmann, U.: Die Pädagogik Wilhelm Diltheys. Ihr wissenschaftstheoretischer Ansatz in Diltheys Theorie der Geisteswissenschaften. Göttingen 1971.

Ders.: Wilhelm Dilthey. Aus: H. Scheuerl (Hrsg.), Klassiker der Pädagogik. Bd. II. München 1979, S. 72–84.

Lochner, R.: Dilthey. Aus: Ders., Deutsche Erziehungswissenschaft. Meisenheim am Glan 1963, S. 147–156.

Menze, C.: Die Wissenschaft von der Erziehung in Deutschland. Aus: J. Speck (Hrsg.), Problemgeschichte der neuen Pädagogik. Bd. I. Stuttgart 1976, S. 51–60.

Tschamler, H.: Wissenschaftstheorie. Bad Heilbrunn 1978.

2. MONOGRAPHIEN ZUR SYSTEMATISCHEN PÄDAGOGIK

2.1. Überblick

Erblickte man seit der 2. Hälfte des 18. Jahrhunderts den Schlüssel für die wissenschaftliche Anerkennung der Pädagogik in der Auffindung eines spezifischen und umfassenden Systems, so gipfelt dieses Grundanliegen im ausgehenden 19. Jahrhundert in dem erziehungstheoretischen Desiderat, die systematische Fragestellung der Pädagogik in einer neuen Teildisziplin, der Systematischen Pädagogik, konsequenter und zielbewußter weiterzuverfolgen.

Der in Deutschland zu beobachtende Brauch, die pädagogischen Lehrstühle vornehmlich mit Philosophen zu besetzen, trug mit dazu bei, daß die neue Teildisziplin bald an den Hochschulen vertreten war. Seit Beginn unseres Jahrhunderts läßt sich eine eigene Fachliteratur nachweisen.

Obgleich W. Dilthey der wissenschaftstheoretischen Fragestellung beachtliche Impulse gegeben, aber sich gescheut hatte, expressis verbis von einer „Systematischen Pädagogik" zu sprechen, war es der Herbartianer W. Rein, der gleich nach der Jahrhundertwende in seinem zunächst zweibändigen (^{1}1902–1906) und ab der 2. Auflage dreibändigen (^{2}1911–1912) Werk ›Pädagogik in systematischer Darstellung‹ die Konturen des jungen Forschungszweiges bestimmte, einen engen Kontakt zur Geschichte der Erziehung herstellte und beide Disziplinen, die Historische und Systematische Pädagogik, als gewichtige Perspektiven der modernen Erziehungswissenschaft betrachtete. Erst W. Flitner, der über seinen Lehrer H. Nohl auf Diltheys pädagogischen Neuansatz aufmerksam wurde, entschloß sich, 1933 eine ›Systematische Pädagogik‹ zu veröffentlichen, die deutlich an die Dilthey-Tradition anknüpfte, jedoch zwei Jahrzehnte später in ›Allgemeine Pädagogik‹ umbenannt wurde.

Unmittelbar nach dem Zweiten Weltkrieg publizierte A. Petzelt seine „Grundzüge Systematischer Pädagogik", die in Anlehnung an Kants transzendentalphilosophisches Lehrgebäude und an transzendentalkritische Theoreme der Gegenwart (insb. Hönigswald) die kulturelle Determinante des Erziehungsprozesses betonte, dem Lehrgut eine Sonderstellung zuwies und im Lehrer-Schüler-Verhältnis den Prototyp aller personalen Erziehungsverhältnisse erkannte und deshalb nur allzu schnell der Gefahr erlag, dieses pädagogische Grundverhältnis zu verabsolutieren.

Neben dem kulturphilosophischen und transzendentalphilosophischen Forschungszweig erwuchs der Systematischen Pädagogik noch ein weiterer Ansatz in der Heideggerschen Existenzphilosophie. Unabhängig voneinander legten E. Fink (›Grundfragen der Systematischen Pädagogik‹, 1953/1978) und Th. Ballauff (›Systematische Pädagogik‹, [1]1962) zwei unterschiedliche Entwürfe vor. Während Ballauff den Pragmatismus der neuhumanistischen Bildungsideen kritisiert, wendet sich Fink gegen die Tendenzen der geisteswissenschaftlichen Pädagogik in der Nachfolge W. Diltheys.

Zwei Jahre nach dem Erscheinen von Ballauffs ›Systematischer Pädagogik‹ wurde erstmals ein ›Lehrbuch der Systematischen Pädagogik‹ ([1]1964) veröffentlicht, bei dem sich der Verfasser, H. Henz, zwar auf mehrere philosophische Ansätze beruft, im Grunde aber das religionsphilosophische Konzept, das bereits J. Göttler und F. X. Eggersdorfer engagiert vertreten hatten, zum Ausgangs- und Mittelpunkt seines Denkansatzes wählt.

Im folgenden wird auf drei Monographien der Systematischen Pädagogik eingegangen. Bewußt wurden die Darstellungen von Wilhelm Flitner, Theodor Ballauff und Hubert Henz ausgewählt, weil diese Autoren drei unterschiedliche philosophische Konzepte vertreten, die zugleich die drei einflußreichsten Hauptströmungen der deutschen Nachkriegspädagogik repräsentieren.

2.2. W. Flitners kulturphilosophisches Konzept

Über seinen Lehrer, den Dilthey-Schüler H. Nohl, gewinnt Wilhelm Flitner (geb. 1889) Zugang zu den pädagogischen Grundideen W. Diltheys und F. D. E. Schleiermachers. Er greift zahlreiche Grundgedanken dieser pädagogischen Denker auf und führt sie großenteils auf breiter Grundlage zu einem eigenen Ansatz weiter. Ausgangspunkt seines umfangreichen Werkes ist der christlich-protestantische Humanismus, aber auch seine Führungsrolle innerhalb der Jugend- und Volkshochschulbewegung. Als Professor für Pädagogik an der Pädagogischen Akademie in Kiel (1926) und Universitätslehrer an den Universitäten in Kiel (1927) und Hamburg (1929–1957) beschäftigte er sich insbesondere mit Fragen der Lehrerbildung und einem bedeutsamen Gegenstand der Lehre, der Fragestellung einer wissenschaftlichen Pädagogik.

Im Zentrum der wissenschaftstheoretischen Bemühungen stehen die erziehungswissenschaftlichen Methoden, die Zielsetzungen der Pädagogik und der Erziehungspraxis, die pädagogische Verantwortung und das System einer sich geisteswissenschaftlich verstehenden Pädagogik. Flitner ist der einzige Vertreter dieser erziehungstheoretischen Richtung, dem es gelungen ist, gleichsam als Ertrag seiner systematischen Reflexionen eine ›Systematische Pädagogik‹ (1933) vorzulegen, die zwar in Deutschland zu einer denkbar ungünstigen Zeit erschien, aber nach dem 2. Weltkrieg nach Titeländerung und Umarbeitung weite Verbreitung fand. Die ›Systematische Pädagogik‹ soll laut Untertitel als der „Versuch eines Grundrisses zur Allgemeinen Erziehungswissenschaft" verstanden werden, ein Vorhaben, das auch heute noch nicht an Aktualität verloren hat.

In unserem Zusammenhang stehen Fragen zur Quellenlage dieser Schrift, Merkmale des Konzepts sowie Einzelaspekte des herausgearbeiteten Systementwurfs im Mittelpunkt. Eine kritische Stellungnahme wird diesen Gedankengang abschließen. Dieser Raster erscheint uns im übrigen auch für die Betrachtung der beiden folgenden Darstellungen der systematischen Pädagogik recht nützlich. Wir werden ihn deshalb in diesem Kapitel durchgängig anwenden.

Zur Quellenlage (Vergleich der Auflagen)

Zunächst fällt auf, daß Flitner seiner ›Systematischen Pädagogik‹, die 1933 bei F. Hirt in Breslau erschien, ab der zweiten Auflage einen neuen Titel gibt. Sie wird 1950 in ›Allgemeine Pädagogik‹ umbenannt und bei E. Klett in Stuttgart, neubearbeitet und ergänzt, herausgebracht. Die dritte Auflage erscheint 1953. Die vierte Auflage (1957) bringt eine geringfügige Änderung: ein Abschnitt auf Seite 40f. wurde anders formuliert. Die siebte bzw. achte Auflage (1961/62) enthält weitere redaktionelle Änderungen und in den Anmerkungen einige Ergänzungen. Die folgenden Auflagen erscheinen bis zur letzten, der 14., unverändert. Das 1980 erschienene Ullstein-Taschenbuch ist mit der letzten Auflage identisch.

Die Titeländerung ab der zweiten Auflage deutet zunächst auf eine Neukonzeption des Werkes hin. Dem ist aber nicht so. Ein Blick in die ›Systematische Pädagogik‹ zeigt, daß Flitner ebenso wie andere Erziehungswissenschaftler zwischen der 'Systematischen' und 'Allgemeinen' Pädagogik nicht streng unterscheidet. Beide Begriffe werden meistens synonym verwendet. Flitner selbst teilt in seinem Vorwort zur zweiten Auflage seines Buches mit, daß einige Kapitel ausführlicher behandelt wurden und insbesondere seine Vorlesungen von 1934 bis 1944 zu Grundfragen der abendländisch-europäischen Gesittung mit in die Umarbeitung eingegangen sind.

Vom *Gesamtkonzept* her weichen die ersten beiden Auflagen kaum voneinander ab. Außer einigen Umformulierungen und hier und da notwendigen Ergänzungen fällt nur die differenzierte und damit ausführliche Betrachtung der *vier Sichtweisen* des Menschen und der Erziehung auf, die zum Kernstück des Flitnerschen Systementwurfs zählt und in der ersten Auflage nur ansatzweise zu erkennen ist.

Für Flitner ist die Allgemeine Pädagogik neben der Historischen Pädagogik eine Teildisziplin der wissenschaftlichen Pädagogik, die die pädagogische Situation der Gegenwart aus der Geschichte zu erklären sucht und welche überdies systematisch orientiert ist. Ihr systematischer Beitrag liegt vor allem darin, daß sie Grundbegriffe entwickelt, mit deren Hilfe die Erziehungswirklichkeit unter Berücksichtigung des gesellschaftlich-kulturellen Kontextes erschlossen werden. Allerdings – so räumt auch Flitner ein – wird es sich hierbei niemals um „ein System im Sinne strenger Wissenschaft und von wirklicher Geschlossenheit“ handeln.

Der wertpädagogische Theorieansatz

Wie im Gesamtwerk W. Flitners, so ist auch und gerade in der ›Systematischen‹/›Allgemeinen Pädagogik‹ der kulturphilosophische bzw. wertpädagogische Aspekt das erkenntnisleitende Prinzip. Er tritt uns bei den wissenschaftstheoretischen und methodologischen Erörterungen, den vier Sichtweisen des Menschen und des Erziehungsvorgangs sowie den einzelnen Grundbegriffen augenfällig entgegen.

Die Pädagogik wird von Flitner als eine hermeneutisch-*pragmatische* Wissenschaft verstanden. Dies bedeutet einmal, daß sie sich als „Selbstauslegung des Geistes“ begreift, wobei die historische und dialektische Betrachtungsweise dominieren, zum anderen, daß sie auf das erzieherische Handeln des Erziehungspraktikers ausgerichtet ist. Da der Geist stets geschichtlich anwesend ist, werden die historischen Hilfsmittel (Quellenmaterial, Textanalyse, Interpretation u. a.) zum bevorzugten Instrumentarium der geisteswissenschaftlichen Pädagogik.

Auch die von Flitner herausgearbeiteten Sichtweisen des Menschen, die zugleich die der Erziehung sind, enthalten alle vier wertpädagogische Perspektiven. So werden bei der anthropologischen Sicht Geist und Sprache als biologisch-unentbehrliche Fähigkeiten charakterisiert und darüber hinaus die Zeichen des menschlichen Geistes „zum biologisch Zweckmäßigen gerechnet“. Der geschichtlich-gesellschaftliche Aspekt betont die Tatsache des Traditionellen und die Aufgabe des Eingliederns in eine geistig-geschichtliche sowie werthaft-soziale Wirklichkeit, wobei der Erzieher sich durch die Tugend der pädagogischen Liebe auszeichnet, die im jungen Menschen sowohl „Wertempfänglichkeit“ als auch „Wertgestaltungsfähigkeit“ zur Entfaltung bringt. Die Erzieher sind daher „Diener und ‚Organe‘ der geschichtlichen Ordnungen, ihrer geistigen Überlieferungen und tragenden Korporationen, sie repräsentieren deren Anforderungen und machen sie wirksam“.

In der dritten Sichtweise, der „Erziehung als geistiger Erweckung“, tritt der Wertgedanke am stärksten in Erscheinung. Außer der „Erweckung zum rechten Geiste“ hat der Erziehende den jungen Menschen „wertsichtig“ und „wertliebend“ zu machen. Kulturelle Überlieferung ist von der Erziehung geistig zu verlebendigen und erhält damit den Auftrag, einen geistigen Verkehr zwischen Menschen und Mitmenschen in Gang zu setzen. Aber auch bei der vierten Betrachtungsweise, die kurz als die personale Sichtweise angesprochen wird, geht es nicht nur um die Selbstwerdung des Menschen im Sinne der liebenden Hingabe und der „Erweckung des Gewissens und Glaubens“ oder um gesellschaftliche Tüchtigkeiten, sondern auch um die Weckung des Verständnisses „kultureller Ordnungen und Werke“.

Diese wertphilosophischen und wertpädagogischen Grundgedanken finden sich ebenso bei der Darstellung der pädagogischen Grundbegriffe. So wird konsequenterweise bei der Kennzeichnung der „erzieherischen Intention“, die innerhalb einer jeden Erziehungsgemeinschaft bedeutsam wird, die Hinführung „zu höherem geistigem Verständnis“ und zu „höherer Wertgestaltung“ neben anderen Zielsetzungen genannt. Kultur wird bei Flitner noch nicht schroff von Gesellschaft getrennt. Beide Fundamentalbegriffe bezeichnen häufig ein und denselben Sinnzusammenhang. Die Gesellschaft ist nicht ohne das kulturelle Moment, und die Kultur nicht ohne die gesellschaftliche Komponente denkbar. Individuum, Gesellschaft und Kultur sind die drei Grundpfeiler des von W. Flitner dargelegten Entwurfs einer ›Systematischen‹/›Allgemeinen Pädagogik‹.

Einzelaspekte Systematischer Pädagogik (s. Abb. 5)

Erziehung

Wie in den bisher vorgestellten Systementwürfen wird auch bei Flitner der Erziehungsbegriff mit der Realisation von persönlicher und überpersönlicher Einflußnahme gekoppelt. Erziehung wird insonderheit projiziert auf die Erziehungswirklichkeit, wie ja von Dilthey bereits dargelegt und von seinen unmittelbaren und mittelbaren Schülern als Maxime übernommen. Bei Flitner finden wir einen definitorischen Hinweis für seine Auffassung von Erziehungswirklichkeit. Er bestimmt sie als

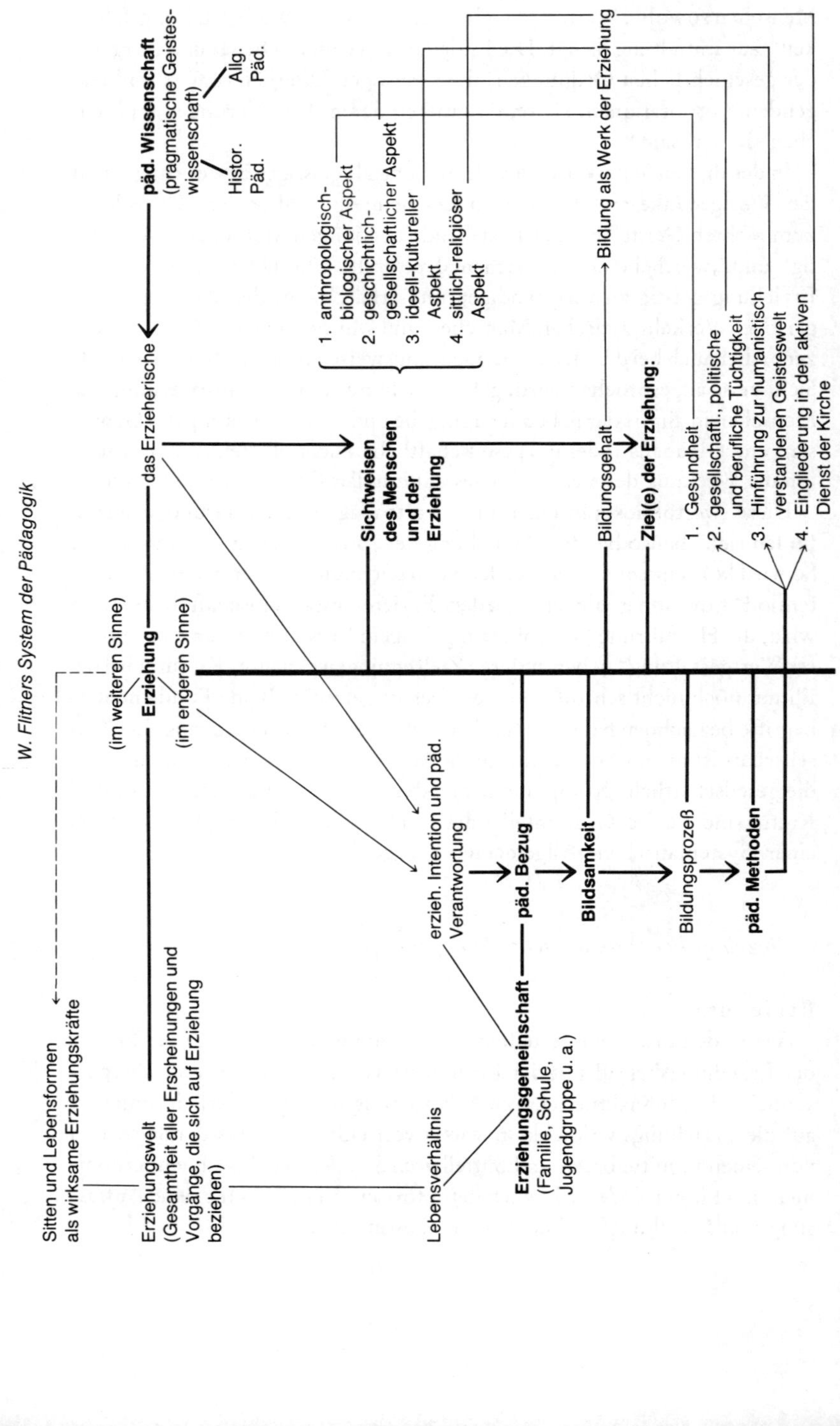

W. Flitners System der Pädagogik
Sitten und Lebensformen als wirksame Erziehungskräfte
Erziehungswelt (Gesamtheit aller Erscheinungen und Vorgänge, die sich auf Erziehung beziehen)
Erziehung
(im weiteren Sinne)
(im engeren Sinne)
das Erzieherische
päd. Wissenschaft (pragmatische Geisteswissenschaft)
Histor. Päd.
Allg. Päd.
Sichtweisen des Menschen und der Erziehung
1. anthropologisch-biologischer Aspekt
2. geschichtlich-gesellschaftlicher Aspekt
3. ideell-kultureller Aspekt
4. sittlich-religiöser Aspekt
Bildungsgehalt
Bildung als Werk der Erziehung
Ziel(e) der Erziehung:
1. Gesundheit
2. gesellschaftl., politische und berufliche Tüchtigkeit
3. Hinführung zur humanistisch verstandenen Geisteswelt
4. Eingliederung in den aktiven Dienst der Kirche
Lebensverhältnis
Erziehungsgemeinschaft (Familie, Schule, Jugendgruppe u. a.)
erzieh. Intention und päd. Verantwortung
päd. Bezug
Bildsamkeit
Bildungsprozeß
päd. Methoden

Abb. 5

den Bezirk des Wirklichen ..., in dem die Frage nach Erziehung, und zwar immer als Frage nach rechter und wahrer Erziehung, auftaucht und auf den sie sich bezieht. (Flitner 1933, 25)

Die Frage nach der Erziehungswirklichkeit wird immer von einem denkenden und handlungsfähigen Menschen gestellt. Er erwartet nicht nur eine in anthropologischer Hinsicht befriedigende Antwort, sondern auch eine Klärung des sittlichen Sachverhaltes. Somit stellt sich zugleich die Frage nach der Verantwortung in der pädagogischen Situation. Flitner stellt ausdrücklich fest, daß die Erziehungswirklichkeit der eigentliche Ort ist, „in dem der Raum für erzieherische Verantwortung gefunden werden kann und immer wieder gefunden wird" (Flitner 1933, 26). Es versteht sich, daß hier Erziehung im engeren Sinne gemeint ist. Vertritt Flitner – wie etwa Dilthey – parallel hierzu einen weiter gefaßten Erziehungsbegriff?

Der Erziehungsbegriff wird in der ›Systematischen Pädagogik‹ und ›Allgemeinen Pädagogik‹ hinreichend reflektiert. In der ersten Auflage seiner Schrift analysiert Flitner das Wort „Erziehung". Er findet heraus, daß es mehrdeutig verwendet wird: einmal bezieht es sich auf die Erziehungstätigkeit bzw. den Erziehungsvorgang, zum anderen auf die Erziehungswirkung, d. h. das Ergebnis erzieherischer Handlungen oder auch des ungeplanten Erziehungsgeschehens. Beide Bedeutungsmöglichkeiten des Erziehungsbegriffs, die engere und weitere Fassung, die aktive oder passive Auffassung, werden nebeneinander für vertretbar gehalten. *Erziehung im engeren Sinne* ist dann das bewußte, absichtsvolle und verantwortete Handeln eines Erzogenen, *Erziehung im weiteren Sinne* ein Geschehen, bei dem beispielsweise Sitten und Lebensformen (Gesellschaften, Gemeinschaften, Vereine, kleinere Gruppen) als „untergründig formende Mächte" entscheidende Faktoren darstellen. So definiert Flitner:

Erziehung ist eine Sphäre des geschichtlichen Handelns und verantwortlicher, uns aufs Gewissen geladener Geschehnisse, die aber auch außer uns, und in uns auch ohne unser reflektiertes Bewußtsein, ihre Antriebe und ihren Ablauf besitzen. (Flitner 1974, 66)

Zu dem doppeldeutigen Verständnis von Erziehung prägt Flitner zwei Begriffe, die jeweils der einen oder auch beiden Bedeutungsebenen zugeordnet werden können: Erziehungswelt und das Erzieherische. Die „Erziehungswelt" bedeutet die Gesamtheit aller Erscheinungen und Vorgänge in unserem Leben, die zu dem Phänomen der Erziehung einen Bezug haben. Sie ist die Nahtstelle zwischen Erziehung und Leben, Erziehung und Gesellschaft, Erziehung und Kultur, die Klammer, die das Erziehungsgefüge vor lebensfremder Isolation bewahrt.

So eindeutig es erscheint, den Begriff der Erziehungswelt dem weiteren

Erziehungsbegriff zuzuordnen, so schwierig ist es, den Begriff des Erzieherischen dem einen *oder* anderen Bedeutungsaspekt von Erziehung zuzuweisen. Außer Frage steht indes, daß das Erzieherische als Oberbegriff zu den vier Sichtweisen, den Hauptaspekten von Erziehung, aufgefaßt wird. Somit ist wenigstens eine – wenn auch abstrakte – Instanz gefunden, von der aus alle vier Hauptansichten von Erziehung als Glieder eines Ganzen zu betrachten sind.

Sichtweisen des Menschen und der Erziehung

Der Begriff des Erzieherischen vereinigt nach Flitner die vier herausragenden Betrachtungsweisen des Menschen und der Erziehung. Die Herleitung des Erziehungs- und Erziehungszielbegriffs kann nur auf der Basis anthropologischer Grundaussagen wirklich gelingen. Deshalb stehen in Flitners erziehungsphilosophischem Denken anthropologische Grundaussagen im Vordergrund, aus denen er in historisch-systematischem Gedankengang vier Aspekte des Erziehungsbegriffs und einzelne Zielsetzungen vor diesem Horizont gewinnt. Daß dieses Verfahren nicht frei von subjektiven Einstellungen ist und kaum transparent durchgeführt wird, wird jedem bewußt, der sich die entsprechenden Passagen in der ›Systematischen‹ und ›Allgemeinen Pädagogik‹ vergegenwärtigt. Flitner hat wohl selbst die Schwächen seiner Vorgehensweise erkannt, da er in der ›Allgemeinen Pädagogik‹ (1950) einige Korrekturen, wenn auch nicht entscheidende, vorgenommen hat, oder unumwunden zugibt, daß der vier Sichtweisen „Fähigkeit, die Erziehung zu bezeichnen“ durchaus begrenzt sei. Aber andererseits rechtfertigt er wieder sein methodisches Unterfangen, wenn er anderswo erklärt:

> Sie [die vier Sichtweisen, d. Vf.] bilden in ihrer Gegensätzlichkeit ein Ganzes, das nie in einem widerspruchsfreien System darstellbar ist. (Flitner 1974, 54)

Aus der gewiß nicht geringen Zahl der in Geschichte und Gegenwart vorfindbaren Anthropologien wählt Flitner diejenigen Grundansichten vom Menschen aus, die ihm aufgrund seines eigenen christlich-humanistischen Menschenbildes wesentlich erscheinen:

1. *den anthropologisch-biologischen Aspekt,* der die Sonderstellung des Menschen unter den Lebewesen in den Blick bringt, die Reifungsprozesse andeutet und auf die unterstützenden und eigentlich-erziehenden Maßnahmen Bezug nimmt;
2. *den geschichtlich-gesellschaftlichen Aspekt,* der die Notwendigkeit und Bedeutsamkeit der Eingliederung des jungen Menschen in die überlieferten Ordnungen auf der Grundlage des derzeitigen sozialwissenschaftlichen Forschungsstandes darstellt;

3. *den ideell-kulturellen Aspekt,* der in Anlehnung an platonisches Gedankengut und an Theoreme idealistischer Philosophie die Hauptfunktion erzieherischer Einflußnahme im geistigen Erwachen zum Wertsinn und der Anwendung im „geistigen Verkehr" mit anderen erblickt und betont;
4. *den sittlich-religiösen Aspekt,* der im Verständnis philosophischer Ethik und evangelisch-christlicher Theologie den einzelnen als ein Wesen beschreibt, das im Dialog mit seinem Gewissen auf der Basis der überlieferten Glaubensgrundsätze sein Leben zu meistern imstande ist.

In seiner ›Systematischen Pädagogik‹ gibt Flitner Aufschluß darüber, welche zeitgenössischen Arbeiten ihn bei der vierfachen Sicht von Erziehung maßgeblich beeinflußt haben, und nennt die Namen: E. Troeltsch, W. Dilthey, M. Frischeisen-Köhler, H. Nohl, M. Scheler und M. Weber. Hinter der spezifischen Auffassung vom Menschen verbirgt sich das damals noch übliche anthropologische Schichtenmodell, das ebenso von Philosophen (N. Hartmann u. a.) und Psychologen (Ph. Lersch u. a.) vertreten wurde. Vermutlich hat Flitner dieses Denkmodell von H. Nohl, seinem akademischen Lehrer, übernommen, worauf K. Heinen in seiner Arbeit hinweist. In der ›Systematischen Pädagogik‹ nennt Flitner noch eine „völkische" Sichtweise der Erziehung, wobei ziemlich konkret auf die germanische Rasse abgehoben wird, die dann angesichts der politischen Lage nach 1945 in der ›Allgemeinen Pädagogik‹ nicht mehr genannt wird. Ab der zweiten Auflage seines systematischen Werkes unternimmt Flitner einen aufschlußreichen Versuch, den vier Sichtweisen ein allgemeines Herleitungsprinzip voranzustellen.

Die entscheidenden Kategorien liefern die Begriffspaare „außen–innen" und „einzelner–gemeinsam". Es lassen sich vier Hauptaspekte der Erziehung wie folgt zuordnen.

a)	von außen vom einzelnen	Erziehung als Entfaltung der Anlagen (1. Sichtweise)
b)	von außen vom Gemeinsamen	Erziehung als sozial-kulturelle Eingliederung (2. Sichtweise)
c)	von innen vom Gemeinsamen	Erziehung als Höherführung und geistiger Verkehr mittels Kulturgüter (3. Sichtweise)
d)	von innen vom einzelnen	Erziehung als Hinführung zu einem sittlichen und religiösen Leben (4. Sichtweise)

Obwohl Flitner sich eingesteht, daß die vier von ihm entwickelten Betrachtungsweisen von Erziehung in einem „disparaten" Verhältnis zueinander stehen und „sich nicht ineinander aufheben lassen“, was offensichtlich zu anderen Aussagen desselben Autors im Widerspruch steht, versucht er dieses Problem dadurch zu lösen, daß er auf den gegenseitigen Ergänzungscharakter der Sichtweisen aufmerksam macht. Zudem glaubt er, daß alle vier Hauptaspekte zusammen einen weitgefaßten Erziehungsbegriff ergeben:

> Nur wo die Untrennbarkeit aller vier Betrachtungsweisen angenommen wird, vermögen wir darum einen umfassenden Erziehungsbegriff zu gewinnen. (Flitner 1974, 55)

Erziehungsziele

Aus den vier Sichtweisen der Erziehung leitet Flitner jeweils einige Zielsetzungen ab, ohne sie jedoch als eigentliche Ziele der Erziehung oder gar als Bildungsideale zu kennzeichnen. Da er sich ebenso wie andere Vertreter der geisteswissenschaftlichen Pädagogik *gegen* eine Verabsolutierung und den Allgemeingültigkeitsanspruch ausgesprochen hat, können die mehr beiläufig genannten Hauptziele der Erziehung nur so verstanden werden, daß sie für einen bestimmten Kulturkreis und für begrenzte Zeit Gültigkeit beanspruchen. Im Blick auf ihre Legitimation und die Transparenz ihrer Herleitung bleiben gewiß einige Fragen offen, auch wenn Flitner sich auf allgemeine Aussagen beschränkt und sich der konkreten Zielbestimmung enthält. So gleichen sie doch allzusehr dogmatischen Setzungen. Immerhin wird der Anspruch erhoben, inhaltliche Aussagen zu den „Sphären des Wirklichen“ zu machen. Da alle vier Bereiche aufeinander bezogen seien, stehen auch sämtliche Ziele in einem Zusammenhang. Die eine Zielsetzung setze die andere voraus. Dies wird jedoch weder überzeugend dargestellt noch hinreichend nachgewiesen.

Der *ersten* Sichtweise entsprechen als Zielsetzung: Gesundheit und eine gewisse Leistungsfähigkeit in somatischer Hinsicht, der *zweiten* Betrachtungsweise: gesellschaftliche, politische, berufliche Tüchtigkeit. Bei der *dritten* Hauptansicht von Erziehung steht als Ziel die Hinführung zur humanistisch verstandenen Geisteswelt und bei der *vierten* Sichtweise die Eingliederung in den aktiven Dienst der Kirche im Vordergrund.

In Flitners systematischem Werk begegnet man einem gewissen Zwiespalt zwischen wissenschaftstheoretischen Postulaten und der Formulierung von pädagogischen Teilzielen. Wird einerseits zur Zurückhaltung bei erziehungstheoretischen Zielsetzungen aufgerufen, so demonstriert Flitner selbst, daß sich diese Forderung auch in der Erziehungstheorie nicht durchhalten läßt. K. Heinen kommt ebenfalls zu dem Ergebnis:

Flitner betont in wissenschaftstheoretisch gemeinten Aussagen..., die Erziehungswissenschaft könne nicht von sich aus Erziehungsziele aufstellen. In Wahrheit hat er jedoch in seinen Schriften – vor wie nach 1954 – immer wieder Erziehungsziele formuliert, und es ließ sich zeigen, daß solche Zielformulierungen z. B. auf die Gestaltung der gymnasialen Oberstufe durchaus praktischen Einfluß gewonnen haben. (Heinen 1973, 263)

Erziehungsgemeinschaften

Beziehungsgefüge und zugleich Medium, in dem Erziehung aktualisiert wird, ist die *Erziehungsgemeinschaft*. In der Nachfolge von Dilthey und Nohl werden Erziehungsgemeinschaften wie Familie, Schule, Jugendgruppe, Meister-Lehrling-Interaktion u. a. als *Lebensverhältnis* gedeutet und zum *pädagogischen Bezug* in Beziehung gesetzt. Flitner favorisiert im Vergleich mit seinem Lehrer H. Nohl den Begriff der Erziehungsgemeinschaft, weil dieser – wenn auch nur im Schema – angedeutete dyadische Bezug wirklichkeitsfremd ist und keineswegs rein persönlich, sondern vor dem Hintergrund eines Lebensverhältnisses gesehen werden muß. Aus dem Lebensverhältnis wird kurz- oder langdauernd eine Erziehungsgemeinschaft und sporadisch ein pädagogischer Bezug bzw. pädagogisches Verhältnis, wenn die *„erziehende Intention"* und *pädagogische Verantwortung* hinzutreten. Die Motive für erzieherische Intentionen werden von den vier Sichtweisen des Menschen und der Erziehung abgeleitet. Flitner nennt hierfür vier Quellen: pflegerische Instinkte, soziale Triebe, Wertwille und Heilswille. Die Absicht und Verantwortung des Erziehers zielen darauf ab, „daß dem anderen, als einem Werdenden, verholfen werde zu einer größeren Kraft der Lebensbemeisterung, zu höherem geistigen Verständnis und höherer Wertgestaltung, zur tieferen sittlichen und existentiellen Erweckung" (Flitner 1974, 71).

Eine Einflußnahme durch Erziehungsgemeinschaften und einzelne Erzieher setzt stets voraus, daß der Mensch bildsam sei. Flitner schließt hier an Herbarts Theorie der Bildsamkeit und andere pädagogische Systematiker (z. B. Dilthey, Rein) an und unterscheidet zwischen einer „allgemeinen" und einer „konkreten" *Bildsamkeit.* Während die allgemeine Betrachtungsweise der Bildsamkeit den Menschen schlechthin zum Gegenstand hat und um die anthropologische Fragestellung der Plastizität bemüht bleibt, bedeutet die sogenannte konkrete Bildsamkeit jene Bildungsfähigkeit, die beim Zu-Erziehenden „zu einem bestimmten Zeitpunkt und innerhalb einer bestimmten Situation" festzustellen ist. W. Brezinka spricht heute in einer kritischen Analyse des Begriffs der Erziehungsbedürftigkeit analog von genereller (prinzipieller) und individueller Erziehungsbedürftigkeit.

Die Bejahung der Bildsamkeit des Menschen führt direkt zu den Möglichkeiten der Bildung und zur Bildungsauffassung W. Flitners. *Bildung* ist nach seinem Verständnis einmal das Werk geplanter Erziehungsmaßnahmen, ein anderes Mal das Ergebnis bildender Einflußnahme, die sich dem bewußten, zielorientierten Planen entzieht. Bildung ist also nicht nur Vorgang und Prozeß, sondern auch das Resultat erzieherischer Bemühungen sowie das Ergebnis des unkontrollierbaren Prägens, des „bildenden Geschehens". Die doppelte Sinngebung des Erziehungsbegriffs wiederholt sich ebenso beim Flitnerschen Bildungsbegriff. In jedem Fall ist sie dann das „Werk der Erziehung" und vor allem ein intrapersonaler Vorgang, der sich also im Menschen selbst ereignet.

Der *Bildungsprozeß* findet *im* jungen Menschen statt. Er umfaßt „das Ganze der Vorgänge im ‚Zögling', durch den er jene innere ‚Gestalt' gewinnt, die als seine ‚Bildung' bezeichnet wird". Flitner vergleicht den Bildungsprozeß mit dem Aufziehen einer Uhr. Die Bildung ist dann als das laufende Werk zu betrachten.

Das planbare Moment der Bildung tritt uns im *Bildungsgehalt* entgegen. Dieser „Sachgehalt" der Bildung repräsentiert die überlieferten Inhalte der geistigen Welt. Es ist Aufgabe der Erziehung und Bildungsorganisation, durch Auswahl und methodisches Geschick ihn zum Gegenstand des individuellen Bildungsprozesses werden zu lassen. Flitner nennt vier Elemente des Sachgehalts der Bildung, die in den Epochen einer Hochkultur immer wieder anzutreffen sind: Sprache, Künste, Sitten und das ganze Feld geistiger Tätigkeiten (Wissenschaften, Literaturen, Tanz, Musik u. a.). Er sieht die erzieherische Aufgabe nicht nur darin, den jungen Menschen mit dem tradierten Kulturgut vertraut zu machen, sondern ihn auch zur produktiven Gestaltung an der Kultur zu befähigen. Die im allgemeinen Zusammenhang dargestellten *pädagogischen Methoden* orientieren sich an den Prinzipien der Entwicklungsgemäßheit und Echtheit des Bildungsprozesses und führen zum Glauben, zu Sitten und Gebräuchen sowie zu geistigem Verstehen und Können.

Pädagogik als pragmatische Geisteswissenschaft

Zu Beginn seines systematischen Werkes befaßt sich Flitner eingehend mit dem Wissenschaftscharakter der Pädagogik. Diese Fragestellung hat ihn auch später einige Male beschäftigt und zu beachtenswerten Aussagen veranlaßt. Er hebt die Pädagogik von früheren Kunstlehren ab, indem sie wie andere Disziplinen „umfassend ist und methodisch verfährt". Da sie ihrem Wesen nach auf das *Handeln* des Menschen ausgerichtet ist mit dem Ziel, das *Handeln* anderer Menschen zu beeinflussen, gehört sie zu den Handlungs- oder pragmatischen Wissenschaften. Im Verständnis einer geisteswissenschaftlichen Disziplin betrachtet er die pädagogische Wissenschaft als „Selbstauslegung des Geistes“ in Vergangenheit und Gegenwart. Sie nützt als pragmatische Geisteswissenschaft der Erziehungspraxis, wenn sie ihr Einzelwissen dem Erziehenden zur Verfügung stellt und zudem bildend auf die Pädagogengeneration Einfluß nimmt.

Die pädagogische Wissenschaft, wie Flitner sie gern nennt, kommt grundsätzlich auf zweierlei Weise zu ihren Erkenntnissen: entweder durch die Methoden empirischer Forschung oder durch philosophisches Reflektieren. Die pädagogische Reflexion greift die ungelösten Probleme der Erziehungspraxis auf. Sie „versucht sie zu klären, indem sie die Situation aus der geschichtlichen Gesamtlage heraus aufhellt, indem sie ferner das Verständnis des Eigentlich-Menschlichen erweckt und es mit dem Problem jener Praxis in Beziehung setzt“ (Flitner 1974, 21).

Aus dieser Aufgabenstellung erwachsen der Pädagogik zwei Teildisziplinen: die Historische und Allgemeine Pädagogik. Während der Historischen Pädagogik die Aufgabe zufällt, die pädagogische Situation oder den pädagogischen Genius aus der Geschichte zu verstehen, versucht die Allgemeine Pädagogik, die systematisch orientiert ist, Grundbegriffe zu entwickeln, mit denen die Erziehungswirklichkeit analysiert werden kann. Die Möglichkeiten empirischer Forschungsmethoden auch im Hinblick auf die Kontrollfunktion des hermeneutischen Verfahrens werden kaum gesehen. Lediglich die „positive Tatsachenforschung“ wird als *ein* Weg der Wahrheitsfindung angesehen, wenn er auch in seiner Bedeutung für die Erkenntnisse der Systematischen Pädagogik noch nicht ernst genommen wird.

Stellungnahme

Wilhelm Flitner, einer der profiliertesten Vertreter der geisteswissenschaftlichen Pädagogik, nimmt sich ab dem zweiten Jahrzehnt unseres Jahrhunderts nicht nur einiger Grundfragen der Systematischen Pädagogik an, sondern fügt auch ihre wichtigsten Elemente zu einem Systementwurf unter kulturphilosophischem Aspekt zusammen. Daß das von ihm dargestellte System Mängel aufweist und keine Allgemeingültigkeit beanspruchen kann, hat er selbst gewußt und unmißverständlich zum Ausdruck gebracht.

Wie bei anderen pädagogischen Systematikern steht auch bei ihm die Absicht im Vordergrund, den Wissenschaftscharakter der Pädagogik kritisch zu hinterfragen und neu zu begründen. Rückblickend stellt er 1976 in einem Aufsatz fest:

Ich versuchte 1933 in einem Büchlein (›Systematische Pädagogik‹) diese neu zu entwickelnde akademische Disziplin gegenüber den in den Einzelwissenschaften geltenden Methoden abzusichern. (Flitner 1976, 3)

Flitner sah in der pädagogischen Wissenschaft keineswegs nur eine Disziplin, die Hermeneutik ausschließlich historisch-philologisch betreibt. Vielmehr betont er ihren hermeneutisch-pragmatischen Grundzug und nennt sie deshalb eine „pragmatische Geisteswissenschaft" oder in den darauffolgenden Jahren eine „hermeneutisch-pragmatische" Wissenschaft. Wenn jedoch das erzieherische Handeln, die Erziehungswirklichkeit und das heißt die pädagogische Praxis verstärkt zum Gegenstand erziehungsphilosophischer Reflexion gemacht werden sollen, ist damit die Problematik des sogenannten hermeneutischen Zirkels noch nicht ausgeräumt. Die idealistische Sicht des Kreislaufs „Leben – Verstehen – Leben", oder pädagogisch gewendet: „Erziehungswirklichkeit – Strukturanalyse – Erziehungswirklichkeit" oder „Praxis – Theorie – Praxis" trägt allein nicht zur Objektivierung der subjektiv in Erfahrung gebrachten Forschungsergebnisse bei. Obgleich Flitner sich nicht gegen empirische Methoden ausspricht, ja ihnen sogar im Rahmen einer „positiven Tatsachenforschung" eine gewisse Berechtigung bei der Erkenntnisfindung zubilligt, bevorzugt er zweifellos die hermeneutisch-dialektische Methode unter Außerachtlassung empirisch-kontrollierender Verfahren.

Diese schmale Ausgangsbasis erziehungswissenschaftlicher Forschung führt dann in der ›Systematischen‹ bzw. ›Allgemeinen Pädagogik‹ zu dogmatischen Festlegungen und kühnen Setzungen, die nach heutigen wissenschaftstheoretischen Maßstäben bestenfalls als Vorstufe der Hypothesenbildung und allgemeinen Zielfindung einzuschätzen sind und zu kritischen Rückfragen Anlaß geben. Aus der Retrospektive gesteht sich Flitner heute ein:

Es ist zuzugeben, daß in der Handhabung unserer wissenschaftlichen Arbeit die empirischen Methoden zu wenig herangezogen und daß die gesellschaftlichen, besonders die wirtschaftlichen Relationen von Erziehung und Bildung in der Forschung vernachlässigt worden sind. (Flitner 1976, 1)

Flitners forschungsmethodisches Instrumentarium war zu speziell und zu bescheiden angelegt, als daß es allein einer modernen Wissenschaft hätte den Weg weisen können. Für die historische Betrachtungsweise erziehungsrelevanter Phänomene hat Flitner einige Denkanstöße gegeben. Unter geschichtlichem Aspekt hätte er zahlreiche Fragestellungen der Systematischen Pädagogik erforschen können. Sein Anspruch reichte jedoch weiter und müßte heute gewiß modifiziert werden. Selbst die Möglichkeit, in der Geschichte der Pädagogik eine „empirische Qualität" zu sehen und sie als solche zu nutzen, wurde weder von Flitner noch von anderen Vertretern der geisteswissenschaftlichen Pädagogik erkannt. Die Pädagogik blieb einstweilen noch das, was sie war, eine philosophisch-spekulative Disziplin.

Die pädagogischen Reflexionen W. Flitners führten zu mancher differenzierenden Betrachtung innerhalb des Systems der Pädagogik. So wurde der Begriff der Erziehungswelt eingeführt, um den zahllosen Prägefaktoren außerhalb des Erzieher-Zögling-Verhältnisses gerecht zu werden und sie als erziehlich bedeutsam zu charakterisieren. Die Erziehungsgemeinschaften und die Theorie des pädagogischen Bezuges wurden unter geisteswissenschaftlichem Blickwinkel und in detaillierten Analysen zielstrebig weitergeführt. Daß manches hierbei idealistisch verklärt wurde, braucht bei einem philosophischen Denker christlich-humanistischer Provenienz nicht zu überraschen. Die zweifache Sicht der Bildsamkeit, der generellen und individuellen Betrachtungsweise, verdient auch heute noch Beachtung. Allerdings wird man sie vornehmlich bei der Diskussion um die Begriffskontroverse „Erziehungsbedürftigkeit–Lernbedürftigkeit" vorfinden (vgl. Brezinka 1974, 156 ff.).

Der christliche Humanist und philosophische Anthropologe hat den Versuch gewagt, Erziehung nach anthropologischem Verständnis vier Blickrichtungen zuzuordnen. Flitners vier Sichtweisen des Menschen und der Erziehung haben gewichtige Perspektiven der pädagogischen Wissenschaft und Praxis in den Blick gebracht. W. Brezinka hat sie sprachlich verbessert übernommen und ihnen einen beachtlichen Platz in seinem Werk ›Erziehung als Lebenshilfe‹ eingeräumt. Die Kritik hat damals wie heute berechtigte Einwände gegen den unzureichenden Begründungszusammenhang, die Überschneidung mancher Aussagen und die nicht zu verkennende Aufspaltung der globalen Betrachtung von Erziehung vorgebracht. Ob das Erzieherische, ein Ausdruck, der von Flitner nicht von ungefähr gleichsam als Äquivalent zu Erziehung geprägt wurde, die Trennung der Hauptaspekte wieder aufzuheben vermag, kann mit Recht bezweifelt werden, insbesondere dann, wenn dieser Begriff nicht eindeutig bestimmt wird.

Die Gefahr, daß andere ebenso relevante Perspektiven erziehungstheoretischer Reflexion, die der christlich-humanistische Ansatz übersieht oder bewußt ausklammert, unberücksichtigt bleiben – beispielsweise die persönlichkeitsfördernde, sozialkritische und kommunikative Betrachtungsweise des Erziehungsvorgangs –, kann bei Flitners Systematisierungsversuch nicht geleugnet werden. Die von Flitner aus den Sichtweisen gewonnenen Erziehungsziele, auch wenn man ihnen nur den Rang von Hauptzielen zuerkennt, können heutzutage nicht mehr unkritisch übernommen werden, zumal im Werke Flitners ein Widerspruch zwischen der

Aussage, Erziehungsideale bzw. -ziele können von der Erziehungswissenschaft nicht allgemeingültig, d.h. für alle Völker und Zeiten verbindlich gemacht werden, und der Tatsache, Erziehungsziele dann doch zu formulieren und vorzuschreiben, besteht. Mit K. Heinen ist jedoch anzuerkennen:

Ein Kerngedanke der Aussagen Flitners zur pädagogischen Zielproblematik dürfte im Prinzip Gültigkeit behalten: pädagogische Zielsetzungen für die jeweilige Gegenwart und die Zukunft der zu Erziehenden sind nicht außerhalb geschichtlicher Zusammenhänge begründbar. (Heinen 1973, 257)

W. Flitners Beiträge zur Systematischen Pädagogik haben die pädagogische Theoriebildung gefördert, aber ebenso der modernen Diskussion kritische Ansatzpunkte geliefert. Eine Gesamtdarstellung des Flitnerschen Werkes müßte sich ihrer im einzelnen annehmen und sie detaillierter beschreiben, als es im Rahmen eines Kapitels möglich ist.

Literatur

Quellen

Flitner, W.: Systematische Pädagogik. Versuch eines Grundrisses zur Allgemeinen Erziehungswissenschaft. Breslau 1933.

Ders.: Das Selbstverständnis der Erziehungswissenschaft in der Gegenwart. Heidelberg ([1]1957) [4]1966.

Ders.: Ausgewählte pädagogische Abhandlungen. Besorgt von H. Kanz. Paderborn 1967.

Ders.: Allgemeine Pädagogik. Stuttgart [14]1974.

Ders.: Rückschau auf die Pädagogik in futurischer Absicht. In: Zeitschrift für Pädagogik 22 (1976), S. 1–8.

Ders.: Allgemeine Pädagogik. Frankfurt a. M. (Ullstein-Taschenbuch) 1980.

Schrifttum

Benner, D.: Hauptströmungen der Erziehungswissenschaft. Eine Systematik traditioneller und moderner Theorien. München 1973, [2]1978.

Brezinka, W.: Grundbegriffe der Erziehungswissenschaft. München 1974, [3]1977.

Dahmer, I./W. Klafki (Hrsg.): Geisteswissenschaftliche Pädagogik am Ausgang ihrer Epoche – E. Weniger. Weinheim 1968.

Derbolav, J.: Die gegenwärtige Situation des Wissens von der Erziehung. Bonn 1962.

Erlinghagen, K.: Wilhelm Flitner. Aus: J. Speck (Hrsg.), Geschichte der Pädagogik des 20. Jh. Bd. II. Stuttgart 1978, S. 93–105.

Heinen, K.: Das Problem der Zielsetzung in der Pädagogik Wilhelm Flitners. Eine kritische Interpretation. Bern/Frankfurt a. M. 1973.

Kanz, H.: Werk und Persönlichkeit Wilhelm Flitners. Aus: W. Flitner, Ausgewählte pädagogische Abhandlungen, besorgt von H. Kanz, Paderborn 1967, S. 173–187.

Lassahn, R.: Einführung in die Pädagogik. Heidelberg 1974.

Lochner, R.: Flitner (I), Flitner (II). Aus: Ders., Deutsche Erziehungswissenschaft. Meisenheim am Glan 1963, S. 212–224, S. 225–237.

Röhrs, H. (Hrsg.): Die Erziehungswissenschaft und die Pluralität ihrer Konzepte. Festschrift zum 90. Geburtstag von Wilhelm Flitner. Wiesbaden 1979.

Scheuerl, H.: Wilhelm Flitner. Aus: H. Scheuerl (Hrsg.), Klassiker der Pädagogik Bd. II. München 1979, S. 277–289.

Uhle, R.: Geisteswissenschaftliche Pädagogik und kritische Erziehungswissenschaft. München 1976.

2.3. Th. Ballauffs existenzphilosophisches Konzept

Von einem gänzlich anderen philosophischen Hintergrund aus als den bisher vorgestellten Ansätzen hat Theodor Ballauff (geb. 1911) den systematischen Zusammenhang des allgemeinen Erziehungsdenkens aufgezeigt. Im Rückgriff auf zentrale Aussagen und das methodische Vorgehen des Existenzphilosophen und Fundamentalontologen M. Heidegger entwickelte er seit den fünfziger Jahren eine „Pädagogik der Entsprechung", die in der ›Systematischen Pädagogik‹ (1962) ihren greifbarsten Niederschlag fand. Diese „Pädagogik der Entsprechung", die gerade in den sechziger Jahren stark beachtet wurde, kann als eine eigene Richtung innerhalb der Hauptströmungen der Allgemeinen Pädagogik verstanden werden, zu der auch einige wissenschaftliche Schüler des Mainzer Pädagogen zu rechnen sind: K. Schaller, J. Muth, R. Schmidt u. a.

Im grundlegenden Werk Ballauffs, der seit 1956 als Professor für Pädagogik an der Universität in Mainz lehrt (em. 1979), werden nahezu alle vorausgegangenen Arbeiten in ihrer zentralen Aussage zusammengefaßt und zueinander in Beziehung gesetzt. Das legt den Schluß nahe, von der ›Systematischen Pädagogik‹ als dem bisherigen Hauptwerk Theodor Ballauffs zu sprechen. Es nimmt jedenfalls eine Schlüsselstellung im Gesamtwerk ein, das den Zugang zu anderen Arbeiten desselben Autors, beispielsweise zur Anthropologie, Erwachsenenbildung, Schulpädagogik und Geschichte der Pädagogik, erleichtert, wenn nicht gar erst ermöglicht. Andererseits sind diese Schriften als aufschlußreiche Quellen zu betrachten, die den Weg zum existenzphilosophisch-fundamentalontologischen Denkansatz aufzeigen können.

Wenn auch Th. Ballauffs 1962 erstmals veröffentlichter und in den folgenden Jahren weitergeführter Systementwurf seit seinem Bekanntwerden kritisiert wurde und heute ihm nicht mehr die bildungstheoretische Bedeutung wie in früheren Jahren zukommt, so ist nicht zu übersehen, daß neuerdings wieder Autoren (Weber 1978, Krawitz 1979) auf das Ballauffsche Konzept verweisen und sich von ihm die Lösung aktueller bildungstheoretischer Fragen erhoffen.

Zur Quellenlage (Vergleich der Auflagen)

Theodor Ballauffs ›Systematische Pädagogik‹ liegt in drei Auflagen (^{1}1962, ^{2}1966, ^{3}1970) vor. Keine Auflage ist mit einer anderen identisch. Die zweite Auflage unterscheidet sich von der ersten vor allem dadurch, daß die unterrichtsrelevanten Grundgedanken weitgehend fehlen. Sie wurden zu einem selbständigen Werk weiterentwickelt und 1970 unter dem Titel ›Skeptische Didaktik‹ veröffentlicht.

Vergleicht man die erste mit der dritten Auflage, so zeigt sich nicht nur ein kleiner Unterschied hinsichtlich ihres Umfangs. Ebenso fällt die Neugliederung und knappere Formulierung der Hauptkapitel sogleich auf. Die Umarbeitung der dritten Auflage wird vor allem darin deutlich, daß die Unterkapitel gliederungsmäßig stark reduziert wurden. Die Hauptkapitel erhalten eine übersichtlichere Aufteilung, die überdies noch weiter strukturiert werden: in Fundamentalthesen, pädagogische Theoreme, prinzipielle Theoreme.

Das Kapitel ›Der Ausgang vom Denken‹ wurde neu bearbeitet. Seine grundlegende Bedeutung für die Arbeit tritt jetzt auch optisch besser in Erscheinung. Bei den zusätzlich behandelten Fragen dürften insbesondere die Aussagen zu den Grundfragen der Wissenschaftstheorie und der wissenschaftlichen Pädagogik interessieren.

Unsere Ausführungen beziehen sich vornehmlich auf den Text der dritten Auflage. Im Vorwort zu dieser Auflage hebt Th. Ballauff ausdrücklich hervor: „Die Darstellung versteht sich zwar systematisch, was aber keineswegs heißt, daß sie Vollständigkeit gewährleistet oder für alles eine Antwort wüßte." Warum allerdings Themenbereiche, die bei anderen Darstellungen zur Systematischen Pädagogik immer wieder aufgegriffen, wenn auch unterschiedlich behandelt werden, unberücksichtigt bleiben, wird nicht näher begründet; dies dürfte wohl mit dem spezifischen Ansatz zu erklären sein.

Der fundamentalontologische Theorieansatz

Ein Grundzug der in der Vergangenheit entwickelten Bildungstheorien wird von Th. Ballauff besonders herausgestellt und zugleich kritisiert: die Anthropozentrik, Reflexivität und Subjektivität pädagogischer Grundorientierung. In den Bildungslehren des pädagogischen Humanismus und Realismus ist das menschliche Wesen selbst die bestimmende Größe, von der Erziehung und Bildung auszugehen haben und auf die hin sie ausschließlich bedacht werden. Das Leitziel ist die individuelle Persönlichkeit, die sich im Umkreis von Gesellschaft, Tradition und Kultur bildet. Der stete Rückbezug des Menschen auf sich selbst läßt schon einen Regelkreis erahnen, der von Ballauff in spezifischer Bedeutung des Wortes mit „Reflexivität", das Auf-sich-selbst-bezogen-Sein, umschrieben wird. Die Reflexion über das Menschliche des Menschen gelangt über zweckrationale Einstellungen nicht hinaus. Die mangelnde Transzendenz hat schließlich subjektivistische und individualistische Bildungsauffassungen zum Ergebnis, die die Menschlichkeit des Menschen bedrohen. Erweist sich der Bildungsauftrag als „Selbstsuche" des Menschen, so gilt es, diesen reflexiven Teufelskreis zu durchbrechen und der pädagogischen Theorie neue Leitlinien aufzuzeigen.

Anknüpfend an die Hermeneutik des menschlichen Daseins und das anspruchsvolle Vokabular Martin Heideggers, gelangt Ballauff zu Fundamentalbegriffen anthropologischer und bildungstheoretischer Deutung sowie dem Ausgangspunkt eines neuen erziehungstheoretischen Denkmodells: Denken und Wahrheit. Beide Begriffe sind hingeordnet auf und abhängig von der letzten Kategorie, die nicht mehr hinterfragt und daher auch nicht definiert werden kann: dem Sein. So ist alles Wahrgenommene und wahrhaft Existierende nicht auf sich selbst, sondern auf die die menschliche Existenz übersteigende und allem Seienden vorausgehende Größe des Seins verwiesen. Daher entdeckt der Mensch sein Selbst und gewinnt sich erst selbst, wenn er sich auf die Wahrheit einläßt und sich dem Denken überläßt, ohne sich jedoch jemals der Inanspruchnahme des Seins versichern zu können.

Für Th. Ballauffs fundamentalontologischen Ansatz dürften wohl folgende Arbeiten Heideggers die entscheidenden Denkanstöße gegeben haben: ›Sein und Zeit‹ (1927), ›Platons Lehre von der Wahrheit mit einem Brief über den Humanismus‹ (1947), ›Was heißt Denken?‹ (1954). Für Ballauffs eigenen Systemversuch sind seine früheren Schriften wegweisend: ›Die Idee der Paideia‹ (1952), ›Die Grundstruktur der Bildung‹ (1953), ›Erwachsenenbildung‹ (1958), Philosophische Begründungen der Pädagogik‹ (1966).

Auch Denken und Wahrheit als Grundbegriffe des Ballauffschen Systems sind dem Menschen nicht vollends zugänglich und infolgedessen weder befriedigend zu definieren noch intersubjektiv zu überprüfen, sondern sie stellen als außermenschliche Wesenheiten eher Ereignisse dar, die sich spontan einstellen oder auch nicht. Durch ihre Unverfügbarkeit lassen sie sich dechiffrieren als Größen oder Metaphern, die dem Sein selbst zugehören. So ergibt sich für Ballauff im Rückgriff auf die Heideggersche Terminologie ein anthropologischer und erziehungstheoretischer Neuansatz, der ebenso tiervergleichende wie theologische Denkmodelle zu überwinden vorgibt und das typisch Menschliche in seiner Logoszugehörigkeit, einer letzten gewichtigen Abstraktion, erblickt und beschreibt. Die neue Blickrichtung verspricht, den Menschen und zugleich Erziehung und Bildung nicht wie bisher vom Seienden her zu bedenken, sondern ursprünglicher von jener abstrakten Menschlichkeit, die Denken und Wahrheit im Rückbezug auf das Sein als gedachte und nur dem Denken offenstehende Wesenheiten voraussetzt.

Ebensowenig wie Menschlichkeit ist letzten Endes Erziehung planmäßig zu erwerben. Beide Grundphänomene sind gleichermaßen unplanbar und unverfügbar. Zu ihnen kann allenfalls indirekt hingeführt werden: vor allem durch die Einweisung des Menschen ins *Denken.* Hat sich im Bewußtsein des Menschen eine Umkehr (periagogé), d.h. die Abkehr von den anthropozentrischen Ideologien vollzogen, so ist er schon auf den richtigen Weg gebracht, auf dem sich ihm die Unverborgenheit des Seins mehr und mehr zeigt und er von der Wahrheit und vom Denken her in Anspruch genommen wird. Man hat deshalb – an die eigentümliche Blickrichtung anschließend – Ballauffs fundamentalontologisches Denkmodell zutreffend „Pädagogik der Entsprechung" genannt, wobei die Maximen nicht vom menschlichen Subjekt (Individuum) hergeleitet werden, sondern vom Logos, durch dessen Teilhabe sich der Mensch von allen anderen Lebewesen unterscheidet. Welches pädagogische System sich aus diesen Grundannahmen und Kategorien gewinnen läßt, soll nun im einzelnen dargelegt werden.

Einzelaspekte Systematischer Pädagogik (s. Abb. 6)

Erziehung

Die klassische Bildungsauffassung, die am augenfälligsten in den Strömungen des pädagogischen (Neu-)Humanismus und Realismus repräsentiert wird, ist sich trotz ihrer unterschiedlichen Akzentverschiebungen darin einig gewesen, alles In-der-Welt-Seiende in den *Dienst* des Menschen zu stellen. Ihr ausschließlicher und bislang unangefochtener Zielpunkt war

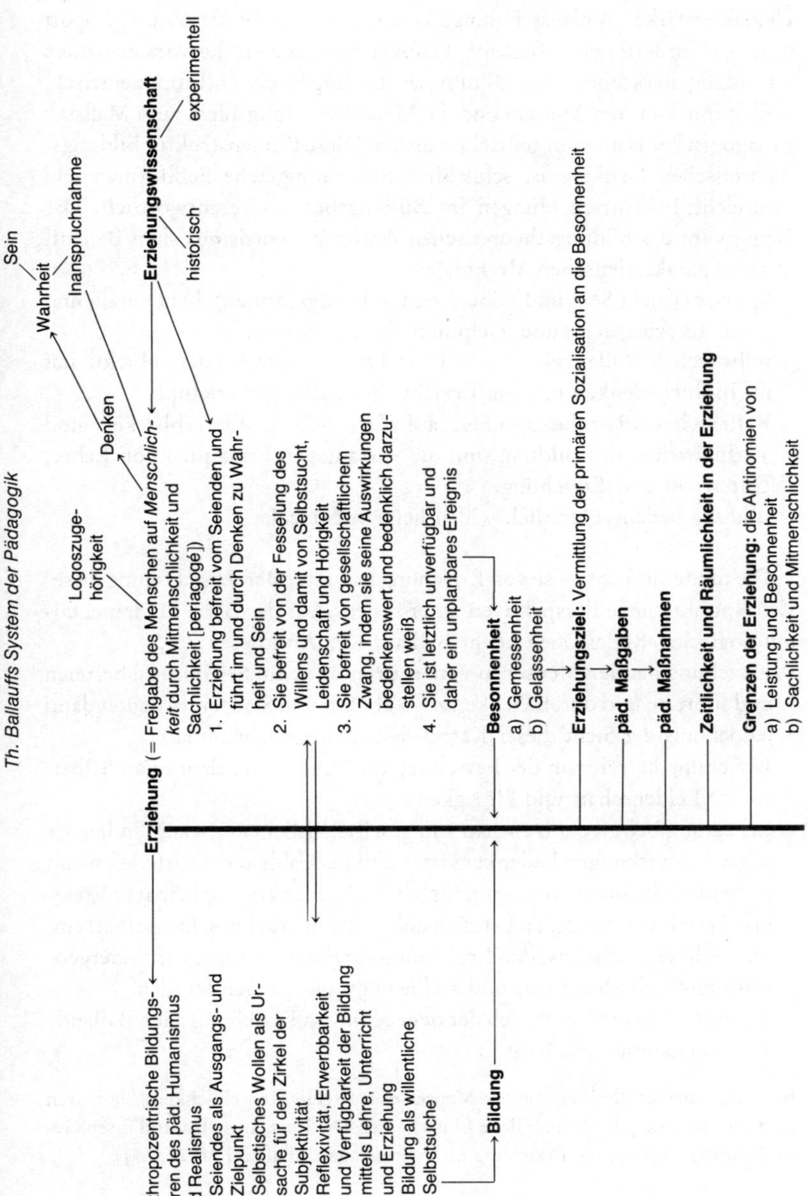
Th. Ballauffs System der Pädagogik
Anthropozentrische Bildungslehren des päd Humanismus und Realismus
1. Seiendes als Ausgangs- und Zielpunkt
2. Selbstisches Wollen als Ursache für den Zirkel der Subjektivität
3. Reflexivität, Erwerbbarkeit und Verfügbarkeit der Bildung mittels Lehre, Unterricht und Erziehung
4. Bildung als willentliche Selbstsuche
Bildung
Erziehung (= Freigabe des Menschen auf Menschlichkeit durch Mitmenschlichkeit und Sachlichkeit [periagogé])
1. Erziehung befreit vom Seienden und führt im und durch Denken zu Wahrheit und Sein
2. Sie befreit von der Fesselung des Willens und damit von Selbstsucht, Leidenschaft und Hörigkeit
3. Sie befreit von gesellschaftlichem Zwang, indem sie seine Auswirkungen bedenkenswert und bedenklich darzustellen weiß
4. Sie ist letztlich unverfügbar und daher ein unplanbares Ereignis
Logoszugehörigkeit
Denken
Wahrheit
Sein
Inanspruchnahme
Erziehungswissenschaft
historisch
experimentell
Besonnenheit
a) Gemessenheit
b) Gelassenheit
Erziehungsziel: Vermittlung der primären Sozialisation an die Besonnenheit
päd. Maßgaben
päd. Maßnahmen
Zeitlichkeit und Räumlichkeit in der Erziehung
Grenzen der Erziehung: die Antinomien von
a) Leistung und Besonnenheit
b) Sachlichkeit und Mitmenschlichkeit

Abb. 6

der Mensch selber, den es in vielfacher Hinsicht durch Pflege, Fürsorge, Charakterstärke, Willensschulung, Unterricht, Sensitivitätstraining, Sport u. a. zu fördern galt. Ballauff kennzeichnet diesen hervorstechenden Grundzug herkömmlicher Bildungsauffassungen als anthropozentrisch, weil in ihm stets der Mensch und die Menschwerdung allein zum Maßstab pädagogischer Reflexion gemacht würden. Diese Binnenstruktur bildungstheoretischen Denkens ist schließlich für mannigfache Fehlformen und zahlreiche Fehlentscheidungen im Bildungsbereich verantwortlich. Das Negativum des bildungstheoretischen Anthropozentrismus sieht Ballauff in vier charakteristischen Merkmalen:

- Seiendes (nicht Sein und seine direkten Bezugsformen) dient einzig und allein als Ausgangs- und Zielpunkt der Erziehung;
- selbstisches Wollen wird als die Ursache für den Zirkel der Subjektivität im Bildungsdenken und bei Erziehungshandlungen erkannt;
- Reflexivität (Rückbezogenheit auf sich selbst), Erwerbbarkeit und Verfügbarkeit der Bildung sind die vorrangigen Prinzipien von Lehre, Unterricht und Erziehung;
- Bildung bedeutet letztlich willentliche Selbstsuche.

Die moderne Sichtweise von Erziehung hat unter Berücksichtigung dieser Kritikpunkte neue Perspektiven zu eröffnen. Auf der Basis fundamentalontologischer Reflexionen nennt Ballauff vier Antithesen:

- Erziehung hat den Menschen vom starren Blick auf Seiendes zu befreien und führt im und durch Denken zu Wahrheit und Sein; sie bedeutet dann jedoch aus der Sicht dieser Kategorien: Inanspruchnahme;
- Erziehung befreit von der Fesselung des Willens und damit von Selbstsucht, Leidenschaft und Hörigkeit;
- Erziehung befreit dann ebenso von gesellschaftlichem Zwang, indem sie seine Auswirkungen bedenkenswert und bedenklich darzustellen weiß;
- Erziehung ist im letzten unverfügbar und daher ein unplanbares Ereignis. Erziehungserfolge stellen sich unberechenbar, eher schicksalhaft ein. Dies schließt nicht aus, daß Erziehungsvorgänge im Blick auf Endergebnisse methodisch geplant und zielbewußt angegangen werden.

Zusammenfassend stellt sich der neue Sinn von Erziehung nach Ballauffschem Verständnis wie folgt dar:

> Erziehung besagt die Freigabe des Menschen auf seine Menschlichkeit. Sie befreit zum Denken, sie gibt für mögliche Einsicht frei. Die Einsicht selbst und ihren Gedankengang kann sie als Erziehung nicht beibringen. (Ballauff ³1970, 63)

In deutlicher Anlehnung an Platons Höhlengleichnis wird Erziehung als Befreiungsakt verstanden, der insbesondere darin besteht, von den gewöhnlichen und selbstverständlichen Auffassungen abzulenken und mit Hilfe der neugewonnenen Prinzipien wie Sachlichkeit und Mitmenschlichkeit zu diametral entgegengesetzten Anschauungen und Prinzipien, die die beklagte Anthropozentrik übersteigen, bewußt hinzuführen. Am Beginn der pädagogischen Kunst steht als unverzichtbarer Kraftakt die Hinwendung (periagogé) zu neuen Aufgaben und Leitlinien, die außerhalb von Selbstermächtigung und Selbstsuche liegen. Der Pädagoge ist zuallererst ein Periagoge, der die ihm anvertrauten Menschen in die richtige Richtung bringt, insonderheit die der Transzendenz. Diese Transzendenz wird mit fundamentalontologischen Kategorien, die zugleich einen neuen anthropologischen Zusammenhang begründen, beschrieben und mehr oder weniger präzisiert: Denken, Wahrheit, Sein.

Denken, Wahrheit und Sein als Schlüsselbegriffe

Als Fundamentalbegriffe des Ballauffschen Systems der Pädagogik erweisen sich Denken, Wahrheit und Sein. Sie ergeben sich aus der anthropologischen Grundtatsache der Logoszugehörigkeit. Durch Denken und Forschen tastet sich das menschliche Wesen langsam und mühsam zur Wahrheit vor. Sie ist immer wieder neu zu „entbergen". Denn sie ist nach Heideggers etymologischer Deutung des griechischen Wortes „aletheia" das Unverborgene, die jedoch nicht als etwas Einmaliges und allzeit Gültiges aufzufassen ist, sondern stets in einem dynamischen Sinne als unbegrenzter und fortwährender Entbergungsvorgang, der zahlreiche Erkenntnisstufen umfassen kann. Das Sein zeigt sich als letzte, nicht mehr hinterfragbare und auch nicht mehr der menschlichen Sprache vollends zugängliche Kategorie. Es kann nach Heidegger nur noch durch sich selbst definiert werden, wenn er es so bestimmt: „Es ist Es selbst."

Th. Ballauff übernimmt das Heideggersche Vokabular und deutet es für den erziehungstheoretischen Zusammenhang. Im *Denken* weiß sich der Mensch in Anspruch genommen; denkend gewahrt er die Helle und Fülle des Seins.

> Was denken besagt, läßt sich nur aus ihm selbst erfahren, und d. h. aus seiner Geschichte. (Ballauff [3]1970, 13)

Erziehung übernimmt die Verpflichtung, das Denkvermögen des Menschen hervorzurufen, d. h. ihn in Gedankengänge einzuführen und mit Problemen zu konfrontieren. Das bedeutet nicht: Widerstände (Lernbarrieren) bewußt auszuräumen, vor Irrtümern sorgsam zu bewahren, Fehl- oder Vorurteile gänzlich auszuschließen. Im Gegenteil. Gerade hier lassen sich logische und unlogische Denkprozesse am leichtesten demonstrieren, kontrollieren und einüben.

Denken als Erhellen und Eröffnen, als Erschlossenheit und als Offenkundigkeit geht vor sich in dieser seiner Lichtung als das Offene für alles An- und Abwesende. (Ballauff [3]1970, 17)

Das Denken wird dem Menschen gewährt als der Weg, das Sein im Seienden zu vernehmen. In ihm wird jeder von *sich* abgelenkt und auf außer ihm liegende Wesenheiten hinorientiert. So besteht zumindest die Chance, daß sich der Mensch freimacht von der Fessel subjektiver Blendung und ichversponnener Reflexivität. Sobald der Mensch jedoch wieder über das Denken nachdenkt, es zu seinem Objekt und Mittel degradiert und sich verfügbar machen *will,* gerät er erneut in den Strudel der Selbstbezogenheit, so daß bei aller Reflexionskunst nicht mehr *es* in ihm denkt, sondern *er* über es nachdenkt. Denken wird letztendlich gar nicht vom Menschen aufgebracht; vielmehr bringt es ihn auf (vgl. Ballauff [1]1962, 13). Denken ist im Grunde weder lehr- noch lernbar. Es ist Gabe und Ereignis. Richtung und Schwere des Denkens lassen sich nur von der Wahrheit und vom Sein des Seienden her ermessen. Was allerdings geplant und methodisiert werden kann, ist der Zugang zu dem Ort, wo der Anspruch des Seins denkend vernehmbar wird. Darum haben sich Lehrende und Lernende tagtäglich zu bemühen.

Somit ist Denken nicht gleichbedeutend mit Theorie, Vernunft oder Intelligenz. Es läßt den Menschen jederzeit auf dem Wege sein, gewährt ihm die Chance, von sich selbst abzulassen, um dadurch der Wahrheit und dem Sein möglichst nahe zu kommen. Da es dem Menschen stets vorausgeht, ist es in seinem Ursprung und seiner letzten Konsequenz auf Wahrheitsfindung angelegt und in sublimster Form dem Sein zugehörig. Durch Denken nähert sich der Homo sapiens dem Sein. Im Denken des Seins erschließt sich *Wahrheit.* Auch Wahrheit ist nicht mehr ausschließlich von den Akten und Aktivitäten eines Subjekts abhängig. Sie enthüllt sich als Unverborgenheit und Erschlossenheit im Lichte des Seins, die nur in ihren ersten Stufen dem geschichtlichen Wandel unterliegt. In der Wahrheit begegnet der Mensch dem Denken des Seins, das allein als unwandelbar angenommen wird. Von daher wird deutlich: Nicht wir bedienen uns der letzten Wahrheit, sondern sie nimmt uns in Anspruch. Ballauff charakterisiert seine Wahrheitserkenntnis:

In der Wahrheit geht es nicht mehr um Gebrauch und Benutzung, um Herstellung und Überlieferung von Techniken, um Ermächtigung und Überwältigung – mittels der Erschlossenheit –, sondern darum, Dinge, Wesen und Mitmenschen als sie selbst in einem Ganzen hervortreten und sein zu lassen. (Ballauff [3]1970, 48)

Wahrheit im Sinne von Erschlossenheit tut sich kund, wenn etwas entborgen und enthüllt sowie vom Ganzen her gedacht in Erscheinung tritt.

Die Qualität des Denkens gerät in die Abhängigkeit des Anspruchs von Wahrheit.

Wie Denken und Wahrheit auf einen unlösbaren Zusammenhang verweisen, so sind sie ohne den Seinsbegriff nicht denkbar. Das *Sein,* das sich nur im Denken und in der Wahrheit offenbart, ist erste und letzte Instanz, höchstes Wertprinzip, Anfang und Ende. Es ist unsagbar, allenfalls als es selbst sagbar. So ist es *es* selbst, weil es sich völlig identisch ist und diese Identität keine andere Bezeichnung mehr zuläßt. So gehört es gewissermaßen zur Tragik dieses Ansatzes, daß sich ausgerechnet der Schlüsselbegriff des Ballauffschen Systems der rationalen Klärung entzieht und dies als unmittelbar einsichtig gedeutet wird. Denken und Wahrheit im Lichte des Seins begründen nach Ballauff erst Menschlichkeit. Menschlichkeit bedeutet bei ihm ein Leitziel, von dem aus pädagogische Grundaussagen zu formulieren sind.

Pädagogische Grundaussagen

Menschlichkeit kann mit den herkömmlichen Bildungstheorien nicht mehr angemessen anvisiert werden, da der Bildungsvorgang vorwiegend unter subjektivistischen und egozentrischen Motiven betrachtet wurde. Daher ist es notwendig, erzieherische Intentionen mit einem neuen Begriff zentral anzusprechen. Ballauff findet ihn in dem Ausdruck der *Besonnenheit,* der dem griechischen „sophrosyne" entlehnt und sowohl als Ersatz wie als Gegenbegriff zur traditionellen Bildung aufzufassen ist. Die Besonnenheit ist bei Ballauff ein kognitiv-intellektuell gefaßter Wertbegriff, der zugleich Gemessenheit und Gelassenheit voraussetzt. Vor allem bedeutet Besonnenheit, „dem Willen und dem Selbst, dem Haben und Beanspruchen enthoben zu sein und in dieser Enthobenheit erst in Wahrheit ganz bei der Sache und dem Mitmenschen zu sein, in bedachter und behutsamer Weise" (Ballauff [3]1970, 70). In selbstloser Hingabe erfährt der Besonnene, was zu tun und zu lassen ist. Auf ihn kann dann auch nicht mehr das Vor-, Fehl- oder Urteil des Halb- bzw. Ungebildeten zutreffen. Besonnenheit liegt jenseits von Wissenschaft und Schulabschlüssen. Sie kann im Grunde nach gewissen Lernprozessen bei allen Menschen angetroffen werden – gleich welchem Stand und welcher Bildungsstufe er angehört. Ihr eignet Eigentlich-Menschliches und ist insofern ursprünglicher als Sittlichkeit. Die Besonnenheit bedarf daher gar nicht mehr des Sittlichen. Sollen und Pflicht sind ihr nachgeordnet. Bei einer solchen Wertschätzung des Besonnenheitsbegriffs verwundert es nicht, wenn als allgemeines Richtziel der Erziehung „die Vermittlung der primären Sozialisation an die Besonnenheit" (Ballauff [3]1970, 77) formuliert wird. Damit wird Sozialisation nicht mit Erziehung gleichgesetzt, sondern stets vorausgesetzt und der Besonnenheit als höchstem pädagogischem Wertbegriff überantwortet. Die Inanspruchnahme durch die Wahrheit ist eine Möglichkeit, den Zugang zur Besonnenheit anzubahnen.

Den Weg der Erziehung bestimmen allgemeine Prinzipien und konkrete Handlungsweisen. Th. Ballauff kann auf sie nicht verzichten und sieht sie in seinem System vor. Er nennt sie „pädagogische Maßgaben" und „pädagogische Maßnahmen".

Die *pädagogischen Maßgaben* umfassen 15 Grundsätze oder Leitlinien der Erziehung. Sie enthalten teils ältere Grundaussagen wie zu „Bildsamkeit", „Sachgemäßheit", „Spontaneität", die freilich nach dem neuen Denkmodell interpretiert werden, teils neuere Gesichtspunkte wie beispielsweise „Motivationsfreiheit", „Relativität", „Maßgeblichkeit" und „Sozialität". Motivationsfreiheit besagt die Aufhebung der Motivation des jungen Menschen, weil sie sich immer noch der Reflexivität und der Eigennützigkeit vergewissert. Das Prinzip der Relativität macht insbesondere auf die Geschichtlichkeit des menschlichen Denkens und Tuns aufmerksam. Das Leitziel der Maßgeblichkeit erinnert den Erzieher daran, der Einsicht zu folgen, statt einer fremden Autorität zu gehorchen bzw. den jungen Menschen in eine solche Abhängigkeit zu stellen. Für das Selbst-Sein des Individuums ist es da schon bedeutsamer und angemessener, zu lernen, das Seiende in Frage zu stellen und eigene Denkwege zu gehen. Sozialität hebt als Maßgabe der Erziehung den Grundgedanken der Mitmenschlichkeit hervor, der die ebenso zwischenmenschlich wie pädagogisch bedeutsamen Phänomene der Hilfestellung, des Gemeinsamen, der Kameradschaft und Freundschaft sowie der Liebe in den Blick bringt. Auch dieses Prinzip setzt bereits Sozialisationsprozesse im Sinne der Eingliederung in Kleingruppen und Gesellschaft voraus. Es betont innerhalb des pädagogischen Gesamtsystems einen relevanten Teilaspekt.

In demselben Kontext wie die pädagogischen Maßgaben stehen die *erziehenden Maßnahmen.* Ballauff bestimmt sie als „das bedachte, vorbereitete, geregelte Hervorrufen eines Menschen und das entsprechende Geleit seines Werdegangs unter der Voraussetzung, daß in diesem Wesen das Denken zu Hause und das Sprechen und Vollbringen der Wahrheit hervorzurufen ist" (Ballauff [3]1970, 137). Direkt angesprochen werden dann auf der Grundlage des spezifisch noetischen Ansatzes: das Ansprechen, Miteinander, Am-Werk-Sein, die Ermutigung und Inanspruchnahme, das Ermessen der Begabung, der Rückruf (auf die Wahrheit), die taktvolle Ermahnung sowie die Übung. Die Auswahl dieser Maßnahmen wird nicht hergeleitet bzw. begründet. Sie wird vom pädagogischen Fundamentalontologen für bedeutsam gehalten, den Menschen in seine Menschlichkeit bewußt und zielorientiert einzuweisen, ohne ihm zugleich den Zugang zu seinem „Wesen“ durch Sollensappelle wieder zu verstellen. Betrachtet man die pädagogischen Maßgaben, so lassen sich zwischen einzelnen Prinzipien und Maßnahmen deutliche Bezugspunkte feststellen, z. B. zwischen Sozialität und dem Miteinander, der Sachgemäßheit und dem Am-Werk-Sein, der Bildsamkeit und dem Ermessen der Begabung. Andere traditionelle Erziehungsmaßnahmen wie Ermahnung, Ermutigung und Übung treten ebenso hinzu.

Als fundamentalontologisch und existenzpädagogisch fruchtbar erweist sich Ballauffs Reflexion über die *Zeitlichkeit und Räumlichkeit in der Erziehung*. Auch bei diesem Fragenkomplex dürfte M. Heidegger den pädagogischen Seinsdenker zu einer in der Erziehungswissenschaft elementaren, wenn auch sicherlich vernachlässigten Fragestellung angeregt und zu bedenkenswerten Aussagen veranlaßt haben. Raum und Zeit werden sowohl als Voraussetzung wie als pädagogische Funktion bedacht und in den Blickpunkt des Erziehens gerückt. Scheinbare Selbstverständlichkeiten wie die Abhängigkeit des Erziehungsvorgangs von der Zeit (Uhrzeit, Stundenplanung) werden thematisiert und in der Bedeutung des alltäglichen Zeitverständnisses hinterfragt. Von der kritischen Analyse des Erziehungsalltags gelangt Ballauff zu fundamentalontologisch inspirierten Theoremen: So hat Erziehung dem jungen Menschen Zeit zu lassen, d. h. ihm „in seinem Hervorgang und Hervorruf eine angemessene Weile und einen angemessenen Platz zu gewährleisten“ (Ballauff ³1970, 158). Außerdem hat sie den Zu-Erziehenden ein rechtes Verhältnis zur Zeit zu vermitteln. Zeit zeigt sich dem Besonnenen nicht nur als etwas Momentanes und Vergängliches, Künftiges und Unvollendetes, sondern fordert ihn auf, sie auch in ihrer Unvergänglichkeit, Unwandelbarkeit und Essenz zu sehen. Mit dieser Zeitperspektive gelangt Ballauff zu einer Aufforderung, die sich in abgewandelter Form ebenso in anderen Zusammenhängen wiederfindet: Die Zeit in ihrer Wesenheit sie selbst sein zu lassen, um sich ihr ganz anzuvertrauen und sich dann von ihr den rechten Zeitpunkt (Kairos), den „fruchtbaren Moment“ (Copei) oder schlichter den Lernerfolg bestimmen zu lassen.

Ähnliches kann von der Räumlichkeit gesagt werden. Die erziehliche Daseinsanalyse hebt die Bedeutung des „rechten Ortes“, des angemessenen Platzes für erzieherisches Geschehen hervor. Darüber hinaus zeigen sich die „räumlichen Ordnungen“ bis hin zum geschichtlichen Ort aller Geschehensprozesse als bedenkenswerte Sinnhorizonte für erziehungsrelevante Aufgabenfelder. Um der „maßlosen Reflexivität“, die außer Unordentlichkeit, Achtlosigkeit und Unachtsamkeit im Gefolge hat, zu entgehen oder von ihr abzulenken, betrachtet es Erziehung als eine ihrer zentralen Verpflichtungen, „den Zögling anzuhalten, ein jedes an seinem

Ort aufzusuchen, aber es auch wieder an seinen Ort zu bringen. Daß dies eine Aufgabe ist, zeigt sich gerade daran, wie schwer es dem einzelnen fällt, ihr gerecht zu werden, nicht nur dem Kind und dem Jugendlichen, sondern auch noch dem Erwachsenen" (Ballauff [3]1970, 164). Raum und Zeit sind aus dem Blickwinkel des Seins nicht länger als getrennte Wirklichkeiten zu behandeln. Sie gehören in unserer Welt zusammen und werden bereits im Wort „Zeitraum" als zusammengehörig vorgefunden. Auch Erziehung ereignet sich in dem Vollzug von Zeiträumen.

Der Erziehungsvorgang vollzieht sich keineswegs immer so, wie ihn die „Pädagogik der Entsprechung" in kritischer Absicht dargestellt hat. Die „Selbstherrlichkeit" des Menschen ist grenzenlos und erfinderisch genug, das Erzieherverhalten mit reflexiven Einstellungen – wenn auch nicht mehr so offenkundig – zu legitimieren. In Wirklichkeit ergibt sich außerdem noch ein unaufgeklärter und unaufhebbarer Rest von Aussagen, die nur als Antinomien im modernen Erziehungsverständnis gedeutet werden können. Ballauff weist vor allem auf zwei solcher Spannungsverhältnisse hin: Leistung und Besonnenheit, Sachlichkeit und Mitmenschlichkeit.

Leben und Arbeit in den modernen Industriegesellschaften werden durchweg vom Leistungsprinzip bestimmt. Bei Arbeit und Leistung geht es primär um Zielstrebigkeit, Geschäftigkeit und Berechenbarkeit. Obgleich es zunächst um das Resultat eines Arbeitsvorgangs geht, spiegelt es ebenso den Willen, den subjektiven Anspruch und die Merkmale der Reflexivität wider; denn „alles Wollen denkt sich als ein Zielsetzen, das Tun und Herstellen als die Verwirklichung dieser Ziele im Verschaffen und Einsetzen von Mitteln" (Ballauff [3]1970, 171). Demgegenüber lassen sich Grundsätze von Menschlichkeit erkennen, die nicht zuletzt im Schlüsselbegriff der Besonnenheit erblickt werden. *Leistung und Besonnenheit* müssen also als Spannungsgefüge interpretiert werden, die sich keineswegs von selbst zu einem harmonischen Begriffspaar zusammenfinden, sondern augenfällig die Grenzen der Erziehung markieren und gleichzeitig ihre Aufgaben anzeigen.

Ebenso verhält es sich mit dem Begriffspaar *„Sachlichkeit und Mitmenschlichkeit"*. Wenn Sachlichkeit in der Bedeutung, dem Sein einer Sache gerecht zu werden, allzu häufig dahin tendiert, den Blick vom Menschen weg und zu den Dingen in ihrer Ausschließlichkeit hinzulenken, fordert die Hinwendung zur Sache gleichsam als Korrektiv die Hinwendung zum Mitmenschen. Neben die Sachlichkeit hat also die Mitmenschlichkeit zu treten. Erst das antinomische Verhältnis beider Grundbegriffe zeigt die Richtung auf, die den Erzieher nicht völlig in die Irre gehen läßt. Mitmenschlichkeit bedeutet bei Ballauff analog dem Sachlichkeitsbegriff, dem Sein eines Mitmenschen entsprechen, ihn in Wahrheit ihn selbst sein zu lassen und sich ihm gegenüber frei von Vorurteilen, Selbsttäuschungen und Herrschaftsgebaren zu verhalten. Sobald sich der Mensch um das eigene Selbst zu sehr sorgt und ängstigt, läuft er Gefahr, der Menschlichkeit durch Reflexivität und Subjektivität verlustig zu gehen bzw. erst gar nicht zu ihr zu gelangen. Mitmenschlichkeit beginnt sich dort zu manifestieren und konkretisieren, wo ich den anderen auf seine Individualität und Andersartigkeit hin freigebe, ihn so zu sehen und zu verstehen beginne, wie er seinem Personkern nach „ist". Daß gerade dies gelernt sein will, insbesondere den Schein vom Sein zu trennen, ist einleuchtend, aber immer wieder ins Denken einzubeziehen.

Trotz des gemeinsamen Zielpunktes, des *Seins* von Sachen und Mitmenschen, können beide Begriffe zueinander in Gegensatz treten; denn im Leben und in der Erziehungswirklichkeit „waltet keine prästabilierte Harmonie" (Ballauff ³1970, 173). Daher möchte die eingängige Formel der Sachlichkeit und Mitmenschlichkeit hervorkehren: Sachen und Mitmenschen sie selbst sein zu lassen, ihre Ansprüche zu vernehmen und diesen selbstlos zu entsprechen, sich von ihnen in Wahrheit in Anspruch nehmen zu lassen und dabei weder den sachgemäßen noch den mitmenschlichen Bezug zu vernachlässigen. Als spezifisch-menschliche Grundhaltungen sind sie nicht angeboren, sondern in langwierigen Lernprozessen sich anzueignen, vornehmlich in der konkreten Situation des momentanen Aufgerufenseins unter Beweis zu stellen. Das qualifiziert sie zu Komponenten des Eigentlich-Menschlichen, kurzum der Menschlichkeit.

Pädagogik als Erziehungswissenschaft

Erst in der dritten Auflage der ›Systematischen Pädagogik‹ geht Theodor Ballauff ausführlich der grundlegenden Frage der Wissenschaftlichkeit der Pädagogik nach. Bezeichnenderweise finden sich seine Aussagen zu dieser Fragestellung in dem Hauptkapitel ›Der Ausgang vom Denken‹. Denn Wissenschaft und somit auch Wissenschaftstheorie haben es zuallererst mit dem „Denken" zu tun und bleiben ständig von ihm abhängig. Auch hier offenbart sich ein wesentlicher Grundzug des Phänomens: die „Kyklik des Denkens". Dies besagt: Wer auf Erkenntnisse aus ist wie der Wissenschaftler, tritt nie gänzlich voraussetzungslos in den Gedankenkreis und den Prozeß der Erkenntnisfindung ein. In der Regel schließt der Forscher an vorgegebene Gedankengänge an, arbeitet die spezifische Fragestellung seines Forschungsgegenstandes heraus und versucht hier, zu Ergebnissen zu kommen, die modernen wissenschaftstheoretischen und methodologischen Ansprüchen genügen. Denken ist in seiner dynamischen Struktur schon zirkulär. Es bringt letztlich den Menschen, also auch den wissenschaftlichen Denker, auf. Denkend vertraut sich der Forscher der Wahrheitsfindung an – überdies kritisch und selbstkritisch – jedoch ohne utopischen Ehrgeiz, die absolute Wahrheit jemals in den Griff zu bekommen.

Die Pädagogik als Erziehungswissenschaft gewinnt nach Ballauff ihre Erkenntnisse auf zweierlei Weise: historisch und experimentell. Beide methodische Verfahren sind darauf angelegt, sich zu ergänzen und zu kontrollieren. Ballauff spricht bewußt von historischer und experimenteller „Empirie", vermutlich, um die Gleichwertigkeit der Methoden schon in der Ausdrucksweise zu signalisieren. Die Pädagogik wird sich allerdings nicht allein als „reine" Erziehungswissenschaft verstehen können; denn sie „kann niemandem Auskunft über Erziehung erteilen im Sinne von Zielangaben, Maßgaben und Maßnahmen. Sie kann immer nur berichten..." (Ballauff [3]1970, 35). In der Erziehungstheorie steht auch immer das Erkenntnisinteresse nach Sinn und Maß der Erziehung im Vordergrund. Diese Grundüberlegungen dürfen weder anderen Disziplinen noch vorwissenschaftlichen Gremien überlassen bleiben. Die historische Dimension der modernen Erziehungswissenschaft führt zu einer zu konstituierenden Systematik, der es primär um die ordnungsstiftende Funktion der relevanten Einzelaussagen geht.

Der *historischen Empirie* fallen insbesondere folgende Aufgaben zu: den Umkreis der Selbsterfahrung der Erziehung kritisch zu sichten und im Kontext zu beschreiben sowie den geschichtlich aufgewiesenen Stand des Erziehungsdenkens im Kontext darzustellen. Die *experimentelle Empirie* leistet ihren Beitrag durch Observation, Deskription, Klassifikation und Komparation zu den Interpretationshorizonten von Erziehung. Sie zeigt außerdem den heutigen Erkenntnisstand der Selbstauslegung von Erziehung auf.

Die Erkenntnisse beider Teildisziplinen bzw. Forschungsrichtungen münden schließlich in die kritische Betrachtung der „projektiven Systematik" ein, die sich insonderheit eine historisch-empirische Diagnose der Erziehung zum Ziel setzt.

Th. Ballauff distanziert sich ausdrücklich davon, Erziehungswissenschaft als eine Prinzipienwissenschaft im Range einer normativen Pädagogik zu konstituieren. Er denkt insbesondere an Grundprinzipien, „die Maß und Umkreis, Richtung und Grenzen vorzeichnen"; sie „gehören einem Denken an, das schon vor sich ging, ehe es zur modernen Wissenschaft gekommen war" (Ballauff [3]1970, 36). Dieses Denken ist jeweils in seiner Zeit zu ermitteln. Wer sich ihm mit dem historischen und experimentellen Verfahren nähert, kommt ihm mit großer Wahrscheinlichkeit auf die Spur. Nur auf diese Weise sind Erkenntnisse intersubjektiv überprüfbar und können so zum Gegenstand der „projektiven Systematik" werden. Wie jede Systematik, so hat auch die projektive Systematik in der Erziehungswissenschaft Vorläufigkeitscharakter. Ihre Ergebnisse haben so lange Gültigkeit, bis sie durch andere widerlegt worden sind. Ein jedes System in der Pädagogik ist also überholbar und kann niemals vollständig sein. Damit teilt er die Auffassung nahezu aller pädagogischen Systematiker, die seit dem 18. Jahrhundert einen Systementwurf vorgelegt haben.

Stellungnahme

Theodor Ballauffs ›Systematische Pädagogik‹ ist der bisher konsequenteste Versuch, Heideggers fundamentalontologische Aussagen auf den Bereich der erziehungstheoretischen Reflexion zu übertragen. Bei diesem Vorhaben übernimmt er nicht nur Grundeinsichten und Grundbegriffe des existenzphilosophischen Denkers, sondern faßt die fundamentalontologischen Erkenntnisse auch weiterführend und mit durchaus eigenständigen Ergänzungen zu einem spezifischen Systemansatz der Allgemeinen Pädagogik zusammen. Ob dieser Ansatz jedoch ausreicht, um ein tragfähiges System innerhalb der pädagogischen Theorie zu begründen, das zumindest formal, d. h. aufgrund seines Kategoriengefüges im Vergleich mit älteren Systemvorschlägen, einen sichtbaren Fortschritt darstellt, kann durchaus bezweifelt werden. Allein unser Schema (vgl. Abb. 6) vermag schon optisch zu verdeutlichen, daß Ballauffs Systemversuch nicht nur auffallend wenig Grundbegriffe enthält, sondern daß es auch zwischen den einzelnen Kategorien erstaunlich wenig Rückbezüge und Querverbindungen gibt, wodurch sich ein System geradezu auszeichnet. Statt dessen legt Ballauff großen Wert auf die Darstellung der Kritik an den herkömmlichen Bildungstheorien, um im Anschluß daran die Antithesen als Ausgangspunkt für den eigenen Ansatz darzulegen. So erscheint der Begründungszusammenhang hinreichend erläutert, wenn auch die Kenntnis der Heideggerschen Terminologie stillschweigend vorausgesetzt und vom Leser außerdem erwartet wird, daß er bereit ist, das anspruchsvolle Vokabular der fundamentalontologischen Denker zu akzeptieren.

Und gleich bei der eigenwilligen Sprache der Seinsdenker setzt dann auch die Kritik ein, indem sie u. a. Ballauff vorwirft, sich einer Terminologie zu bedienen, die ebenso elitär wie abstrakt sei. Es ist sicherlich keine Frage, daß Fundamentalbegriffe wie Sein, Seiendes, Logos, Inanspruchnahme, Erschlossenheit, Besonnenheit, Gemessenheit, Gelassenheit, Zeitlichkeit, Räumlichkeit, um nur einige noch einmal zu nennen, an Abstraktionsniveau kaum noch zu überbieten sind. Nun ist leicht einzusehen, daß gerade die fundamentalontologische Betrachtungsweise die allgemeinsten Begriffe zu ihrem Gegenstand hat. Aber – so ist weiter zu fragen – rechtfertigt der Umgang mit Fundamentalbegriffen schon den Anspruch auf die Neueinführung einer eigenen Terminologie? Heidegger war selbstbewußt genug, um die von ihm geprägten Ausdrücke oder die nur in seinem Verständnis gebrauchten Begriffe vom existenzphilosophischen Ansatz her zu begründen. Wahrscheinlich hat sich Ballauff diese Begründung für sein erziehungstheoretisches Konzept zu eigen gemacht. Ebensowenig wie M. Heidegger bemüht er sich, dem Leser den Zugang zu der eigentümlichen Begrifflichkeit durch Explikation und Definition, wie man es von einem wissenschaftlichen Autor erwarten sollte, zu erleichtern. Das Verständnis einer solchen esoterischen Begriffswelt wird bei jedem vorausgesetzt, ohne auch nur dem Uneingeweihten eine Hilfestellung anzubieten.

O. F. Bollnow, der sich als existenzphilosophisch und begriffsanalytisch orientierter Erziehungswissenschaftler stets um eine klare und verständliche Fachsprache bemüht hat, bemerkt in seiner Rezension zur 1. Auflage der Ballauffschen ›Systematischen Pädagogik‹:

> Und so wird es dem Leser allgemein schon durch die Sprache schwer gemacht, sich die Gedanken in Freiheit anzueignen; denn es wird ihm kaum eine andre Wahl gelassen, als diese Sprache gläubig zu akzeptieren und sich dann auch seinerseits in dieser eigenwilligen Sprache zu bewegen oder aber dagegen zu revoltieren und dann in seiner Verärgerung „das Kind mit dem Bade auszuschütten", d. h. die Gedankenwelt des Buches in einer summarischen Weise abzulehnen. (Bollnow 1964, 571)

Bollnow selbst exemplifiziert seine Kritik an dem in Th. Ballauffs pädagogischem Kategoriensystem zentralen Begriff des Ereignisses. Dieses Beispiel erhellt das soeben Gesagte in besonderer Weise. Wegen seiner ausführlichen Darstellungsweise wird eigens darauf verwiesen (Bollnow 1964, 572 ff.).

Nun hat in der Reflexion der Fundamentalontologen die Sprache ihren eigenen Stellenwert. Wie das Denken, so ist die Sprache ein Existential menschlichen Seins und personaler Selbstverwirklichung. Sprache konstituiert Mensch-Sein ebenso wie Denken und Verantwortung. In der Sprache eröffnet sich dem menschlichen Wesen das Tor zum Denken und Selbst-Sein, wie sich andererseits das Sein im Denken und in der Sprache offenbart. Wenn das Sein in Sachen und Mitmenschen verborgen anwesend ist, dann ist der Mensch aufgerufen, es mittels der Sprache zu entbergen. So eröffnet sich Wahrheit als Entbergung und Erschlossenheit. Sobald Worte nicht an Wahrheit partizipieren, droht die Gefahr, daß sie manipuliert und mißbraucht werden. Sprache ermöglicht es erst, über Seiendes und Sein Aussagen zu machen. Sie „dient" jedoch nicht nur als Ausdrucks*mittel*. Sofern sie nur instrumentell eingeschätzt und in Dienst genommen wird, ist man noch weit davon entfernt, ihre eigentliche Bedeutsamkeit zu ermessen.

Sprache in ihrer Ursprünglichkeit sehen lernen, sie semantisch zu analysieren und etymologisch zu interpretieren bedeutet etwas anders als Sprache nur als Informationshilfe zu benutzen. Das gewöhnliche Sprechen bedient sich der Sprache als Verständigungsmedium. Sprache beschränkt sich jedoch nicht auf diese instrumentelle Funktion. Sie ist sowohl Ort des Denkens wie „Haus des Seins“ (Heidegger 1954, 115), ist selbst gedachter und denkender Gedanke, ist Hervorruf und Freigabe des Seins im Seienden.

Der hervorragende Rang, der der Bedeutung der Sprache in fundamentalontologischer Sicht zukommt, kann nicht darüber hinwegtäuschen, daß sie allzuschnell in die Nähe des Selbstzwecks und der Verklärung rückt, sich mit dem Schleier von Dichtung und Mythologie umgibt oder gar dem reinen Wohlklang der Worte preisgegeben wird mit der Tendenz, von den eigentlichen Aussagen wegzuführen und die Leser von der Lektüre abzuschrecken. Als beliebiges Beispiel für die Umständlichkeit und Gespreiztheit der Worte, mit denen versucht wird, Wesentliches auszusagen, mag Ballauffs Grundaxiom des neuen Verständnisses von Bildung dienen:

> Das Seiende, von dem her der junge Mensch angesprochen werden kann, muß sich in seiner Struktur dem Horizont des Denkens, in welchem der Jugendliche immer schon hervorgegangen ist, fügen, damit dieses Denken in Worten und Werken jenem Seienden zugehören kann. (Ballauff [3]1970, 87)

Auf andere Einwände, die gegen Ballauffs existenzphilosophisches Konzept vorgebracht werden können, soll nur noch am Rande aufmerksam gemacht werden. Sicherlich ist die Kritik, die Th. Ballauff gegenüber der Anthropozentrik der traditionellen Bildungslehren äußert, wegen ihrer pauschalen und ausschließlichen Aussage leicht angreifbar. So haben beispielsweise in den letzten Jahrhunderten von einem theologischen Hintergrund aus argumentierende Erziehungstheoretiker immer wieder den Versuch unternommen, über anthropozentrische Zielsetzungen in der Pädagogik hinauszuführen und den zu erziehenden sowie den erziehenden Menschen sub specie aeternitatis zu beschreiben.

Erziehungsdenker in unserem Jahrhundert, die sich dem abendländischen Humanismus verbunden fühlten, haben Paradigmen entwickelt, die sehr wohl über Subjektivismus und Reflexivität hinausgingen: G. Kerschensteiner gelangte in seinen Schriften zu einer Typologie des Menschen, bei der die sachliche Einstellung bzw. die Sachlichkeit die höchste Stufe der Weltbegegnung darstellt. Sachlichkeit kann nach dem Verständnis des Arbeitsschulpädagogen geradezu mit Impersonalismus im Sinne der selbstlosen Hingabe an die unbedingt geltenden Werte gleichgesetzt werden. M. Buber steuerte bewußt gegen den Egozentrismus des Menschen an, indem er auf der Grundlage seines „dialogischen Prinzips“ das Ich radikal vom Anderen, dem Du, her dachte und dem Du eine absolute Vorrangstellung einräumte. R. Guardini stellte den Erziehern in seiner dialektischen Bildungslehre den Grundsatz vor Augen, daß der Mensch nur er selbst werden kann, wenn er selbstlos werde. Inwieweit eine solche postulierte Selbstlosigkeit des Menschen zur Entpersönlichung und Selbstaufgabe führt, müßte heute mehr denn je kritisch reflektiert und insbesondere in den negativen Folgen für die Selbst- und Sozialwerdung des jungen Menschen bedacht werden.

Wenn der menschliche Wille generell als selbstisches Wollen charakterisiert oder Bildung schlechthin als willentliche Selbstsuche verdächtigt wird, so bleibt zu fragen, was Ballauff dem gegenüberstellt. Im Grunde bleibt bei dem existenzphilosophischen Systementwurf die letzte Abstraktion, das Sein, als anonyme Instanz übrig, von der das Heil aller Erziehung und der wahren Bildung erwartet wird. Hier wird allerdings häufig eine Kluft zwischen Theorie und Praxis sichtbar. Läßt sich mit den fundamentalontologischen Kategorien überhaupt ein pädagogisches System begründen und überzeugend herleiten? Nicht von ungefähr gerät bei Ballauffs Denkansatz Erziehung in die Rolle der bloß indirekten Einflußnahme und wird so ihrer zentralen Funktion, der zielbewußten Steuerung, beraubt. Schließlich ist der Erziehungserfolg unplanbar. Er bleibt dem schicksalhaften Augenblick überlassen. Dies alles führt zu der Erkenntnis, daß Erziehung eine höchst fatale Angelegenheit sein muß, wenn nicht gar ihre Ohnmacht auf solche Weise dokumentiert wird.

Daher ist nicht verwunderlich, daß die eminent pädagogischen Fragestellungen in der Ballauffschen Systematik, z. B. Zielsetzungen in der Erziehung, Erziehungsprinzipien und Erziehungsmaßnahmen, Erzieherverhalten, im Vergleich mit anderen Themen knapp und wenig ergiebig abgehandelt werden. Dem Erziehungspraktiker bleibt da nichts anderes mehr übrig, als sich der Faktizität des Erziehungsgeschäftes zu überantworten oder seine Zuflucht bei den impliziten Führungs- bzw. Persönlichkeitstheorien zu suchen. Die Ablehnung jeglicher Sollensforderung, das Infragestellen jedweder Normen kann jedoch auch zu dem unbeabsichtigten Gegenteil führen, wie J. Schurr richtig erkennt, wenn er zu bedenken gibt:

> Eine Bildung, die den Menschen auf *seine* Einsicht allein verweist, verschlägt den Menschen gerade in seine subjektive Reflexivität, die jedoch, wenn sie sich als Bild des Absoluten begreifen lernt, für immer abgewehrt ist. (Schurr 1976, 145)

Die kritischen Einwände, die in den letzten Jahren gegen Th. Ballauffs System der Pädagogik vorgebracht worden sind, zeigen in der Tat nicht zu leugnende Schwächen des existenzphilosophisch bestimmten Konzepts auf. O. F. Bollnow (1959), der bereits vor Ballauff den Zusammenhang von existenzphilosophischen und pädagogischen Grundaussagen untersucht hat, hat als Ertrag seiner Überlegungen mit Bedacht die „unstetigen Formen der Erziehung" herausgearbeitet, die vor und neben den bewußten und geplanten Erziehungsmaßnahmen ihren Platz haben und eine gewisse Ergänzungsfunktion im Erziehungsvorgang übernehmen. Bollnow hat im Blick auf Ballauffs ›Systematische Pädagogik‹ festgestellt, daß wohl der fundamentalontologisch orientierte „Ansatz nicht ausreicht, von ihm her das Ganze einer Systematischen Pädagogik zu begründen" (Bollnow 1964, 568). Daß dieser Ansatz indes auch neue Teilaspekte des erziehlichen Zusammenhangs aufzudecken vermocht hat, wurde bei unserer Darstellung des Ballauffschen Systementwurfs unmißverständlich zum Ausdruck gebracht.

Literatur

Quellen

Ballauff, Th.: Die Grundstruktur der Bildung. Weinheim 1953.

Ders.: Erwachsenenbildung. Heidelberg 1958.

Ders.: Systematische Pädagogik. Heidelberg [1]1962, [2]1966, [3]1970.

Ders.: Die Idee der Paideia. Meisenheim [2]1963.

Ders.: Philosophische Begründungen der Pädagogik. Berlin 1966.

Ders.: Skeptische Didaktik. Heidelberg 1970.

Schrifttum

Bollnow, O. F.: Existenzphilosophie und Pädagogik. Stuttgart 1959.

Ders.: Ein neuer Ansatz zur Systematischen Pädagogik. In: Zeitschrift für Pädagogik 10 (1964), S. 564–576.

Klafki, W.: Aspekte kritisch-konstruktiver Erziehungswissenschaft. Weinheim 1976.

Krawitz, R.: Bildung durch Unterricht. Theodor Ballauffs pädagogische Postulate als universelle Unterrichtsprinzipien. In: Vierteljahrsschrift für wissenschaftliche Pädagogik 55 (1979), S. 50–71.

Menze, C.: Die Wissenschaft von der Erziehung in Deutschland. Aus: J. Speck (Hrsg.), Problemgeschichte der neueren Pädagogik. Bd. 1. Stuttgart 1976, S. 9–107.

Muth, J.: Pädagogischer Takt. Heidelberg 1962.

Ders.: Die Aufgabe der Volksschule in der modernen Arbeitswelt. Essen [2]1964.

Ritzel, W.: Philosophie und Pädagogik im 20. Jahrhundert. Darmstadt 1980.

Schaller, K.: Der Gebildete heute. Bochum o. J.

Ders.: Die Krise der humanistischen Pädagogik. Heidelberg 1961.

Ders.: Studien zur Systematischen Pädagogik. Heidelberg 1966.

Ders.: Einführung in die Kommunikative Pädagogik. Freiburg 1978.

Schmidt, R.: Sachlichkeit und Sachunterricht in der Grundschule. Bad Heilbrunn 1970.

Schurr, J.: Pädagogik und normative Wissenschaften. Aus: J. Speck (Hrsg.), Problemgeschichte der neueren Pädagogik. Bd. 2. Stuttgart 1976 S. 107–159.
Weber, R.: Die Aktualität einer Pädagogik der Entsprechung. In: Vierteljahrsschrift für wissenschaftliche Pädagogik 54 (1978), S. 570–579.

2.4. H. Henz' religionsphilosophisches Konzept

Hubert Henz (geb. 1926), seit 1964 Professor für Pädagogik an der Universität in Würzburg, ist der letzte Vertreter der Systematischen Pädagogik, der in den sechziger Jahren einen umfassenden Entwurf zu einem System der Pädagogik vorgelegt hat. Im Unterschied zu allen anderen Systementwürfen hat Henz seine Arbeit als „Lehrbuch" für Studierende des Fachgebietes Pädagogik konzipiert. Dadurch werden bei der Zielgruppe und den Fachvertretern Erwartungen sowie Ansprüche geweckt, die sich nicht zuletzt auf die Breite des Ansatzes, die Aktualität des Forschungsstandes und die Pluralität der berücksichtigten Forschungsrichtungen beziehen.

Wie den meisten Systementwürfen, so liegt auch dem von Henz dargestellten pädagogischen System eine philosophische Gesamtkonzeption zugrunde. Sie ist allgemein als religionsphilosophisches Konzept anzusprechen, wobei insbesondere das christlich-katholische Gedankengut als Bezugs- und Argumentationsrahmen dient. Von daher gesehen stellt sich gleich hier die Frage, inwieweit sich der global gefaßte Titel des Buches mit dem spezifischen Denkansatz vereinbaren läßt. Der Autor hielt es auch bei der vierten Auflage seines Werkes (1975) nicht für erforderlich, den Titel präziser zu fassen. Selbstverständlich ist ein konfessionell bestimmter Denkansatz ebenso wie andere weltanschaulich gebundene Konzepte berechtigt, im Rahmen einer Erziehungslehre seinen eigenen systematischen Beitrag zu leisten. Nur müßte dann eine solche Konzeption entweder im Titel deutlich zum Ausdruck kommen oder zumindest fairerweise im Untertitel angezeigt werden, damit sich der Leser auf den spezifischen Theorieansatz schon beim Kauf des Buches einstellen kann.

In seinem ›Lehrbuch der Systematischen Pädagogik‹ geht H. Henz durchaus über die traditionellen Inhalte der katholischen Theologie und Pädagogik hinaus, wobei er sich insbesondere an die einschlägigen Arbeiten von J. Göttler, F. X. Eggersdorfer und F. Schneider anlehnt, indem er den durchgängig wertphilosophisch orientierten Gedankengang partiell um tiefenpsychologische und existenzphilosophische Erkenntnisse erweitert. Daß ihm eine Synthese dieser grundverschiedenen Ansätze gelungen ist, kann keineswegs für die Gesamtdarstellung behauptet werden. Dem kundigen Leser gibt das Buch mehr Fragen auf, als es zu beantworten in der Lage ist. Hierfür verantwortlich ist letztendlich die kaum reflektierte Legitimationsbasis wissenschaftlicher Aussagen, die seit Jahrzehnten die wissenschaftstheoretische Diskussion beschäftigt hat und seit den sechziger Jahren auch in der Erziehungswissenschaft Gegenstand heftiger Auseinandersetzungen gewesen ist.

Henz' Lehrbuch ist relativ weit verbreitet. Es wurde ins Spanische und Portugiesische übersetzt. Nach 11 Jahren erschien bei uns die vierte Auflage. Zu den besonderen Arbeitsschwerpunkten des Verfassers gehören die Themenbereiche „Erziehungsmittel", „Ermutigung als Erziehungsprinzip", „Themenbereiche der politischen Bildung" sowie „Grundfragen der Pädagogik".

Zur Quellenlage (Vergleich der Auflagen)

Hubert Henz' ›Lehrbuch der Systematischen Pädagogik‹ erschien 1964 in erster Auflage. Die dritte Auflage (1971) hebt sich deutlich von den beiden vorausgegangenen Ausgaben ab. Sie wurde völlig neu bearbeitet, ohne daß jedoch etwas an der Grundkonzeption des Werkes verändert worden wäre. Die Umarbeitung der dritten Auflage zeigt sich zunächst einmal quantitativ in der Reduzierung des bisherigen Umfangs. Was bei einem Lehrbuch selten vorkommt, das dazu noch die Berücksichtigung neuer Forschungsergebnisse vorgibt, scheint hier realisiert: die Neuausgabe des Buches um etwa 100 Seiten zu kürzen. Dabei ist nicht einmal ein Kapitel weggefallen. Wohl bemerkt man, daß gegenüber den ersten Auflagen einige mythologisch oder mystifizierend anmutende Aussagen, die von W. Brezinka expressis verbis kritisiert worden sind, nunmehr weggefallen sind: beispielsweise zwei Passagen (vgl. Henz [1]1964, 89 und 423; vgl. Brezinka 1966, 60 und 61), die nicht anders als subjektive Setzungen bezeichnet werden können, oder Redewendungen wie „Gott als der große Erzieher-Lehrer", „Neben der Person Gottes wird das gläubige Denken auch den Einfluß der übernatürlichen Personen, der Engel, der Heiligen, der in der Kirche des Jenseits Versammelten, nicht außer acht lassen" (Henz [1]1964, 122. 120; Brezinka 1966, 60). Hier hat Henz auf Brezinkas Kritik positiv reagiert. Andere Korrekturvorschläge, auf die der Rezensent ebenso überzeugend hingewiesen hat, blieben allerdings unberücksichtigt.

Gewiß wurden auch entscheidende Aussagen in der Neuausgabe anders formuliert, z. B. die allgemeine Aussage von Erziehung. Während in der ersten Auflage noch zu lesen ist: „Erziehung ist das Gesamt aller Wirkungen, durch die Personen zu Persönlichkeiten werden" (Henz [1]1964, 1), lautet dieser Satz in der überarbeiteten Fassung... „Wirkungen, durch die junge Menschen mündig werden“ (Henz 1975, 17). Aber was wurde bei dieser Neuformulierung, so fragt man sich, eigentlich verbessert? Der heute in der Erziehungswissenschaft gern gemiedene Begriff der Persönlichkeit wurde ersetzt durch die offenkundige Eingrenzung des Erziehungsphänomens auf den Einflußbereich des jungen Menschen. Kann jedoch heute noch Erziehung mit Jugenderziehung schlechterdings gleichgesetzt werden? So begreifen die meisten Erziehungswissenschaftler seit längerem Erziehung als lebenslangen Prozeß und sehen in der Kinder-/Jugenderziehung nur einen ersten bzw. spezifischen Aufgabenbereich neben später folgenden bis hin zum Seniorenalter.

Seit der neubearbeiteten Auflage (1971) befindet sich das Kapitel über die Forschungsmethoden, das grundlegend überarbeitet und dabei gestrafft wurde, am Anfang des Buches. Es vermittelt einen sehr allgemeinen Überblick über die in der pädagogischen Wissenschaft angewandten Methoden und enthält einige Überraschungen, was die eigenwilligen Formulierungen des Autors betrifft (vgl. Erfahrungsbegriff, Idolarkritik, Kategorialkritik). Da die angeführten Forschungsmethoden ebenso in den Nachbardisziplinen der Erziehungswissenschaft eingesetzt werden, sollten sie insgesamt nicht als „pädagogische Forschungsmethoden“ charakterisiert werden.

Obgleich die dritte Auflage Begriffe wie „Sozialisation“, „Enkulturation“, „Emanzipation“ neu aufgenommen hat, zeichnet sich Henz’ ›Lehrbuch der Systematischen Pädagogik‹ weiterhin durch die Vernachlässigung neuerer Forschungsbefunde moderner und einflußreicher Disziplinen wie beispielsweise Lernpsychologie, Sozialpsychologie, Soziologie, Ethologie aus. Bei unserer Darstellung des Henzschen Systems steht die letzte, d. h. die vierte Auflage (1975) des Werkes im Mittelpunkt. Sie stimmt mit der dritten Auflage völlig überein.

Der katholisch-theologische Theorieansatz

Im ›Lehrbuch der Systematischen Pädagogik‹ bilden die Grundaussagen der katholischen Theologie den entscheidenden Hintergrund für das von Henz entworfene pädagogische System. Zwar wird dieser spezifische Theorieansatz im Sinne einer weltanschaulich gebundenen Erziehungslehre nicht eigens reflektiert. Er läßt sich aber im Werke selbst an den bedeutsamsten Fragestellungen und Kategorien unverkennbar aufweisen.

So nimmt der religiöse Wert in der Hierarchie der behandelten Werte den höchsten Rang ein. Er ist daher leitendes Prinzip der Erkenntnisfindung. Dieses erste und zugleich letzte Wertprinzip wird nicht als Endpunkt gedanklicher Abstraktion begriffen, sondern zugleich mit Gott als einem *personalen* Wesen und „Inbegriff aller Werte“ identifiziert. Der personal gedachte Gott wendet sich jeder menschlichen Person zu, „insofern sie sich dem göttlichen Sein ganz (frontal) stellt und nähern will“ (Henz 1975, 61).

An der Beziehung zwischen Gott und dem Menschen ist auch er als höchste Instanz beteiligt. Diese Kontaktnahme ermöglicht und repräsentiert der theologische Begriff der Gnade. Dieser Fundamentalbegriff katholischer Theologie „ist selbst wieder gewiesen auf das *Mysterium,* hier das der göttlichen Wahl, des göttlichen Entscheidens und Tuns. Gott erscheint eben immer als der ganz andere, der machtvoll Erhabene, der wohl den Menschen erfüllen kann und ihn gelegentlich erlebnismäßig erfüllt, der aber auch im Dunkel bleibt, in unzugänglichem Lichte thront“. (Henz 1975, 62)

Das beiderseitige Aufeinander-Zugehen und Miteinander-Korrespondieren zwischen dem unendlichen Gott und dem Menschen als dem von Ihm geschaffenen Wesen hat seine Voraussetzung und Möglichkeit in der anthropologischen Sicht der Gottesebenbildlichkeit. Da jeder Mensch als Person ein Abbild seines Schöpfers ist, nimmt er auch in irgendeiner, wenn auch rudimentären Form an dem Schöpfergeist und der Freiheit Gottes teil.

Für die *Erziehung* bedeutet dies, daß sie wie schon früher als „Höherführung“ und „Heilswille“ (Eggersdorfer) interpretiert und der persönliche Gott zur zentralen Leitfigur erzieherischer Einwirkungen erklärt wird. Und so schließt sich Henz der Eggersdorferschen Version von Erziehung an, wenn er konstatiert:

> Im Kern oder Zentrum tendiert Erziehung auf das Heil des jungen Menschen. (Henz 1975, 25)

Allerdings ist eine solche zentrale Aussage über den Erziehungsvorgang nur von dem gläubigen, d. h. der katholischen Heilslehre verpflichteten Christen zu übernehmen. Der Christ hat gegenüber Andersgläubigen den unbestreitbaren Vorteil, daß sich der durch Jesus Christus geoffenbarte Gott als pädagogischer Weg und erzieherisches Ziel empfohlen hat und ihn zur Nachfolge aufruft. Henz folgert daraus:

> Dem Christen ist dadurch eine einmalige Helligkeit im Halbdunkel des ethischen Weges geschenkt. (Henz 1975, 47)

Dem, der sich zu Christus bekennt, geht es nicht nur um „Bildungs-“, sondern auch um „Heilswissen“. Vor Henz hatte schon Max Scheler zwischen diesen beiden Wissensformen und einer dritten Form, dem technologischen „Herrschaftswissen“ im Sinne von Beherrschungs- bzw. Leistungswissen unterschieden.

Die Grundkraft, in der sich das Erzieherische zu erkennen gibt, ist neben anderen Merkmalen die pädagogische Liebe. Diese vor allem von geistigen Motiven her begründete Zuwendungsform empfängt ihren letzten Bezugspunkt in der christlichen und göttlichen Liebe. Sie möchte letztlich „emporführen“ zur außerirdischen Vollkommenheit, zum höchsten Glück, zu Gott. Erziehung bleibt – so verstanden – immer an metaphysische und religiöse Inhalte gebunden.

Somit sind einige Prämissen schwerpunktartig beleuchtet worden, die den Henzschen Theorieansatz in seiner religionsphilosophischen Abhängigkeit von der katholischen Glaubenslehre dokumentieren. Das von Henz entworfene System der Pädagogik erweist sich bei genauerem Hinsehen als eine nach systematischen Gesichtspunkten gegliederte Religionspädagogik, die jedoch in manchen Passagen nicht einmal den heutigen Stand katholischer Theologie widerspiegelt (vgl. hierzu Brezinka 1966, 61). Wir behandeln das von Henz dargelegte System in unserem Zusammenhang, um auf die grundsätzliche Möglichkeit eines religionsphilosophischen Ansatzes aufmerksam zu machen und weil der Autor schließlich den Anspruch erhebt, ein ›Lehrbuch der Systematischen Pädagogik‹ anzubieten, das unter diesem Titel ziemlich weit verbreitet ist. Außer dem Titel erwecken auch die Gliederungspunkte sowie die Kategorien des pädagogischen Systems den Eindruck, als ob es sich hier um eine Darstellung der Allgemeinen Pädagogik in systematischer Absicht handele. Henz selbst wird wohl seinen spezifischen Ansatz als einen über das religionsphilosophische Verständnis hinausgehenden Beitrag zur Systematischen Pädagogik eingeschätzt haben. Ein Überblick über die im einzelnen dargelegten Kategorien des Henzschen Systemvorschlags legt diese Vermutung nahe.

Einzelaspekte Systematischer Pädagogik (s. Abb. 7)

Erziehung

Hubert Henz befaßt sich ausführlich mit dem Erziehungsbegriff und gelangt nach dem Aufweis unterschiedlicher Bedeutungsaspekte innerhalb der pädagogischen Fachsprache zu eigenen Begriffsfestlegungen. Seine Definition ist insbesondere von drei Grundüberlegungen bestimmt: sie soll sowohl der Erziehungspraxis wie der pädagogischen Forschung nützlich sein, zum zweiten von vielen Erziehungspraktikern und Erziehungswissenschaftlern akzeptiert werden können und drittens einen Bezug zur Tradition „christlich-abendländischen Wertfühlens und Denkens“ aufweisen.

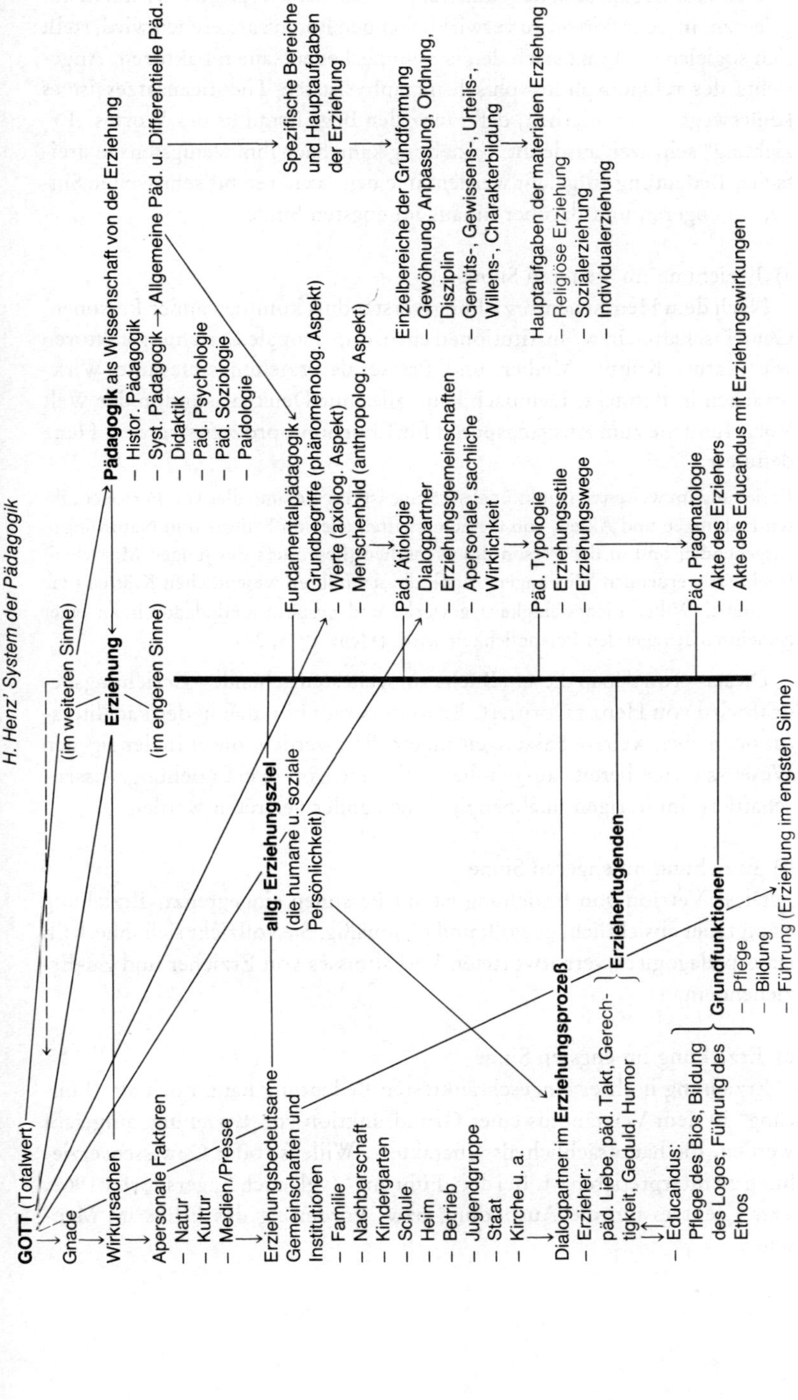
H. Henz' System der Pädagogik
GOTT (Totalwert)
Gnade
Wirkursachen
Apersonale Faktoren
– Natur
– Kultur
– Medien/Presse
Erziehungsbedeutsame Gemeinschaften und Institutionen
– Familie
– Nachbarschaft
– Kindergarten
– Schule
– Heim
– Betrieb
– Jugendgruppe
– Staat
– Kirche u. a.
Dialogpartner im Erziehungsprozeß
– Erzieher:
päd. Liebe päd. Takt, Gerechtigkeit, Geduld, Humor
– Educandus:
Pflege des Bios, Bildung des Logos, Führung des Ethos
(im weiteren Sinne)
Erziehung
(im engeren Sinne)
allg. Erziehungsziel
(die humane u. soziale Persönlichkeit)
Erziehungsprozeß
Erziehertugenden
Grundfunktionen
– Pflege
– Bildung
– Führung (Erziehung im engsten Sinne)
Pädagogik als Wissenschaft von der Erziehung
– Histor. Pädagogik
– Syst. Pädagogik → Allgemeine Päd. u. Differentielle Päd.
– Didaktik
– Päd. Psychologie
– Päd. Soziologie
– Paidologie
Spezifische Bereiche und Hauptaufgaben der Erziehung
Fundamentalpädagogik
– Grundbegriffe (phänomenolog. Aspekt)
– Werte (axiolog. Aspekt)
– Menschenbild (anthropolog. Aspekt)
Päd. Ätiologie
– Dialogpartner
– Erziehungsgemeinschaften
– Apersonale, sachliche Wirklichkeit
Päd. Typologie
– Erziehungsstile
– Erziehungswege
Päd. Pragmatologie
– Akte des Erziehers
– Akte des Educandus mit Erziehungswirkungen
Einzelbereiche der Grundformung
– Gewöhnung, Anpassung, Ordnung,
– Disziplin
– Gemüts-, Gewissens-, Urteils-, Willens-, Charakterbildung
Hauptaufgaben der materialen Erziehung
– Religiöse Erziehung
– Sozialerziehung
– Individualerziehung

Abb. 7

Wenn als Gegenstand der Erziehung die Aktualisierung der keimhaft angelegten, in jeder Person zu verwirklichenden Potenz angesehen wird, stellt sich sogleich die Frage nach den erziehungsbedeutsamen Faktoren. Angesichts des religionsphilosophisch-metaphysischen Theorieansatzes ist es keineswegs verwunderlich, daß Henz den Begriffsradius des Wortes „Erziehung“ sehr weit ausdehnt. Erziehung kann nach ihm wenigstens in dreifacher Bedeutung aufgefaßt werden: in einem weiteren bis sehr weiten Sinne, im engeren und darüber hinaus im engsten Sinne.

a) Erziehung im weiteren Sinne

Nach dem Henzschen Erziehungsverständnis kommen außer Personen, Gemeinschaften bzw. Institutionen ebenso apersonale Erziehungsfaktoren wie Natur, Kultur, Medien und Presse als erziehungsrelevante Wirkursachen in Betracht. Demnach kann alles nur Denkbare und in der Welt Vorgefundene zum Ausgangspunkt für Erziehungsprozesse werden. Henz definiert:

> Erziehung im weitesten (funktionalen) Sinne ist das Gesamt aller von Personen, ihren Haltungen und Akten, von Gemeinschaften wie von Kultur- und Naturdingen ausgehenden und in der Person des Menschen (besonders des jungen Menschen) fruchtbar werdenden Wirkungen, durch die sie in ihren wesentlichen Kräften (wie Vernunft, Wille, Liebesfähigkeit) geweckt und gestärkt und dadurch zu einer gemeinschafttragenden Persönlichkeit wird. (Henz 1975, 34)

Dieser – von den in diesem Buche am weitesten gehende – Erziehungsbegriff wird von Henz favorisiert. Er weist darauf hin, daß in der Fachliteratur noch zwei weitere Fassungen angetroffen werden, die er in der eigenen Wesensaussage bereits aufgehoben sieht und von den Erziehungswissenschaftlern im übrigen unabhängig voneinander vertreten werden.

b) Erziehung im engeren Sinne

Diese Version von Erziehung ist auf Personen eingegrenzt. Erziehung erfolgt hier absichtlich, gewollt und planmäßig. Sie vollzieht sich innerhalb eines pädagogisch verantworteten Verhältnisses von Erzieher und Zu-Erziehendem.

c) Erziehung im engsten Sinne

Erziehung in ihrer eingeschränktesten Bedeutung kann noch als „Führung“ in dem Verständnis einer Grundfunktion von Erziehung aufgefaßt werden, die hauptsächlich als Charakter-, Willens- oder Gewissenserziehung zu interpretieren ist. Bei der „Führung“ (vgl. auch Eggersdorfer 1962, 49ff.) geht es um die Ausbildung bzw. Förderung des Ethos im Menschen.

Da die weitere Fassung des Erziehungsbegriffs die beiden anderen einschließt, bekennt sich Henz zu der sogenannten funktionalen Betrachtungsweise von Erziehung. Folgerichtig und eingehend behandelt er in seinem ›Lehrbuch der Systematischen Pädagogik‹ die möglichen Wirkursachen, die als Erziehungsfaktoren eine bedeutsame Rolle spielen.

Wirkursachen von Erziehung

Gemäß dem sehr weiten Erziehungsbegriff ist neben den natürlichen Personen und apersonalen Faktoren *Gott* als erziehliche Wirkursache vorgesehen. Im Bereich der christlich orientierten Pädagogik wird gerade dieser Einflußnahme besonderes Gewicht beigemessen. Henz betrachtet „die Person Gottes in ihrer eminenten Wirksamkeit auf den Zögling, unvergleichbar der Wirksamkeit empirischer Erzieher und Personen" (Henz 1975, 124ff.).

Zu den apersonalen bzw. sachlichen Wirkkräften zählen – wie oben bereits erwähnt – die *Natur* (Sammelbegriff für Stoffe und Formen, Pflanzen und Tiere), die *Kultur* (Bücher, Bilder, Theater, Museen u.a.) und die Publikationsorgane/*Medien* (Presse, Rundfunk, Fernsehen). Sie prägen den Menschen unaufdringlich und unaufhörlich, ohne daß er sich des erziehenden Einflusses immer bewußt wäre.

Erziehliche Einflußnahmen von unterschiedlicher Intensität und Prägekraft gehen auch von den *Gemeinschaften* und *Institutionen* aus, in denen sich der junge Mensch kurz oder länger aufhält, in die er hineingeboren wird oder die er sich selbst auswählt. Die Erziehungseinflüsse werden bei der Nachbarschaft und der Jugendgruppe eher punktuell, spontan und indirekt sein als bei den Erziehungsgemeinschaften, denen von der Gesellschaft konkrete Erziehungsintentionen und -funktionen zugeschrieben werden: Familie, Kindergarten, Schule, Heimerziehung und Berufsausbildung (Betrieb). Erziehungsbedeutsamkeit muß auch den großen Erziehungsgemeinschaften (Erziehungsmächten) wie Staat, Kirche, Wissenschaft, Kunst u.a. eingeräumt werden, denen jeder Mensch als Mitglied einer bestimmten Gesellschaft angehört.

Wirkkräfte und Wirkursachen der Erziehung sind wohl am leichtesten festzustellen und zu überprüfen, wo sie an Personen gebunden sind. Sie lassen sich am augenfälligsten kontrollieren am Erzieher-Zögling-Verhältnis. Henz spricht bei diesem Verdichtungszentrum erzieherischer Einwirkung bewußt von *Dialogpartnern,* um das Zwischenmenschliche dieser Beziehung hervorzuheben und auf das Hauptmoment in diesem personalen Wechselverhältnis, das Gespräch, hinzuweisen. Aus der Sicht des Erziehers wird die Tugend der pädagogischen Liebe genannt, die sich in sozialen

Merkmalen wie Interesse, Wohlwollen, Hilfsbereitschaft und der Absicht, den Heranwachsenden „emporzuführen“, zu erkennen gibt. Der pädagogische Takt setzt einmal ein Feingespür, das Einfühlen und Mitfühlen beim Educanden, voraus und bleibt zum anderen aufgrund der individuellen Einblicknahme von sozialadäquatem, d. h. beispielsweise rücksichtsvollem, Erzieherverhalten abhängig. Hinzu treten weitere klassische Erziehertugenden: Gerechtigkeit, Geduld, Humor. Auf der Seite des Zu-Erziehenden unterscheidet Henz mit Eggersdorfer insonderheit drei Teilbereiche, die im Erziehungsvorgang stets Beachtung verdienen: Fürsorge und Pflege, kulturelle Unterweisung und Charakterschulung. Als Aufgaben für den Erzieher spricht er bewußt von der „Pflege des Bios“, „Bildung des Logos“ und der „Führung des Ethos“. Damit stellt er den Zusammenhang zu den sogenannten Grundfunktionen der Erziehung her, die in der Tradition der katholischen Erziehungslehre innerhalb unseres Jahrhunderts (Willmann, Göttler, Eggersdorfer) zur Kennzeichnung einzelner Erziehungsfunktionen und zur Spezifizierung des allgemeinen Erziehungsbegriffs keineswegs einheitlich herausgearbeitet worden sind. Bei Eggersdorfer heißen die Grundfunktionen: Pflege, Bildung, Führung, wobei der letzte Begriff als Erziehung i. e. S. verstanden wird.

Bewußte, geplante und verantwortete Erziehung orientiert sich an konkreten Zielsetzungen. Henz nennt zwei Richtziele für alle Erziehungsbemühungen, die sich dadurch voneinander abheben, daß sich die eine Zielformulierung mehr auf die Erziehung des jungen Menschen, die andere Zielangabe global auf den gesamten Erziehungsprozeß bezieht. So stehen zwei Zielsetzungen isoliert nebeneinander, wobei sich die angeblich konkretere Zielbestimmung von der allgemeineren insofern unterscheidet, als sie dem Heranwachsenden außer der Fähigkeit auch die Bereitschaft zubilligt, Persönlichkeit im Sinne einer optimalen Entfaltung aller individuell angelegten Kräfte zu werden.

Henz definiert das Ziel der Kinder- und Jugenderziehung, das er als Erziehungsziel im engeren Sinne bezeichnet: Es

> ist der junge, mündige Mensch, der fähig und bereit ist, eine Persönlichkeit zu werden. (Henz 1975, 50)

Demgegenüber wird generell ein *allgemeines Erziehungsziel* (i. w. S.), das für die Gesamtentwicklung des Menschen Gültigkeit haben soll, bestimmt, bei dem die „humane, soziale Persönlichkeit“ im Blickpunkt steht. Der Autor betrachtet diese Zielsetzung in Abhängigkeit vom fortgeschrittenen Lebensalter. Denn „zu einer solchen Persönlichkeit wird der Mensch durchschnittlich erst in höherem Alter“ (Henz 1975, 50). Auf weitere Zielaspekte und auf Maßnahmen und Wege, die im Dienste der Erziehungsziele stehen, wird noch Bezug genommen werden, wenn wir das Erziehungsgeschehen aus dem Blickwinkel der pädagogischen Wissenschaft betrachten werden.

Pädagogik als Wissenschaft von der Erziehung

Die Wissenschaft, die das Gesamtphänomen „Erziehung" nach den Kriterien von System und Methode in den Blick bringt, nennt H. Henz – wie vor ihm auch die meisten Systematiker – *Pädagogik,* ungeachtet des neueren Hinweises, daß dieser Begriff angesichts seiner mehrdeutigen Verwendung Probleme für die pädagogische Fachsprache aufwirft (vgl. Brezinka 1971, [4]1978).

Henz spricht sich indes eigens für die Zusammenschau des Theorie- und Praxisbezugs im Worte Pädagogik aus und glaubt dadurch schon, die pädagogische Theorie an die Erziehungspraxis zu binden und die Erziehungswirklichkeit an erziehungswissenschaftlichen Erkenntnissen zu orientieren. Das von allen Wissenschaften anzustrebende Ziel ist die Wahrheitsfindung. Wahrheit wird traditionell im klassischen Verständnis, in der von der aristotelisch-thomistischen Philosophie beeinflußten Denkweise, definiert als „Übereinstimmung der Erkenntnis mit der Wirklichkeit" (Henz 1975, 17). Bei dieser statischen Sichtweise, die Wahrheit als das Ergebnis eines einmaligen und endgültigen Erkenntnisaktes bestimmt, bleiben neuere Betrachtungsweisen des Wahrheitsbegriffs unberücksichtigt (→ Aussagen der Existenzphilosophie und des Kritischen Rationalismus), die ihn eher dynamisch als vorläufigen Erkenntnisprozeß aufgefaßt wissen wollen, dessen Ergebnis nur so lange Gültigkeit beanspruchen kann, bis es durch andere Befunde in Frage gestellt bzw. überholt ist.

Hinsichtlich des Terminus „Pädagogik" konstatiert Henz zwei Bedeutungsvarianten: Pädagogik wird einmal im weiteren Sinne als „Wissenschaft von der Erziehung", der mehrere Teildisziplinen zugeordnet werden können, zum anderen in einem engeren Sinne als „Systematische Pädagogik", die sich bereits als Teildisziplin versteht (Pädagogik = Systematische Pädagogik), begriffen. Auch hier unternimmt Henz nichts, was die Doppeldeutigkeit des Grundbegriffs ausschließen würde. Allenfalls unterscheidet er zwischen Pädagogik als Oberbegriff und Systematischer Pädagogik als Teildisziplin.

Außer der Systematischen Pädagogik werden der Pädagogik folgende Teildisziplinen zugeordnet: die historische Pädagogik, die das Erziehungsdenken und das Erziehungsgeschehen der Vergangenheit auf der Grundlage des Quellenmaterials beschreibt, die Didaktik, die früher gern als Bildungslehre, in der Gegenwart meist als Schulpädagogik gelehrt wird, außerdem die Pädagogische Psychologie und Pädagogische Soziologie sowie die Paidologie, die als Anthropologie des Kindes- und Jugendalters entscheidende Beiträge zu leisten hat.

Bei der *Systematischen Pädagogik* wird zwischen Allgemeiner und Differentieller Pädagogik unterschieden, die beide wiederum mehrfach unterteilt werden. So werden innerhalb der *Allgemeinen Pädagogik* die Teilaspekte der „Fundamentalpädagogik", „Pädagogischen Ätiologie", „Pädagogischen Typologie" und der „Pädagogischen Pragmatologie" behandelt. Die *Differentielle Pädagogik* nimmt sich der Einzelbereiche und Hauptaufgaben der Erziehung wie Gewöhnung, Disziplin, Willens- und Gemütsbildung sowie der Sozial-, Individual- und religiösen Erziehung an.

Die *Fundamentalpädagogik* als Schwerpunkt der Allgemeinen Pädagogik hat sich nach Henz um die phänomenologische Erhellung der pädagogischen Grundbegriffe zu bemühen. Was der Autor bei der Darstellung der Fundamentalbegriffe „Erziehung", „Bildung", „Pädagogik" und „Erziehungsziel" bietet, bleibt stark an die Willmann-Tradition gebunden und weit davon entfernt, was moderne Explikationsverfahren zu leisten imstande sind. Schlüsselbegriffe wie Erziehung und Pädagogik werden unkritisch und unbedacht in mehreren Bedeutungen verwendet. Breiten Raum nimmt beim religionsphilosophischen Ansatz freilich die wertphilosophische Fragestellung ein. In hierarchischer Anordnung wird auf den religiösen, ethischen, theoretischen, ästhetischen, technisch-ökonomischen Wert und auf die sozialen und vitalen Werte eingegangen. Henz konstruiert ein „wertpädagogisches Dreieck", bei dem die Bezugsebenen zwischen den Werten, dem Erzieher und dem Kind veranschaulicht werden sollen. Wenn dann bei den einzelnen Bezügen von „Gesetzen" (z. B. vom „Gesetz des pädagogischen Gefälles", „Gesetz der pädagogischen Liebe") gesprochen wird, ohne dies näher zu erläutern, so bleibt dies eine willkürliche Setzung, die als solche nicht verallgemeinert werden darf. Verdienstvoll hingegen ist Henz' Überblick über die einzelnen Varianten des Menschenbildes, wobei der eigene Standort innerhalb der Pädagogischen Anthropologie klar dargelegt wird.

Die *Pädagogische Ätiologie* beschäftigt sich mit den verursachenden Faktoren von Erziehung. Da beim Henzschen Systemansatz Erziehung sehr weit gefaßt wird, ergibt sich notwendig eine Fülle von Wirkursachen für das Erziehungsgeschehen. Neben der Person Gottes, die „in ihrer eminenten Wirksamkeit auf den Zögling" (Henz 1975, 125) betrachtet wird, ist vor allem das weite Feld der natürlichen und Berufs-Erzieher anzudeuten, von denen Erziehungsprozesse faktisch ausgehen können. Henz nennt die unmittelbar am Erziehungsvorgang Beteiligten, Erzieher und Educandus, Dialogpartner, um beim Erzieher-Zögling-Verhältnis einmal das Hauptmoment des Logos (Erziehung als Befreiung des Logos), zum anderen die

Bedeutung der persönlich-zwischenmenschlichen Dimension zu betonen. Allerdings wird die Stellung des Erziehers in diesem pädagogischen Verhältnis wie in der herkömmlichen Persönlichkeitspädagogik überbetont. Überdies werden alle neueren Erkenntnisse der Interaktionspädagogik ignoriert, so daß die allgemeinen Aussagen keineswegs den aktuellen Stand der Forschung widerspiegeln. Überhaupt wird die Kritik, die in den letzten Jahrzehnten gegen die Theorie des pädagogischen Bezuges vorgebracht worden ist, aus welchen Gründen auch immer, ausgespart. Anschließend behandelt Henz die pädagogisch bedeutsamen Gemeinschaften und Institutionen. Erstaunlich ist hier, in welch imponierender Vielzahl diese Bereiche angesprochen werden. Weniger erfreulich sind hingegen die zahlreichen unbewiesenen Behauptungen sowie gefährlichen Analogien und Klischeevorstellungen, die sich insbesondere im Erziehungsbereich der Familie häufen. Familie wird „als primäres Integral des Lebens, als Urwir" (Henz 1975, 153) umschrieben. Das Kind entstammt einer „mann-weiblichen Einheit" (a. a. O.). Der Vater wird überzogen als „Quellgrund des Lebens und schöpferischer Urgrund des Geistes" (Henz 1975, 161) dargestellt. Von den apersonalen oder sachlichen Wirklichkeiten, die als potentielle Wirkursachen für Erziehung in Frage kommen, werden die Bereiche „Publikationsmittel", „Kultur" und „Natur" näher erläutert.

Innerhalb der *Pädagogischen Typologie,* einer weiteren Teildisziplin der Systematischen Pädagogik, unterscheidet Henz zwischen Erziehungsstilen und Erziehungswegen. Bei der Behandlung der Erziehungsstile dominiert die idealtypische Sicht, während bei der Themenstellung „Weiterentwicklung der Stillehre" die einschlägigen Ergebnisse der empirischen Forschung und die in den letzten Jahrzehnten entwickelten Ansätze unerwähnt bleiben. Bei den Erziehungswegen handelt es sich nach den Aussagen des Autors um bereits bewährte Vorgehensweisen (Methoden) in einer von ihm selbst eingeführten Terminologie: der Bogen spannt sich von der Präventivmethode, die im Dienste der vorbeugenden Erziehung steht, über therapeutische Verfahren bis hin zur wertpädagogischen und sogar existentialpädagogischen Methode. Die letztere versucht in Krisenzeiten und beim Auftreten von Grenzsituationen mit Hilfe von Appell, Beratung und Ermahnung auf die Entscheidung des jungen Menschen Einfluß zu nehmen. Plakativ kann sie auch als Krisen- und Begegnungspädagogik bezeichnet werden. Daß insbesondere bei dieser Methode der Methodisierbarkeit des Erziehungsweges wenig Spielraum bleibt, haben die Vertreter einer existenzphilosophisch ausgerichteten Pädagogik immer wieder und übereinstimmend zum Ausdruck gebracht.

Henz' Ausführungen zu einer *Pädagogischen Pragmatologie* beschäftigen sich sowohl mit den Maßnahmen des Erziehers wie mit den Handlungen des Educanden, von denen in der Regel nachhaltige Erziehungswirkungen zu erwarten sind. Damit wird der gesamte Fragenkomplex der Erziehungsmittel thematisiert, wobei Henz bestrebt ist, gerade diesen Terminus zu vermeiden. Bei den „Akten des Erziehers" differenziert er zwischen solchen, die direkt vom Erzieher ausgehen, z.B. Aufsicht, Befehl, Rat, Bitte, und denen, die eher eine Antwort auf kindliches Verhalten darstellen. Reaktive Erzieherhandlungen sind: Gebot, Verbot, Warnung, Lob, Tadel, Belohnung, Strafe. Als Akte des Zu-Erziehenden mit Erziehungstendenzen werden die von P. Petersen in der Jenaplan-Schule erprobten und in dessen schulpädagogisch orientierten Werken näher beschriebenen klassischen Kommunikationsweisen („pädagogische Situationen"): Gespräch, Spiel, Arbeit, Feier behandelt, aber im Anschluß daran andere wie Wetteifer, Meditation und Lektüre. Henz hat einzelne Erziehungsmittel ebenso in neueren Beiträgen dargestellt, bei denen jedoch eine gewisse Zurückhaltung gegenüber zu starker Differenzierung und Kategorisierung zu beobachten ist (vgl. Henz 1979a, 1979b).

Die *Differentielle Pädagogik* hebt sich von der Allgemeinen Pädagogik ab, indem sie sich den speziellen Fragestellungen der Erziehungswissenschaft und -praxis zuwendet. Es liegt daher in der Natur der Sache, daß bei ihr vor allem praxisnahe und pragmatische Gesichtspunkte im Vordergrund stehen. Dennoch ist sie wie die Allgemeine Pädagogik sowohl theoretisch als auch praktisch orientiert. Der bevorzugte Gegenstand der Differentiellen Pädagogik sind Einzelaspekte des Erziehungsvorgangs. Henz greift in seinem ›Lehrbuch der Systematischen Pädagogik‹ die mehr formalen Aspekte der Grundformung des einzelnen Menschen und Einzelbereiche der materialen Erziehungsabsichten heraus und stellt sie im Überblick dar.

Zu den *Einzelbereichen der Grundformung* gehören nach Henz: Gewöhnung, Anpassung, Ordnung, Disziplin. Diese Kategorien verraten einmal mehr die Erziehungsauffassung des Autors. Sie unterstützen allesamt die anpassende Eingliederung in die vorgefundene gesellschaftliche Wirklichkeit. Solange ihre antinomische Grundstruktur und ihre sekundäre Funktion im Erziehungsprozeß mißachtet werden, leisten sie einer einseitigen, in der deutschen Erziehungswissenschaft westlicher Prägung längst überwunden geglaubten Erziehungsauffassung Vorschub. Bei den Grundkräften des Educanden sollen folgende Bereiche berücksichtigt werden: Gemüts-, Gewissens-, Urteils-, Willens- und Charakterbildung. Hierbei steht die Ausbildung unterschiedlicher Fähigkeiten im Zentrum der Bemühungen: Bindungsfähigkeit, Verantwortlichkeit, Kritikfähigkeit, Entscheidungsfähigkeit.

Als *Hauptaufgaben der materialen Erziehung* werden von Henz angesehen: die religiöse Erziehung, die Sozial- und Individualerziehung. Dem Aufgabenbereich der Sozialerziehung werden durchaus unterschiedliche, nicht unbedingt nur diesen speziellen Zielsetzungen zuzuordnende Teilbereiche zugewiesen: die Erziehung zur Ehrfurcht, zur Wahrheit, zum Frieden, Eigentums- und Sexualerziehung. Während die Behandlung der sexualerziehlichen Thematik innerhalb des sozialerziehlichen Zusammenhangs eine fortschrittliche Blickrichtung vermuten läßt, erwartet den Leser eine allgemeine Abhandlung über Sexualerziehung, die dem Stand der Mitte der fünfziger Jahre entspricht und die moderne Diskussion ebenso wie zahlreiche Praxisbeispiele außer acht läßt. So wird vorwiegend ältere Fachliteratur herangezogen. Hinzu treten Klischeevorstellungen von Mann und Frau, die eine anspruchsvolle Sexualerziehung in Elternhaus, Kindergarten und Schule gerade zu überwinden versucht, und eigenwillige, nebulöse Formulierungen wie beispielsweise: der Mensch sei „erst in der Mann-Frau-Kind-Einheit ganz Mensch" (Henz 1975, 331). Außer Betracht bleiben Verlautbarungen der katholischen Theologie und Kirche sowie beachtenswerte Beiträge der katholischen Religionspädagogik. Eine Neubearbeitung dieses Kapitels müßte wenigstens den aktuellen Stand der Sexualpädagogik und der Religionspädagogik zu diesem Themenkomplex berücksichtigen.

Aus dem bisher Gesagten ergibt sich als Minimalforderung, dem Autor die nochmalige Neubearbeitung seines Werkes zu empfehlen, wenn sein systematischer Ansatz innerhalb der Allgemeinen Pädagogik und in der Gegenwart ernst genommen werden soll. Deshalb werden anschließend und zusammenfassend einige Grundaspekte herausgestellt, deren Beachtung bei einer Neukonzeption von Bedeutung sein könnte.

Stellungnahme

In seinem ›Lehrbuch der Systematischen Pädagogik‹ stellt Hubert Henz einen systematischen Ansatz der Allgemeinen Pädagogik vor, der sich unzweifelhaft an die Tradition katholisch orientierter pädagogischer Theoriebildung anschließt, aber im ganzen nicht das erziehungstheoretische Niveau früherer Vertreter wie O. Willmann, J. Göttler und F. X. Eggersdorfer erreicht. Der Titel des Buches ist insofern irreführend, als er unter ausdrücklichem Hinweis auf ein Lehrbuch, das demzufolge möglichst viele, zumindest die bekanntesten Positionen darzustellen hätte, diesem Anspruch nicht gerecht wird. Statt dessen beschränkt sich das Buch auf einen einzigen, d. h. den religionsphilosophischen Ansatz, der schon im Titel zum Ausdruck gebracht werden müßte.

Henz' pädagogisches System ist keineswegs so differenziert und umfassend, wie es das Inhaltsverzeichnis und der Umfang des Werkes vermuten lassen. Zu den Schwerpunkten des Systematisierungsversuchs (s. Abb. 7) gehören der Erziehungsbegriff, die Wirkursachen von Erziehung, das Erzieher-Zögling-Verhältnis, Aspekte des Erziehungsziels, die erziehlichen Grundfunktionen einerseits sowie die spezifische Darstellung eben dieser Grundbegriffe aus der Sicht der von Henz vielfach erstmals so benannten Teildisziplinen der Systematischen Pädagogik andererseits. Die allseits nicht zu übersehende Verschränkung von Theoriebewußtsein und Praxisorientierung geht auf Henz' Grundauffassung zurück, daß eine „Theorie ohne Praxis... schwer möglich, wenn auch nicht völlig ausgeschlossen", während die „Praxis ohne Theorie... möglich, aber fragwürdig und für Berufserzieher gefährlich, in vielen Fällen unverantwortlich" sei (Henz 1975, 18). Daher verwendet Henz mit Bedacht den Ausdruck „Pädagogik", weil dieser in der Vergangenheit häufig beide Betrachtungsweisen in sich vereinigte.

Die beiden Schlüsselbegriffe des Henzschen Systementwurfs sind *Erziehung* und *Pädagogik*. Beide Begriffe werden zu Beginn des Buches näher erläutert. Der Erziehungsbegriff tritt in diesem Konzept in seiner denkbar weitesten Fassung hervor; denn zu Wirkursachen von Erziehung kann schlechthin alles werden: vom Berufserzieher über Medien, Kultur, Natur bis zu Gott, dem ersten und höchsten Ursachenfaktor. Es bleibt zu fragen, ob ein solch extrem weiter Erziehungsbegriff wissenschaftstheoretisch überhaupt noch brauchbar ist, wenn sein Bedeutungsradius bis zur Unschärfe ausgedehnt und derart metaphysisch überfrachtet wird. Henz selbst hat inzwischen Zweifel bekommen, ob die weite Begriffsfassung heute die Chance hat, von den Fachvertretern akzeptiert zu werden (Henz 1979a, 12). Im übrigen vermag schon die Begründung nicht zu überzeugen, die Henz veranlaßt hat, den funktionalen Erziehungsbegriff allein aus rein pragmatischen Motiven zu favorisieren, weil er „als Arbeits- und Denkgrundlage für möglichst viele Pädagogen akzeptabel sein muß, die auf dem Boden christlich-abendländischen Wertfühlens und Denkens stehen" (Henz 1975, 31). Bei den drei Fundamentalbegriffen „Erziehung", „Pädagogik" und „Erziehungsziel" wird zwar die Mehrdeutigkeit in zwei- oder dreifacher Hinsicht analysierend konstatiert, aber schließlich nichts unternommen, die Termini zumindest für den eigenen Gedankengang eindeutig zu bestimmen.

Keineswegs einsichtig erscheint auch der terminologische Versuch, die Allgemeine Pädagogik als Teildisziplin der Systematischen Pädagogik zu subsumieren; denn die systematische Betrachtungsweise ist neben der historischen und komparativen nur *ein* Aspekt, der ebenso auf andere Teilbereiche wie Schulpädagogik, Sonderpädagogik, Sozialpädagogik u.a. übertragen werden kann. Wenn sich Henz auch scheut, mehrdeutige Begriffe wie die soeben genannten durch eindeutige Bezeichnungen zu ersetzen, so zeigt er sich andererseits nicht verlegen, dort neue Ausdrücke zu prägen, wo es bereits eindeutige Fachbegriffe gibt: z.B. spricht er von „Personation“ im Sinne von Personwerdung, statt von Personalisation (Wurzbacher), von Erleidnissen statt von negativen Erlebnissen, die durch Leid, Schock und Krisen hervorgerufen werden (vgl. Henz 1975, 34ff.; 126).

Was Henz als wissenschaftliche Pädagogik mit eigenen (!) Forschungsmethoden proklamiert, erweist sich bei genauerem Hinsehen als eine normative Pädagogik alten Stils, von der u.a. schon W. Flitner und Th. Ballauff abgerückt waren. Nun macht N. Massner mit Recht für den normativen Charakter einer konfessionell ausgerichteten pädagogischen Theorie die Weltanschauung der betreffenden Glaubenslehre verantwortlich. Wenn Weltanschauung und Glaubenslehre für eine praxisorientierte Erziehungslehre durchaus bedeutsam sein und verhaltensorientierte Aufgaben übernehmen können, so braucht das nicht im gleichen Maße für die Erziehungswissenschaft zuzutreffen. Im Sinne einer modernen Wissenschaftsauffassung unterscheidet hier auch Norbert Massner:

> Bietet eine so verstandene 'Weltanschauung' dem gläubigen Erzieher auch ein festes Richtmaß, so ist für den Erziehungswissenschaftler die Frage unabweisbar, ob sie gleicherweise eine sichere Begründung pädagogischer Theorie darstellt. Da die Weltanschauung ihre Aussagen nicht aus sich zur Evidenz zu bringen vermag, ist die Frage nach dem Geltungsanspruch an die Wissenschaften zu verweisen, die eine Weltanschauung stützen sollen: an die Theologie und an die Philosophie. (Massner 1970, 32)

Eine scharfe Trennung zwischen wissenschaftlicher Aussage einerseits und weltanschaulich abhängiger bzw. glaubensorientierter Praxisanleitung andererseits macht noch keine Verbindung von Glaubensinhalten und pädagogischen Sollensforderungen unmöglich. Im Rahmen einer Erziehungslehre können sie sehr wohl eine vertretbare Einheit bilden. Deshalb ist eine dem christlichen Glauben verpflichtete bzw. konfessionell ausgerichtete Erziehungslehre nicht nur denkbar, sondern für die pädagogische Praxis geradezu notwendig. In der Regel wird sie sich an wissenschaftlichen Forschungsergebnissen orientieren, ohne jedoch zugleich den Anspruch zu erheben, präskriptive mit wissenschaftlichen Aussagen gleichzusetzen oder sie als solche auszugeben.

Wer Henz' ›Lehrbuch der Systematischen Pädagogik‹ aufmerksam liest, dem wird an mancher Stelle die Kluft zwischen den selbst aufgestellten Forderungen und der Beachtung derselben Postulate nicht verborgen bleiben. So werden die wichtigsten Forschungsmethoden im Überblick zu Beginn des Buches vorgestellt. Henz selbst läßt es nur allzuhäufig bei spekulativen Aussagen bewenden und neigt schon gar nicht dazu, sie als solche zu kennzeichnen. Oder der Autor kommt am Ende seiner erkenntnistheoretischen Besinnung auf den ersten Seiten seines Buches zu dem Ergebnis, Analogien oder Metaphern müßten in der wissenschaftlichen Betrachtung kritisch reflektiert oder behutsam angewendet werden bzw. ihre Grenzen sollten „zunehmend bewußt gemacht werden“ (Henz 1975, 25), so dispensiert er sich nur allzuschnell von dieser Forderung, wenn er sich auf wertphilosophisches Terrain begibt oder an anderer Stelle schlicht die anthropologische und soziologische Grundstruktur der Familie beschreiben soll. Die Hauptaufgabe der religiösen Erziehung wird als „Einführung in den Kreis der Agape“ (Henz 1975, 316ff.) beschrieben, die Mutter unnötig als „Urheimat des Kindes“ (Henz 1975, 157) verklärt. Warum bevorzugt Henz so augenfällig die philosophisch-geisteswissenschaftliche Forschungsrichtung, obgleich er auch den empirisch-analytischen Verfahren in seinem Kapitel über Forschungsmethoden einen hohen Erkenntniswert zubilligt?

Schon Wolfgang Brezinka fiel eine solche Diskrepanz zwischen Anspruch und Wirklichkeit in der ersten Auflage des Werkes auf, belegte sie mit einer Reihe von Zitaten und kam zu dem Ergebnis:

> Es überwiegen bei weitem spekulative Aussagen, die der Metaphysik und der katholischen Theologie entlehnt sind; es wird in erster Linie normativ argumentiert; die kritische Begriffsanalyse unterbleibt; empirische Untersuchungen werden kaum herangezogen; Anweisungen für das erzieherische Handeln verdrängen die wissenschaftliche Problemstellung. Wie ist ein so starkes Abweichen von den eigenen Forderungen möglich? (Brezinka 1966, 59)

Henz hat zwar 1971 sein Lehrbuch grundlegend umgearbeitet, aber Brezinkas bedenkenswerte Frage gänzlich außer acht gelassen. So wird der Leser weiterhin einseitig und lückenhaft über relevante Forschungsbefunde der Erziehungswissenschaft sowie ihrer Teil- und Nachbardisziplinen informiert. Ebenso wurde 1975 bei der vierten Auflage des Buches die Chance vertan, eine nach religionsphilosophischen Kriterien bestimmte Erziehungslehre neu zu begründen. Henz' Strukturkonzept der Systematischen Pädagogik enthält durchaus einige interessante Vorschläge für die Bezeichnung einiger beachtlicher Schwerpunkte (z.B. Fundamentalpädagogik, Pädagogische Pragmatologie); im ganzen überwiegen jedoch die kritischen Einwände, von denen nur die wichtigsten in unserem Zusammenhang dargelegt werden konnten. Vielleicht fordern sie diesmal Hubert Henz heraus, seine Systematische Pädagogik grundlegend zu überarbeiten.

Literatur

Quellen

Henz, H.: Ermutigung – ein Prinzip der Erziehung. Freiburg ^{2}1964.

Ders.: Lehrbuch der Systematischen Pädagogik. Freiburg ^{1}1964, ^{3}1971, ^{4}1975.

Ders.: Bezugssysteme politischer Bildung. Freiburg 1974.

Ders.: Grundwissen Pädagogik. Freiburg 1979. (1979a)

Ders.: „Positive" Mittel, „Negative" Mittel. Aus: H. Beck (Hrsg.), Philosophie der Erziehung. Freiburg 1979, S. 203–213. (1979b)

Schrifttum

Brezinka, W.: Die Krise der wissenschaftlichen Pädagogik. In: Zeitschrift für Pädagogik 12 (1966), S. 53–88.

Ders.: Metatheorie der Erziehung. München ^{4}1978.

Eggersdorfer, F. X.: Jugenderziehung. München 1962.

Erlinghagen, K.: Pädagogik und kirchliche Wissenschaft. Aus: H. Röhrs (Hrsg.), Die Erziehungswissenschaft und die Pluralität ihrer Konzepte. Wiesbaden 1979, S. 279–286.

Göttler, J.: System der Pädagogik. München ^{12}1964.

Massner, N.: Normative Pädagogik im Umbruch. München 1970.

Schneider, F.: Einführung in die Erziehungswissenschaft. Graz 1948.

Weinschenk, R.: F. X. Eggersdorfer und sein System der Allgemeinen Erziehungslehre. Paderborn 1972.

Willmann, O.: Didaktik als Bildungslehre nach ihren Beziehungen zur Sozialforschung und zur Geschichte der Bildung. Freiburg ^{6}1957.

Xochellis, P.: Pädagogische Grundbegriffe. München 1973.

3. NEUERE ANSÄTZE ZU EINER SYSTEMATISCHEN BETRACHTUNGSWEISE DER ALLGEMEINEN PÄDAGOGIK

3.1. Überblick

Die Kritik an den zeitgenössischen Monographien zur Systematischen Pädagogik führte bei den pädagogischen Systematikern zu einer längeren Denkpause, die von einigen Vertretern der Allgemeinen Pädagogik dazu genutzt wurde, neue Theorieansätze zu entwickeln.

W. Brezinka, einer der namhaftesten Kritiker einer sich weltanschaulich abhängig verstehenden Systematischen Pädagogik, leistete seit eineinhalb Jahrzehnten in seinen Abhandlungen als Vertreter des Kritischen Rationalismus und Konstruktivismus wichtige Vorarbeiten zu einem Kategoriensystem, das er selbst nur als Vorstufe für einen umfassenden Entwurf eines erziehungswissenschaftlichen Systems ansieht.

Demgegenüber gelangt der empirische Rationalist K. J. Klauer zu einem Begriffssystem, das sich auf wenige Grundbegriffe beschränkt und sich in wesentlichen Merkmalen von Brezinkas Aussagen unterscheidet. Da Klauer seinen Erziehungsbegriff auffällig weiter faßt als Brezinka und beim pädagogischen Wissenschaftsbegriff ebenfalls zu einem anderen Ergebnis kommt, wird auch auf diesen begriffssystematischen Ansatz eingegangen.

Etwa zur gleichen Zeit wie Brezinka und Klauer hat sich K. Schaller Gedanken gemacht, ob der Allgemeinen Pädagogik wieder zu einem System verholfen werden kann. In der Nachfolge der von Th. Ballauff entwickelten „Pädagogik der Entsprechung“ und bei weiterer Berücksichtigung des interaktionistischen Paradigmas und einiger Fundamentalbegriffe der Kritischen Theorie bemüht er sich um einen allgemeinpädagogisch orientierten Systemversuch, den er selbst mit der „Pädagogik der Kommunikation“ bzw. der „Kommunikativen Pädagogik“ gleichsetzt. Da Schaller explizite den Anspruch erhebt, mit dem Lehrbuch ›Einführung in die Kommunikative Pädagogik‹ eine zeitgemäße Systematische Pädagogik vorzulegen, erscheint es selbstverständlich, daß auch dieser Beitrag unsere besondere Aufmerksamkeit verdient. Andere Autoren, die ähnlich wie Schaller in ihren Arbeiten auf Elemente der Kritischen Theorie (Frankfurter Schule) zurückgreifen und zu den hier in Rede stehenden Kategorien Aussagen gemacht haben (z. B. K. Mollenhauer, H.-J. Gamm), brauchen schon deshalb nicht berücksichtigt zu werden, weil sie sich gegen die Systematisierungsabsicht oder überhaupt gegen eine Systematische Pädagogik ausgesprochen haben.

Das folgende Kapitel beginnt mit Brezinkas kritisch-rationalistischem Ansatz zu einer Neukonzeption der Systematischen Pädagogik nicht nur wegen des beinahe nahtlosen Übergangs zwischen beiden Kapiteln, sondern weil Brezinka auch bereits Ende der sechziger Jahre die ersten Beiträge zu einem Neuansatz der Systematischen Pädagogik veröffentlicht hat.

3.2. Der kritisch-rationalistische Ansatz

Der Kritische Rationalismus ist eine moderne wissenschaftstheoretische Hauptrichtung, die von der Mitte der sechziger Jahre an eine größere Zahl von Erziehungswissenschaftlern in der Bundesrepublik Deutschland bei der Neukonzeption der Erziehungswissenschaft entscheidend beeinflußt hat. Zu seinen Begründern und Hauptvertretern zählen der englische Philosoph Karl R. Popper und der deutsche Soziologe Hans Albert. Sie entwickelten die Leitlinien für ein in zahlreichen Disziplinen beachtetes Wissenschaftsprogramm, das hier nur in seinen bedeutendsten Merkmalen skizziert werden soll.

Der Kritische Rationalismus

– betrachtet Wissenschaft als ein System von Sätzen über einen konkreten Forschungsbereich. Nach seinem Verständnis gehört es zu den wichtigsten Aufgaben wissenschaftlicher Erkenntnisfindung, Wirklichkeit, wie sie sich dem Forscher zu erkennen gibt, zu beschreiben und zu erklären in der Absicht, gegebenenfalls Voraussagen über den Gegenstandsbereich zu machen;

– bedient sich zur Begründung, Überprüfung und Anerkennung von Aussagensystemen bestimmter Prinzipien, über die man sich bereits geeinigt hat. Die drei zentralen Grundsätze kritisch-rationalistischer Erkenntnisgewinnung sind: Deduktion, Falsifikation und Wertfreiheit. Wer sich zum Kritischen Rationalismus bekennt, anerkennt gleichzeitig diese Grundaspekte für sein wissenschaftliches Arbeiten;

– ist erstens charakterisiert durch das Deduktionsprinzip. Es leitet im Gegensatz zum Induktionsprinzip nicht die Theorien und Basissätze aus den empirisch gewonnenen Einzelaussagen her, sondern überprüft vorgegebene und operationalisierte Hypothesen bzw. Theorien mit Hilfe methodologisch eindeutiger Regeln und erfahrungswissenschaftlicher Verfahren auf ihre Gültigkeit. Der Kritische Rationalismus verfährt umgekehrt wie der klassische Induktionismus und der naive Empirismus. Die Deduktion geht nämlich der Wirklichkeitsbegegnung voraus. Die Gewinnung und

Überprüfung von wissenschaftlichen Hypothesen gehört zu seinem ersten und unverzichtbaren Geschäft. In diesem Stadium des Erkenntnisinteresses erfolgt bewußt die Trennung von Entdeckungs- und Begründungszusammenhang;

– überprüft zweitens wissenschaftliche Hypothesen, die Aussagen über Gesetzmäßigkeiten enthalten, *intersubjektiv* nach dem Falsifikationsprinzip, indem diese sich nicht nur durch gezieltes Beobachten, sondern auch experimentell zu bewähren haben. Eine ältere Hypothese gilt erst dann als falsifiziert, wenn eine andere, die zu dieser nachweisbar in deutlichem Widerspruch steht, sich bewährt hat;

– beansprucht drittens für seine Aussagensysteme Wertfreiheit. Dies bedeutet, daß alle vom Kritischen Rationalismus als wissenschaftlich anzuerkennenden Aussagen frei von Normvorstellungen, Sollensforderungen und subjektiven Zielsetzungen sein müssen, weil sie andernfalls unweigerlich in Ideologie abgleiten würden und so keinen Anspruch auf Gesetzmäßigkeit und Basissätze erheben könnten. Dadurch entzögen sie sich ebenso der interdisziplinären Überprüfbarkeit. Theorien sagen nur etwas darüber aus, daß etwas *ist,* nicht daß etwas sein soll. Die Kritischen Rationalisten schließen sich hier der Auffassung von M. Weber an, die schließlich in den sechziger Jahren mit Vertretern der Kritischen Theorie (Adorno, Habermas) kontrovers erörtert (→ Positivismusstreit) wurde.

Dieses im ganzen recht übersichtliche und verständliche Wissenschaftsprogramm wurde zuerst von W. Brezinka, L. Rössner und F. v. Cube, die sich in ihren Publikationen ausdrücklich zu ihm bekennen, auf den Bereich der Erziehungswissenschaft übertragen. Während Brezinka in seinen neueren Arbeiten den eigenen wissenschaftstheoretischen Ansatz dem Konstruktivismus zurechnet und unter ihm die „Synthese aus dem Rationalismus, dem Empirismus und dem Pragmatismus" versteht, ohne sich vom Kritischen Rationalismus allzuweit zu entfernen, entwickelt Rössner in seinen neuesten Arbeiten die Erziehungswissenschaft zu einer technologischen Disziplin weiter. v. Cube hat den kritisch-rationalistischen Denkansatz bisher am konsequentesten auf die systematische Erziehungstheorie angewendet, indem er u.a. für eine Eliminierung aller allgemeinen Erziehungsziele aus dem wissenschaftlichen Kontext plädiert und sie eher als eine Angelegenheit der Politik und der Politiker betrachtet.

Da Wolfgang Brezinka sein wissenschaftstheoretisches Programm der Erziehungswissenschaft am detailliertesten dargestellt und in den letzten Jahren weiterentwickelt hat mit der Intention, sie als „Vorarbeit für den Entwurf eines Systems der Erziehungswissenschaft" (Brezinka 1978, VII) zu betrachten, wird im folgenden auf sein metatheoretisches Konzept eingegangen, wobei die Fundamentalbegriffe der Erziehungstheorie, Erziehungswissenschaft, Erziehung, Erziehungsziel, im Mittelpunkt der Ausführungen stehen werden.

3.2.1. W. Brezinkas metatheoretisches Konzept

Angesichts der Unzulänglichkeiten zahlreicher normativ-deskriptiver und weltanschaulich-präskriptiver Satzsysteme von Erziehung sieht sich Wolfgang Brezinka (geb. 1928) herausgefordert, den theoretischen Zusammenhang von Erziehung neu zu konzipieren. Ausgangspunkt ist die Problematisierung des Pädagogikbegriffs, der nur noch für den Bereich der Erziehungspraxis beibehalten wird, während die Erziehungstheorie im Verständnis der kritisch-rationalistischen Wissenschaftstheorie zu einer empirischen Sozialwissenschaft entwickelt werden soll. Begriffsanalytische Klärungen unter Anwendung eines strengen Explikationsverfahrens führen zu Grundaussagen der *Erziehungswissenschaft.* Von besonderem Interesse dürften auch der *Erziehungs-* und *Erziehungszielbegriff* sein.

Erziehungswissenschaft als empirische Sozialwissenschaft

Brezinka lehnt den Terminus „Pädagogik" als globale Bezeichnung für die Erziehungstheorie mit wissenschaftlichem Anspruch ab. Zwischen Pädagogik als praxisorientierter Erziehungslehre und der Erziehungswissenschaft als reiner Realwissenschaft gilt es sorgfältig zu unterscheiden. Um der begrifflichen Sauberkeit willen ist es notwendig, Theorie und Praxis im Erziehungszusammenhang deutlich voneinander abzugrenzen; denn die Mehrdeutigkeit eines Grundbegriffs darf nicht mehr geduldet werden.

Der Konstanzer Metatheoretiker entwirft nun ein Konzept der Allgemeinen Pädagogik als ein mehr oder weniger stark voneinander abhängiges Bezugsfeld von Aussagensystemen vor dem Hintergrund kritisch-rationalistischer Wissenschaftsbetrachtung. Wenn Brezinka sich heute als ein Anhänger des Konstruktivismus versteht, so begreift er ihn als einen weiterentwickelten Empirismus, wie ihn schon vor ihm Viktor Kraft als eine Variante Analytischer Philosophie beschrieben hat. Nach Auffassung des Konstruktivisten kommt „die Erkenntnis der Wirklichkeit weder allein aus Beobachtungsergebnissen (Induktivismus, klassischer Neopositivismus) noch allein aus erfahrungsunabhängigen Vernunftseinsichten (Apriorismus, klassischer Rationalismus)" (Brezinka 1978, 35) zustande. Sie wird vielmehr und primär durch „konstruktive Hypothesen" herbeigeführt, die der empirischen Prüfung unterliegen.

Mit den Kritischen Rationalisten K. R. Popper und H. Albert ist sich Brezinka einig, daß sich der Wissenschaftler bei den von ihm als wissenschaftlich deklarierten Aussagen des Werturteils und der Sollensforderungen zu enthalten habe. Sobald er wertet und postuliert, verläßt er den Boden strenger Wissenschaftlichkeit. Wissenschaft führt vornehmlich zu Erkenntnissen, die so lange Gültigkeit haben, bis sie unzweifelhaft widerlegt worden sind. Nach Popper werden sie ja nicht verifiziert, sondern in einem intersubjektiv überprüfbaren Verfahren falsifiziert. Das Falsifikationsmodell ist jedoch in der Philosophie nicht unumstritten. Insbesondere W. Stegmüller (1971) hat sich mit ihm kritisch auseinandergesetzt. Allgemein kann im Sinne Brezinkas gesagt werden: Wissenschaft sagt nicht aus, was sein soll, sondern was *ist,* was einer rationalen Klärung und intersubjektiven Prüfung zugänglich ist. Sie bleibt daher auf erfahrungswissenschaftliche Methoden angewiesen.

Dieses Wissenschaftsverständnis dient Brezinka zum Ausgangspunkt für eine Neubesinnung und -bestimmung der pädagogischen Theorie. Wenn man unter „Theorie“ „eine Lehre oder ein System von Lehrmeinungen über einen bestimmten Gegenstand versteht“, so ist es sogar möglich, von unterschiedlichen Theorien der Erziehung zu sprechen. Brezinka unterscheidet zwischen wissenschaftlichen, philosophischen und praktischen Theorien der Erziehung und gelangt so – wie er glaubt – zu drei fachspezifischen Satzsystemen. Sie werden der „Erziehungswissenschaft“, „Philosophie der Erziehung“ und der „Praktischen Pädagogik“ zugeordnet. Das läßt sich graphisch wie folgt darstellen:

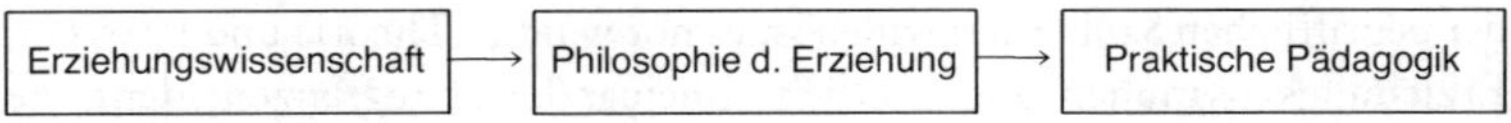

Abb. 8

Brezinka glaubt also dem modernen Wissenschaftsverständnis in der Erziehungstheorie dadurch Rechnung zu tragen, daß er die Einheit der erziehungswissenschaftlichen Fragestellung aufgibt und der reinen Erziehungswissenschaft zwei unter wissenschaftlichem Aspekt ungleichwertige Satzsysteme an die Seite stellt. Zweifellos handelt es sich hierbei um eine differenzierte Betrachtungsweise der pädagogischen Theorie. Vermag sie aber auch der pädagogischen Praxis zu nützen? Die Frage macht es notwendig, auf die einzelnen Satzsysteme einzugehen.

Erziehungswissenschaft

Allgemeiner Gegenstand der Erziehungswissenschaft ist die Erziehungswirklichkeit oder die Erziehung, wie sie sich in ihren vielfältigen

Bereichen tatsächlich ereignet. Eine solche abstrakte und im Grunde inhaltsarme Aussage ergänzt Brezinka durch die Nennung mehrerer „Hauptgegenstände". Zu ihnen gehören: Ziele oder Zwecke der Erziehung (Ideale), soweit sie in der Erziehungswirklichkeit bzw. den Quellentexten vorgefunden werden, die Erzieher, die Zu-Erziehenden (Educanden), die Erziehungsmaßnahmen und die Erziehungsinstitutionen. Zusammenfassend sind sie als Erziehungsinstitutionen oder Erziehungsfelder anzusprechen, die in sich ungemein komplex und deshalb nicht leicht zu erforschen sind. Außerdem kommen noch jene Bereiche hinzu, die sich nicht als ausgesprochene Erziehungsphänomene bestimmen lassen, sondern es als Phänomene nur am Rande mit den Fragen der Erziehung zu tun haben. Brezinka denkt hier konkret an fachübergreifende Fragestellungen wie beispielsweise die der kulturellen, gesellschaftlichen, interaktionalen und personalen Sichtweise der Erziehung.

Der Erziehungswissenschaft im strengen Sinne fallen drei zentrale Aufgaben zu: die Beschreibung (Deskription), Erklärung und Prognose der Erziehungswirklichkeit.

Die *Beschreibung* der Erziehungsphänomene ist die erste und unverzichtbare Voraussetzung für eine Erforschung der erziehlichen Wirklichkeitsbereiche; ihr schließt sich die *Erklärung* der aufgewiesenen Erziehungsphänomene an. Zu den Grundfragen einer deskriptiv-analytischen Erziehungswissenschaft gehören: „Was ist?", „Wie ist es?", „Warum ist es so?" Wenn es, um mit R. Lochner zu sprechen, der Zweck der Erziehungswissenschaft sei, zu der „Erkenntnis der Gegebenheiten" zu gelangen, so ist Brezinkas Betonung der kausal-analytischen Fragestellung heutiger Erziehungswissenschaft ein weiteres Desiderat. Brezinka plädiert aus der Sicht seines spezifischen Erziehungsbegriffs für die Betonung des Ursache-Wirkung- und Zweck-Mittel-Zusammenhangs innerhalb erziehungswissenschaftlicher Forschung. So ist die Erziehungswissenschaft „nicht eine nur Tatsachen beschreibende, sondern eine teleologisch-kausalanalytische Wissenschaft" (Brezinka 1978, 60). Ihre teleologische Blickrichtung aktualisiert zugleich den prognostischen Fragenkomplex. Brezinka hält die *Prognose* für die erziehungswissenschaftliche Fragestellung für durchaus angemessen, „ohne über Seiendes hinauszugehen und Sollensforderungen oder Normen zu setzen". Denn „die Frage ‚Was *kann* getan werden, um diesen bestimmten Zweck zu verwirklichen?' ist eine auf die Wirklichkeit oder das Sein bezogene Frage, die in der empirischen Erziehungswissenschaft nicht nur zulässig ist, sondern zu ihren zentralen Fragen gehört" (Brezinka 1978, 59f.).

In Ansehung dieser Prämissen und Betrachtungsweisen läßt sich die Erziehungswissenschaft in die Gruppe der deskriptiv-wertfreien Wissenschaften einreihen. Da die Erziehung nach Brezinkas eigenem Verständnis primär aus *sozialen* Handlungen besteht, erscheint es ihm zweckmäßig, die Wissenschaft von der Erziehung als empirische Sozialwissenschaft zu kennzeichnen. Die so verstandene Erziehungswissenschaft grenzt sich insbesondere von jeder weltanschaulich gefärbten Pädagogik ab, also von den Schattierungen einer konfessionellen, politischen, marxistischen und emanzipatorischen Erziehungsauffassung.

Den Gegenstand der Erziehungswissenschaft erfaßt man erst ganz, wenn die Erziehungssituationen und -phänomene in der Gegenwart, aber auch in der Vergangenheit erforscht werden. So werden die historischen Tatsachen in der Einzelforschung beschrieben und erklärt. Als Schwerpunkte und genuine Aufgabenbereiche der Erziehungswissenschaft nennt Brezinka:
- die theoretische oder nomothetische Erziehungswissenschaft
- die Historiographie der Erziehung.

Die nomothetische Erziehungswissenschaft

Als erstes zentrales Aufgabenfeld der Erziehungswissenschaft ist all das anzusehen, was in der traditionellen Erziehungstheorie als „Systematische Pädagogik" bezeichnet worden ist. Eine „Systematische Erziehungswissenschaft" vor dem Hintergrund einer kritisch-rationalistischen Standortbestimmung hätte die Aufgabe, Gesetzmäßigkeiten erzieherischen Handelns in Erfahrung zu bringen, Hypothesen zu entwickeln und Theorien zu prüfen. Brezinka spricht sich aber ausdrücklich gegen die Bezeichnung „Systematisch" aus, um nicht schon vom Namen her die Assoziation zu den älteren normativen Erziehungslehren herzustellen, und geht im übrigen davon aus, daß jedes wissenschaftliche Satzsystem Anspruch auf einen systematischen Kontext erhebt und deshalb nicht als typisch für eine Teildisziplin der Erziehungswissenschaft angesehen werden kann. Obgleich auch die Bezeichnung „theoretische" Erziehungswissenschaft wegen der allgemeinen Bedeutung des Begriffs zu Mißverständnissen führen kann, hat Brezinka keine Bedenken, dieses Adjektiv zu verwenden. Es besteht indes kein Zweifel, daß er am liebsten von der „nomothetischen Erziehungswissenschaft" sprechen würde, weil das aus dem Griechischen stammende Wort „nomothetisch" die eigentliche Funktion des Satzsystems, Gesetze aufzustellen bzw. zu solchen hinzuführen, treffend signalisiert (vgl. Brezinka 1978, 107f.). Im Gegensatz zur bisherigen Terminologie, die „Geschichte der Pädagogik" bevorzugte, entschließt sich Brezinka, ebenso für die historische Betrachtung der Erziehungswissenschaft einen neuen Ausdruck in die Fachsprache einzuführen. Die Teildisziplin, die die vergangenen Erziehungsphänomene erforscht, nennt er „Historiographie der Erziehung".

Die Historiographie der Erziehung

Wie die nomothetische Erziehungswissenschaft bemüht sich die Historiographie der Erziehung um das Auffinden allgemeiner Gesetzmäßigkeiten im Verständnis des kausalen oder teleologischen Zusammenhangs. Anders als die nomothetisch orientierte Erziehungswissenschaft findet sie ihren Gegenstand in der Vergangenheit vor, woraus ihr zusätzliche Schwierigkeiten hinsichtlich ihrer Quellenauswahl und der angemessenen Interpretation der Quellentexte erwachsen. Der spezifische Forschungsgegenstand der Historiographie der Erziehung liegt sowohl in der „Feststellung vergangener Ereignisse im Erziehungsbereich" wie in der „Rekonstruktion vergangener Erziehung" (Brezinka 1978, 107). Beide Teildisziplinen unterscheiden sich hinsichtlich ihrer Betrachtungsweise und ihrer Verfahren. Sie können sich jedoch fruchtbar ergänzen. Ihre Ergebnisse beeinflussen den Begründungszusammenhang pädagogischer Technologien.

Philosophie der Erziehung

Auch die „Philosophie der Erziehung" faßt W. Brezinka als ein System von Sätzen im Blick auf Erziehung auf; diese Sätze beziehen sich aber nicht auf den Denkvorgang, sondern auf die Ergebnisse des Philosophierens. Bevorzugter Gegenstand ist die Erörterung der wissenschaftstheoretischen Grundlagen und der weltanschaulich-normativen Voraussetzungen der Erziehung. Zu den Aufgaben der Philosophie der Erziehung gehört die Begründung und Auswahl von Erziehungszielen ebenso wie die Entwicklung einer Ethik für Erzieher.

Schwerpunkte sind hier:

- die normative Philosophie der Erziehungsziele und ihrer Metatheorie;
- die normative Ethik für Erzieher und die normative Philosophie der Lehrinhalte und der Erziehungsorganisation.

Praktische Pädagogik

Die „Praktische Pädagogik" verfolgt als drittes spezifisches Satzsystem der Erziehung keinen wissenschaftlichen oder philosophisch-spekulativen, sondern einen auf erzieherisches Handeln unmittelbar bezogenen Zweck. Unter Beachtung der besonderen Aufgaben der Erziehung soll sie den Erziehern ein praxisbezogenes Wissen vermitteln. Ihre Betrachtungsweise ist deskriptiv-normativ und häufig auch präskriptiv, d. h., sie gibt wegweisende Hilfen für den Erziehungsalltag. Solche Aussagen bleiben in besonderem Maße gesellschaftlich, kulturell, institutionell abhängig und an die Erziehungssituation und die Erzieher gebunden. Die Praktische Pädagogik wertet und schreibt vor und berücksichtigt die Aussagen der Erziehungswissenschaft und Philosophie der Erziehung.

Erziehung als erzieherisches Handeln

Gegenstand aller Satzsysteme und Theorien der Erziehung ist stets die Erziehung in ihrer komplexen Grundstruktur. Die Erziehungswissenschaft betrachtet die Erziehung als Tatsache, die Praktische Pädagogik als Aufgabe, die Angaben darüber macht, wie am besten erzogen werden soll, und die Philosophie der Erziehung bemüht sich um eine Klärung der erzieherischen Zielsetzungen und der pädagogischen Grundbegriffe, vornehmlich des Erziehungsbegriffs.

Erziehung wird von Brezinka als eine besondere Art von Handlungen bestimmt. Diese Handlungen, die immer bewußt und zweckrational angestrebt werden, sind auf Mitmenschen bezogen und daher nach M. Weber als mitmenschlich oder sozial zu klassifizieren. Erziehung ist demnach ein Vorgang, der soziale Handlungen umfaßt, die es noch zu spezifizieren gilt. Die „differentia specifica" ergibt sich aus dem Zweck der Erziehung, der allgemein in der bewußten Beeinflussung und verantwortungsbewußten Veränderung der Persönlichkeit eines anderen Menschen erblickt werden kann. Konkret gefaßt wird erzieherisches Handeln von dem Zweck geleitet, wie Brezinka immer wieder hervorhebt, die „psychischen Dispositionen" anderer Menschen aufzubauen, zu erhalten, zu ändern (dauerhaft zu verbessern) oder auch zu verhüten. Der Begriff der psychischen Dispositionen meint „eine relativ dauerhafte Bereitschaft zum Vollzug bestimmter Erlebnisse oder Verhaltensweisen...", „die dem flüchtigen Erleben und Verhalten zugrundeliegend gedacht wird" (Brezinka 1978, 43). Hierbei ist insbesondere zu denken an Fähigkeiten, Fertigkeiten, Haltungen, Gesinnungen, Überzeugungen und Erkenntnisse. Es handelt sich hier also um grundverschiedene Erlebnis- und Verhaltensbereitschaften. Ebenso unterschiedlich ist auch die Intention der erzieherischen Einflußnahme. Der Zweck der erzieherischen Handlungen kann sein, die psychischen Dispositionen:

a) aufzubauen, zu erhalten, zu stärken, auszubauen, zu erweitern;
b) zu schwächen, abzubauen, zu beseitigen;
c) zu verhüten.

Brezinka definiert:

> Unter Erziehung werden Handlungen verstanden, durch die Menschen versuchen, das Gefüge der psychischen Dispositionen anderer Menschen in irgendeiner Hinsicht dauerhaft zu verbessern oder seine als wertvoll beurteilten Komponenten zu erhalten oder die Entstehung von Dispositionen, die als schlecht bewertet werden, zu verhüten. (Brezinka 1978, 45)

Ein solcher Erziehungsbegriff, der durch den Handlungsbegriff im wesentlichen bestimmt wird, bleibt auf bewußte, zielgerichtete und zweckrationale Aktivitäten eingegrenzt. Erziehung ist ein sozialer Akt, der im Dienste eines Zweckes steht: Lernprozesse einzuleiten, zu überwachen und zu überprüfen in der Absicht, andere Menschen in irgendeiner Hinsicht zu fördern, so daß diese Förderung ihnen selbst und der Gruppe, der sie angehören, zum Vorteil gereicht.

Bei dem von Brezinka vertretenen engeren Erziehungsbegriff ist zu betonen:

- Erzieherisches Handeln intendiert eine Förderabsicht, die sich im Verändern, Erhalten und Verhüten zu erkennen gibt;
- Erziehungsobjekt (Adressat) der Erziehung sind Menschen in jedem Lebensalter;
- Erzieher kann jeder Mensch sein, der gemäß der Erziehungsdefinition handelt. Somit muß auch das traditionelle Erzieher-Zögling-Modell durch ein allgemeineres und zugleich dynamischeres ersetzt werden.

Erziehung läßt sich also nach Brezinka schematisch so darstellen (P =Person):

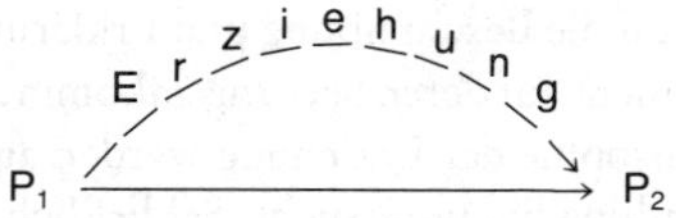

Abb. 9

Die Abbildung verdeutlicht: Eine Person (P_1) wirkt auf eine andere Person (P_2) mit der Absicht ein, daß sich bei dieser kurz- oder langfristig Erziehung ereignet.

Alle anderen Beeinflussungsmomente, die über den Brezinkaschen Erziehungsbegriff hinausgehen, werden durch den Lernbegriff abgedeckt. Denn Lernen ist nach Aussage des Konstanzer Metatheoretikers „ein psychischer Vorgang..., der durch Erfahrung zum Neuerwerb oder zur Veränderung der psychischen Dispositionen für ein bestimmtes Erleben oder Verhalten führt“ (Brezinka 1974, 179).

Lernen tritt uns hier als Prozeßbegriff entgegen, wobei dieser Vorgang als innerpsychisch aufgefaßt wird und über interpersonale Einflüsse hinausgeht. Der intrapersonale Prozeß kann sowohl bewußt herbeigeführt als auch unbeabsichtigt ausgelöst werden. Als Auslösefaktor kommt grundsätzlich alles in Betracht, was in unserer Welt vorfindbar ist. So wird Brezinkas Lernbegriff zu einer entscheidenden Komplementärkategorie für das Phänomen, das er Erziehung nennt. Mit Lernen wird weitgehend das umschrieben, was andere Autoren Erziehung im weiteren Sinne genannt haben.

Das Erziehungsziel – eine Formalbestimmung

In engem Zusammenhang mit dem Erziehungsbegriff steht der Erziehungszielbegriff; denn Erziehung zielt ja stets auf die Veränderung, Beibehaltung oder Verhütung eines Zustandes beim Zu-Erziehenden ab. Durch zweckrationales Handeln strebt sie beim Educanden einen Zustand an, der sich in irgendeiner Weise auf den Ziel- oder Soll-Aspekt einer psychischen Disposition oder auch des psychischen Dispositionsgefüges bezieht.

Da Erziehung und Erziehungsziel begrifflich zusammengehören, kann das Erziehungsziel wie Erziehung zum Gegenstand der drei erziehungstheoretischen Satzsysteme werden: der Erziehungswissenschaft, Philosophie der Erziehung und der Praktischen Pädagogik.

Erziehungsziele sind als Gegenstand der Erziehungswissenschaft anzusehen, wenn sie als Gegebenheiten in der Vergangenheit und Gegenwart (z. B. Bildungsideale vergangener Epochen, Erziehungsziele in Bildungsplänen, Curricula und Landesverfassungen) erforscht werden. Es wird deutlich, daß es hier auf die Beschreibung und Erklärung bereits formulierter Zielaussagen und nicht auf deren Setzung ankommt. Erziehungsziele als Gegenstand der Philosophie der Erziehung werden auf ihre Normativität, Auswahl und Begründung hin untersucht. Schließlich fällt der Praktischen Pädagogik die Aufgabe zu, Aussagen zu der für die Erziehungswirklichkeit gewichtigen Frage zu machen, wie erzogen werden *soll.* Bei den entsprechenden Formulierungen handelt es sich um Vorschriften oder Normen für das erzieherische Handeln. Es soll entweder im Blick auf die Persönlichkeit des Educanden etwas getan oder unterlassen werden.

Als ausgesprochen formal ist Brezinkas Versuch zu bezeichnen, das Erziehungsziel in einem allgemeinen Sinne zu bestimmen, wie das Explikat zu erkennen gibt:

> Unter einem Erziehungsziel wird eine Norm verstanden, die eine für Educanden als Ideal gesetzte psychische Disposition (oder ein Dispositionsgefüge) beschreibt und vom Erzieher fordert, er solle so handeln, daß der Educand befähigt wird, dieses Ideal soweit wie möglich zu verwirklichen. (Brezinka 1974, 155)

Der Erziehungszielbegriff wird von Brezinka immerhin für so bedeutsam gehalten, daß er ihm die gleiche Aufmerksamkeit schenkt wie anderen Grundbegriffen. Offen bleibt indes die Frage, ob es ihm gelungen ist, die von ihm explizierten Begriffe so zu klären, daß sie als Ausgangspunkt für ein System der Erziehungswissenschaft, das von möglichst vielen Erziehungswissenschaftlern akzeptiert werden kann, in Frage kommen. Einige im folgenden geäußerte Kritikpunkte tragen möglicherweise zur Beantwortung dieser Frage bei.

3.2.2. Kritische Anmerkungen

W. Brezinkas *realwissenschaftliches Theoriemodell* von Erziehung orientiert sich am strengen Wissenschaftsverständnis der Analytischen Philosophie, insbesondere des Kritischen Rationalismus (Popper, Albert) und in Weiterführung dieses Ansatzes des Konstruktivismus (Kraft, Brezinka). Alle bisher erschienenen vier Auflagen der ›Metatheorie der Erziehung‹ haben nicht wenige Erziehungswissenschaftler zu kontroversen und polemischen Stellungnahmen herausgefordert. Der Grund für die Heftigkeit der vorgebrachten Einwände mag darin liegen, daß Brezinka mit der herkömmlichen Auffassung von Pädagogik/Erziehungswissenschaft bricht und für ein Wissenschaftsprogramm eintritt, das für andere wissenschaftstheoretische Positionen nur noch wenig oder keinen Raum mehr läßt. Daher ist verständlich, daß alle diejenigen Erziehungswissenschaftler, die sich nicht zum Kritischen Rationalismus bekennen, die beanspruchte Monopolstellung dieses Ansatzes ablehnen und überdies keine Möglichkeit sehen, ihr eigenes wissenschaftstheoretisches Konzept einzubringen.

Trotz einer gewissen Modernität, die man Brezinkas pädagogischem Theorieentwurf nicht absprechen kann, ergeben sich Zweifel, ob sich eine derartige Aufspaltung der Erziehungstheorie in drei erheblich voneinander abweichende Satzsysteme überhaupt realisieren läßt. Zudem wäre zu klären, ob die vorgeschlagene Trennung von theoriegeleiteter Erziehungswissenschaft und praxisbezogener Erziehungslehre sinnvoll und wünschenswert ist. Dem ersten Satzsystem der reinen Wissenschaft stehen zwei andere Satzsysteme, Philosophie der Erziehung und Praktische Pädagogik, gegenüber, die eigentlich der ständigen Rückkoppelung im Blick auf wissenschaftlich abgesicherte Aussagen bedürfen. Die von Brezinka beabsichtigte Kluft zwischen Erziehungstheorie und Erziehungspraxis dürfte für beide Bereiche, über deren komplementären Charakter wohl nicht gestritten zu werden braucht, verhängnisvoll sein. Der Erziehungswissenschaft drohte die Gefahr, sich auf reines Theoriebewußtsein zurückzuziehen, während die Praktische Pädagogik ohne Rückbindung an wissenschaftliche Erkenntnisse in Technologie und Rezeptologie absinken würde.

Aber selbst aus der Sicht kritisch-rationalistischer Wissenschaftstheorie ist Brezinkas Dreiteilung kritisierbar, wenn man die drei propagierten Satzsysteme mit dem anspruchsvollen Wissenschaftsprogramm vergleicht. So stellt A. Zirz fest:

Auf der Basis des Kritischen Rationalismus kann es neben einer rationalistischen Erziehungswissenschaft keine Philosophie der Erziehung geben, die ebenfalls „erzieherische und erziehungstheoretische Probleme" [Zitat v. Brezinka, d. Vf.] löst.

Wenn sowohl die Erziehungswissenschaft als auch die Philosophie der Erziehung Probleme, die die Erziehung betreffen, löst, ist die Unterscheidung in zwei gesonderte Disziplinen unnötig. Leistet aber die Philosophie der Erziehung etwas anderes als eine rationalistische Erziehungswissenschaft, kann sie keine wertfreien und intersubjektiv nachprüfbaren Aussagen liefern. Die klare Trennung der beiden Bereiche müßte auf jeden Fall noch herausgearbeitet werden. Ähnliche Probleme ergeben sich bei der Trennung zwischen Erziehungswissenschaft und der von Brezinka postulierten 'Praktischen Pädagogik'. (Zirz 1979, 140)

Brezinka glaubt, durch die Aufteilung der Erziehungstheorie in drei wissenschaftstheoretisch ungleiche Satzsysteme die analytisch-empirische Erziehungswissenschaft einerseits und die praxisbezogene Erziehungslehre andererseits retten zu können, erreicht aber durch eine solche künstliche Operation weder das eine noch das andere. Was übrigbleibt, gleicht einem erziehungstheoretischen Scherbenhaufen; den einen erscheint Brezinkas erziehungstheoretisches Drei-Bedeutungsklassen-Modell zu wenig ausgereift, den anderen forschungsmethodisch und erziehungspraktisch ohne jede Relevanz. Es braucht daher nicht zu wundern, wenn es dem Metatheoretiker selbst nicht gelingt, die drei konstruierten Satzsysteme nach ihrer Einzelanalyse wieder zu einer Gesamttheorie zusammenzufügen.

Angesichts einer solchen Vorgehensweise ist auch zu fragen, ob sich das wissenschaftstheoretische Programm des Kritischen Rationalismus bzw. Konstruktivismus ohne weiteres auf den erziehungstheoretischen Zusammenhang übertragen läßt. Die Schwierigkeiten, die sich jedenfalls bei einer direkten Anwendung ergeben, sind kaum zu übersehen und in mehreren Rezensionen zum Ausdruck gebracht worden. J. L. Blaß hält Brezinkas wissenschaftstheoretisches Modell für „eine freiwillig vorgenommene logische Selbstverstümmelung“ und glaubt, daß es „hinter die Entwicklungsstufe der Herbartschen Theoriebildung ... entschieden zurückfällt“ (Blaß 1978, 120). Für eine Erziehungstheorie, die dem Kritischen Rationalismus verpflichtet ist, dürfte Brezinkas metatheoretisches Erziehungsmodell weiterhin von Bedeutung sein und hier auch weiter diskutiert werden.

Erziehung wird von Brezinka in einem sehr engen Sinne verstanden. Weil dem so ist, übernimmt der Lernbegriff die Komplementärfunktion, damit auch die über den Erzieher hinausgehenden Einflußfaktoren auf den Erziehungsprozeß thematisiert werden können. Dabei wird auf den Sozialisationsbegriff kaum Bezug genommen. Erziehung wird auf die sozialen Handlungen eines Menschen mit Förderabsicht eingegrenzt, der „einen wenigstens *partiellen* Vorsprung im Wissen und Können“ (Brezinka 1974, 94) hat. Das reaktive oder überhaupt das Verhalten des Zu-Erziehenden und die Interaktion der an der Erziehung Beteiligten bleibt allein aus methodologischen Gründen außerhalb des Begriffsradius von Erziehung.

Wenngleich eine solche Selbstbeschränkung auf einen gewiß auch bedeutsamen Teil des gesamten Erziehungsvorgangs zunächst verständlich und aus der Perspektive des Autors durchaus redlich erscheint, so ist gegen Brezinkas Erziehungsbegriff einzuwenden, daß er die Erziehungssituation als ganze fahrlässig verkürzt widerspiegelt und von einer unzulässigen Reduktion des Erziehungsbegriffs gesprochen werden muß. Die Handlungen, auch die reaktiven, des Zu-Erziehenden dürfen nicht aus dem erziehlichen Kontext eliminiert oder innerhalb dessen ignoriert werden, nur weil sie – wie Brezinka behauptet – alle zusammen nicht mehr kontrollierbar sind oder insgesamt zu komplex erscheinen (vgl. Brezinka 1974, 76f.). Die moderne Unterrichtswissenschaft hat beispielsweise spezielle Verfahren entwickelt (→ Interaktionsanalyse), die sehr wohl in der Lage sind, interaktive Zusammenhänge nach unterschiedlichen Kategorien zu analysieren. So ist Brezinkas methodologische Begründung für den sehr engen Erziehungsbegriff nicht länger aufrechtzuerhalten. Entweder ist er anders zu legitimieren oder zugunsten eines weiteren Erziehungsbegriffs aufzugeben. Bei einer Neufassung des Erziehungsbegriffs wären der gesellschaftliche, kulturelle und kommunikative Bezugsrahmen besonders zu berücksichtigen, ohne diesen Zusammenhang die Erziehungssituation nicht hinreichend beschrieben werden kann.

Auch Brezinka sieht sich als Kritischer Rationalist gezwungen, den Erziehungszielbegriff als eine Fundamentalkategorie der Erziehungswissenschaft zu behandeln und zu klären, wie dieser von den einzelnen Satzsystemen aus zu betrachten ist und welche Bedeutung ihm im Erziehungszusammenhang zukommt. Brezinka beschränkt sich jedoch bei der Zielbestimmung auf formale Aspekte, die notwendig pauschal anmuten und deshalb die Frage nach den möglichen Inhalten provozieren. Wenn man Brezinkas metatheoretischem Konzept zustimmt, sind seine Ausführungen über das Erziehungsziel die konsequente Weiterführung dessen, was in seinem Wissenschaftsprogramm ausgesagt worden ist. Wer sich allerdings nicht zu der wissenschaftstheoretischen Richtung des Kritischen Rationalismus oder des Konstruktivismus zählt, wird geneigt sein, über die formale Zielbestimmung in der Erziehungstheorie hinauszugehen und die materiale Zielsetzung nicht allein den Politikern überlassen.

Zusammenfassend kann gesagt werden: W. Brezinka betrachtet seine begriffsanalytischen Untersuchungen als Vorstufe zu einem späteren Systemversuch. Die Grundbegriffe, die dem Explikationsverfahren unterworfen werden, entsprechen dem Namen nach denen, die bereits in früher entwickelten Systemen angetroffen werden. Wissenschaftstheoretisch fällt auf, daß von einer pädagogischen Gesamttheorie Abstand genommen und demzufolge versucht wird, sie in drei ungleiche Satzsysteme aufzulösen.

Der Erziehungsbegriff wird in seiner eindimensionalen Bedeutung sehr eng gefaßt als das bewußte Handeln einer Person mit der Intention, daß sie das Dispositionsgefüge einer anderen Person in irgendeiner Weise fördert. Der Erziehungszielbegriff wird keineswegs gewaltsam aus dem erziehungstheoretischen Kontext ausgeklammert, wie dies bereits andere Vertreter des Kritischen Rationalismus gefordert haben, sondern wenigstens in formaler Hinsicht bestimmt. Das Verdienst Brezinkas liegt zweifelsohne darin, einige Fundamentalbegriffe der Erziehungswissenschaft nach einem näher erläuterten Verfahren expliziert und sie aspektreich und verständlich dargestellt zu haben.

Literatur

Quellen

Brezinka, W.: Von der Pädagogik zur Erziehungswissenschaft. Weinheim 1971.

Ders.: Grundbegriffe der Erziehungswissenschaft. München 1974.

Ders.: Erziehungsziele, Erziehungsmittel, Erziehungserfolg. München 1976.

Ders.: Metatheorie der Erziehung. München 1978.

Schrifttum

Alisch, L.-M./L. Rössner: Erziehungswissenschaft als technologische Disziplin. München 1978.

Blaß, J. L.: Modelle pädagogischer Theoriebildung. Bd. 2. Stuttgart 1978.

Bollnow, O. F.: Empirische Wissenschaft und Hermeneutische Pädagogik. In: Zeitschrift für Pädagogik 17 (1971), S. 683–708.

Cube, F. v.: Erziehungswissenschaft. Stuttgart 1977.

Derbolav, J.: Eine „Metatheorie der Erziehung". Überlegungen zu Wolfgang Brezinkas neuestem Werk. In: Pädagogische Rundschau 32 (1978), S. 331–342.

Dieckhoff, K.-H.: Pädagogik ohne Praxis? München 1979.

Heitger, M.: Pädagogik als Wissenschaft. In: Vierteljahrsschrift für wissenschaftliche Pädagogik 55 (1979), S. 108–114.

Hohenadel, D.: Marginalien zu einem Begriff von Erziehung. In: Zeitschrift für Pädagogik 18 (1972), S. 419–430.

Lange, H.: Ein dogmatischer Rückfall hinter Popper. Zu Wolfgang Brezinkas Neufassung seiner Metatheorie der Erziehung. In: Zeitschrift für Pädagogik 25 (1979), S. 403–422.

Ritzel, W.: Bemerkungen zu Brezinka. In: Pädagogische Rundschau 32 (1978), S. 501–507.

Rössner, L.: Rationalistische Pädagogik. Stuttgart 1975.

Stegmüller, W.: Das Problem der Induktion: Humes Herausforderung und moderne Antworten. Aus: H. Lenk (Hrsg.), Neue Aspekte der Wissenschaftstheorie. Braunschweig 1971, S. 61–90.

Strasser, St.: Pädagogische Gesamttheorie als praktische Wissenschaft. In: Zeitschrift für Pädagogik 18 (1972), S. 659–684.
Zirz, A.: Kritischer Rationalismus und Erziehungswissenschaft. München 1979.

3.3. Der empirisch-rationale Ansatz

Trotz einiger Gemeinsamkeiten im wissenschaftstheoretischen Verständnis erscheint es ratsam, Karl Josef Klauers Beitrag zu einem System allgemeinpädagogischer Grundbegriffe von dem kritisch-rationalistischen bzw. konstruktivistischen Neuansatz Brezinkas abzuheben. Dazu berechtigt uns nicht nur das auffallend divergierende Ergebnis hinsichtlich der drei Fundamentalbegriffe „Erziehung", „Erziehungswissenschaft" und „Erziehungsziel"; ebenso läßt sich bei beiden Positionen eine stark voneinander abweichende Berücksichtigung von Paradigmen und Ergebnissen benachbarter Disziplinen beobachten. So stehen bei Klauers entwickeltem Begriffssystem neben der erfahrungswissenschaftlichen Grundposition lerntheoretische, lernpsychologische und bisweilen auch kybernetische Denkmodelle im Mittelpunkt, die wesentlich mit dazu beitragen, Brezinkas vorläufigen Systementwurf zu korrigieren oder zu ergänzen. Überdies rechnet sich Klauer zu den Anhängern einer „empirisch-rationalen" Pädagogik, deren wissenschaftstheoretisches Programm bislang weniger spektakulär in Erscheinung getreten ist.

Karl Josef Klauer (geb. 1929) ist ein ausgewiesener Vertreter der empirisch-experimentellen Forschungsrichtung innerhalb der Pädagogik, der zahlreiche Arbeiten zu Fragestellungen der Sonderpädagogik, Lernpsychologie, Forschungsmethodologie und des Programmierten Unterrichts publiziert hat. Er hat also nicht nur für empirisch-analytische Verfahrensweisen plädiert oder über erfahrungswissenschaftliche Methoden metatheoretisch reflektiert, sondern auch bereits gezeigt, daß er empirische Forschungsmethoden erfolgreich anwenden kann. Klauer hat in seiner für unseren Zusammenhang zentralen Schrift ›Revision des Erziehungsbegriffs‹ (1973) den Unterschied zwischen seinem und Brezinkas Konzept deutlich gemacht, und Brezinka hat wiederum zu Klauers Ansatz in seinem UTB-Band ›Grundbegriffe der Erziehungswissenschaft‹ ([1]1974) Stellung genommen. Von den Vertretern des Kritischen Rationalismus steht Lutz Rössner dem Ansatz Klauers am nächsten.

3.3.1. K. J. Klauers Beitrag zu einem System allgemeinpädagogischer Grundbegriffe

Ähnlich wie bei Brezinka steht auch bei Klauers begriffsanalytischen Bemühungen die Intention im Vordergrund, durch Klärung der Grundbegriffe und deren systematische Zuordnung die Entwicklung der Erziehungswissenschaft zu einer erfahrungswissenschaftlichen Disziplin voranzutreiben. Es kommt aber keineswegs nur darauf an, die Strukturbegriffe so zu bestimmen, daß sie sich eindeutig auf empirisch überprüfbare Sachverhalte beziehen, sondern vor allem darauf, daß sie alle relevanten Aspekte berücksichtigen, die ihnen nachweislich eigentümlich sind. So wendet sich Klauer leidenschaftlich dagegen, daß – wie bei Brezinka – wichtige Merkmale einzelner Grundbegriffe durch eigenwillige Festlegungen aus dem Zusammenhang „hinausdefiniert" werden. Um selbst diesem Vorwurf zu entgehen, sieht Klauer für seine Bestimmung des Erziehungsbegriffs einen größeren Begriffsradius vor. Er verzichtet jedoch darauf, auf vorliegende Begriffsanalysen einzugehen.

In Klauers empirisch-rationalem Kategoriensystem nehmen die Begriffe „Erziehung" und „Pädagogik" eine bevorzugte Stellung ein. Sie werden als die Schlüsselbegriffe erkannt und demzufolge besonders umfangreich abgehandelt. Darüber hinaus werden in dem entsprechenden Kontext Kategorien wie „Lehren", „Lernen", „Lernziel" und „Lehrmethoden" erörtert. Dem Erziehungsbegriff wird wie bei den meisten pädagogischen Systematikern eine Schlüsselfunktion beigemessen.

Die dreidimensionale Betrachtungsweise von Erziehung

K. J. Klauer bestimmt *Erziehung* als einen „Prozeß der Wechselwirkung (Interaktion) von Lehren und Lernen" (Klauer 1973, 47) und präzisiert diese allgemeine Aussage, wonach „Erziehung die Wechselwirkung einer bestimmten Art von Tätigkeiten des Lehrenden und Verhaltensänderungen beim Lernenden" (a. a. O.) darstellt. Seine Grundaussagen verdeutlicht er an folgender Abbildung:

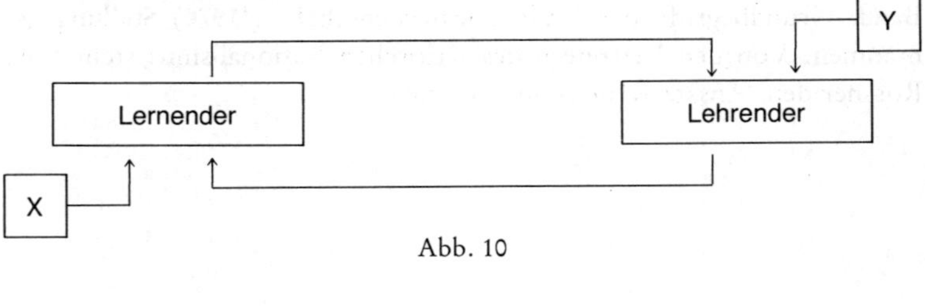

Abb. 10

Bevor Klauer seinen Erziehungsbegriff definiert, klärt er die tragenden Begriffe der Definition: Lehren und Lernen.

Lehren darf nicht allein wie in der Umgangssprache als etwas Beabsichtigtes, Erwünschtes, Geplantes und in jedem Fall etwas Effektives angesehen werden, sondern schließt ebenso die Negation dieser Merkmale: das Unbeabsichtigte, Unerwartete, Ungeplante und den Mißerfolg mit ein. Unter Lehren wird schließlich jene Art von Tätigkeiten verstanden, „von denen begründet zu vermuten ist, daß sie Lernvorgänge beeinflussen" (Klauer 1973, 27), und zwar sowohl in kognitiven wie in den affektiv-sozialen Bereichen.

Lernen korrespondiert mit dem Lehren. Es wird vom Lehren i. w. S. ausgelöst und auch weiter beeinflußt. Beim Lernen ist zwar der Vorgang selbst nicht beobachtbar, nur das Ergebnis: die Verhaltensänderung. Klauer bestimmt Lernen als „eine besondere Klasse der Konstruktänderung beziehungsweise eine besondere Klasse der Änderung der theoretisch angenommenen Verhaltenswahrscheinlichkeiten" (Klauer 1973, 39). Unter Konstrukt wird ein theoretisch festgelegtes Persönlichkeitsmerkmal verstanden, das dazu dient, Individuen eindeutig zu beschreiben, z. B. durch den Einsatz von Tests näher zu bestimmen.

Betrachtet man das Klauersche Schaubild (Abb. 10) zum Erziehungsbegriff, so wird folgender Sachverhalt dargestellt:

- Der *Lehrende* beeinflußt den *Lernenden* mit dem Ergebnis, daß bei diesem bestimmte Verhaltens- bzw. Persönlichkeitsänderungen hervorgerufen werden.
- Einflüsse auf den Lernenden, die *außerhalb* der Lehrfunktion liegen, werden mit dem Buchstaben X zusammengefaßt.
- Das Verhalten und die Verhaltensänderungen, wer auch immer sie bewirkt haben mag, beeinflussen wiederum den *Lehrenden* in seinem Lehrverhalten.
- Das *Lehren* oder Lehrverhalten ist ebenso wie das Lernen von weiteren Beeinflussungsfaktoren abhängig, die von außen auf den Lehrenden einwirken. Sie werden alle zusammen mit dem Buchstaben Y bezeichnet.
- Der Prozeß der *Wechselwirkung* zeigt sich in zwei verschiedenen Teilaspekten:
  a) den lehrabhängigen Verhaltensänderungen beim Lernenden;
  b) den vom Verhalten des Lernenden bedingten Änderungen der Lehrtätigkeit.
- Die Begriffe *„Lehrender"* und *„Lernender"* würden, so betont Klauer, heute das am besten und begrifflich verhältnismäßig neutral anzeigen, was bei der Interaktion von Lehren und Lernen das Entscheidende ist. Sie würden weniger autoritär als die älteren Bezeichnungen „Erzieher"

und „Zögling" („Educandus") klingen und auch weniger anspruchsvoll, wie ergänzend hinzugefügt wird.

Wie Brezinka faßt Klauer Lernen als einen innerpsychischen bzw. intrapersonalen Vorgang auf, der sich also im Menschen selbst vollzieht und sich der Beobachtung von außen vollends entzieht. So wird konstatiert:

Lernprozesse finden statt, sie können auch beeinflußt und gesteuert werden, aber sie tragen keine Ziele in sich. (Klauer 1973, 57)

Demnach wird der Zielaspekt erst relevant, wenn die *Lenkung* des Lernprozesses thematisiert wird. Ist der Lernvorgang in seinem reinen Vollzug noch nicht als zielgerichtet zu beurteilen, so ist es auch unsinnig, von Lernzielen zu sprechen. Klauer lehnt daher diese Bezeichnung kategorisch ab, da es nach seiner Auffassung nur *Lehrziele* geben kann. Dies sind Ziele oder Zielsetzungen des Lehrenden, mit deren Hilfe er das Interaktionsgeschehen in seinem Sinne zu beeinflussen beabsichtigt. Dem Interaktionsgeschehen selbst sind ja keine Ziele eigen; es ist daher nur von außen steuerbar. Lehrziele haben eine zweifache Aufgabe: sie sind maßgebend für das Tun des Lehrers (die Lehrtätigkeit) und gleichzeitig ein „Maßstab für das Verhalten des Lernenden" (Klauer 1973, 59).

Der Klauersche Erziehungsbegriff geht – wie zu erkennen ist – über den eindimensional gefaßten Handlungsbegriff bei weitem hinaus. Während Brezinka vor allem die Sicht des Erziehenden beachtet und bei ihm infolgedessen das Erziehliche mit dem Erzieherischen zusammenfällt, finden wir bei Klauer das Moment der Wechselwirkung konstitutiv für den Erziehungsvorgang vor, das zudem von weiteren Einflußfaktoren sowohl aus der Perspektive des Erziehers wie aus der des Zu-Erziehenden in Abhängigkeit gesehen wird. Damit tritt der empirische Rationalist für ein allgemeines Erziehungsmodell ein, das in seiner dreidimensionalen Betrachtungsweise dem tatsächlichen Erziehungsgeschehen in besonderer Weise Rechnung trägt.

Die dreifache Sicht der Pädagogik als wissenschaftlicher Disziplin

Anders als Brezinka hält K. J. Klauer an der Einheit der Erziehungstheorie fest. Er bevorzugt den älteren Ausdruck „Pädagogik" gegenüber dem neueren Terminus „Erziehungswissenschaft", um das gesamte Aufgabenfeld der Erziehungswirklichkeit durch wenigstens drei theoretische Teilaspekte abdecken zu können. Zwischen drei Sichtweisen wird unterschieden: der deskriptiven, normativen und präskriptiven Pädagogik. Klauer hat diese Bezeichnungen schon bei Th. Litt (1921) vorgefunden und leitet sein

Einteilungsprinzip lediglich von der jeweils unterschiedlichen Funktion der Lehrziele her.

Die *deskriptive Pädagogik* erforscht als eine realwissenschaftliche Teildisziplin die situative Erziehungswirklichkeit, indem sie sie beschreibt und erklärt. Hier gilt es u. a. festzustellen, welche Ziele im erziehlichen Kontext angestrebt werden, wie sich die mannigfachen Zielsetzungen auf die Lernenden auswirken. Überdies werden erziehungsrelevante Fragestellungen untersucht, wie z. B. Lehrmethoden, Persönlichkeitsmerkmale von Lernenden oder Verhaltensweisen von Lehrenden.

Die *normative Pädagogik* untersucht nicht, ob Lehrziele innerhalb der Erziehung eine Bedeutung haben und welche faktisch erreicht werden, sondern sie klärt die Frage, welche Ziele überhaupt erstrebenswert sind und auf welche verzichtet werden kann. Ihre Hauptaufgabe ist „die Aufstellung und Prüfung von Soll-Axiomen“ (Klauer 1973, 136). Sie hat den Nachweis zu erbringen, daß Ziele für eine bestimmte Zeit innerhalb einer Kultur gültig und realisierbar sind. Die normative Pädagogik wird diesen Aufgaben um so eher gerecht, als Methoden eingesetzt werden, die dem Anspruch der intersubjektiven Überprüfbarkeit genügen.

Die *präskriptive Pädagogik* befaßt sich insbesondere mit Handlungsanweisungen für die Erzieher und schlägt Mittel vor, die die Erreichung von Lehrzielen gewährleisten. Diese Merkmale weisen sie als eine technologische Teildisziplin aus. Klauer charakterisiert sie weiter als eine „Änderungswissenschaft“, die versucht, das Erziehungsgeschehen nach bestimmten und begründeten Kriterien zu verändern. Sie kann auf die von den beiden anderen Teildisziplinen erforschte Ist- und Soll-Lage zurückgreifen, wenn sie sich beispielsweise den Curricula und Lehrmethoden, ihren bevorzugten Aufgabenbereichen, zuwendet.

Über die Ist-Lage gibt die deskriptive, über die Soll-Lage die normative Pädagogik Auskunft. Somit setzt die präskriptive Pädagogik diese beiden Teildisziplinen voraus und orientiert sich an deren Befunden. Während sich normative und deskriptive Forschungsarbeiten unabhängig voneinander durchführen lassen, bleibt die präskriptive Teildisziplin auf die Mithilfe der beiden anderen angewiesen. Schematisch läßt sich dieser Beziehungsaspekt in Anlehnung an Klauer so andeuten:

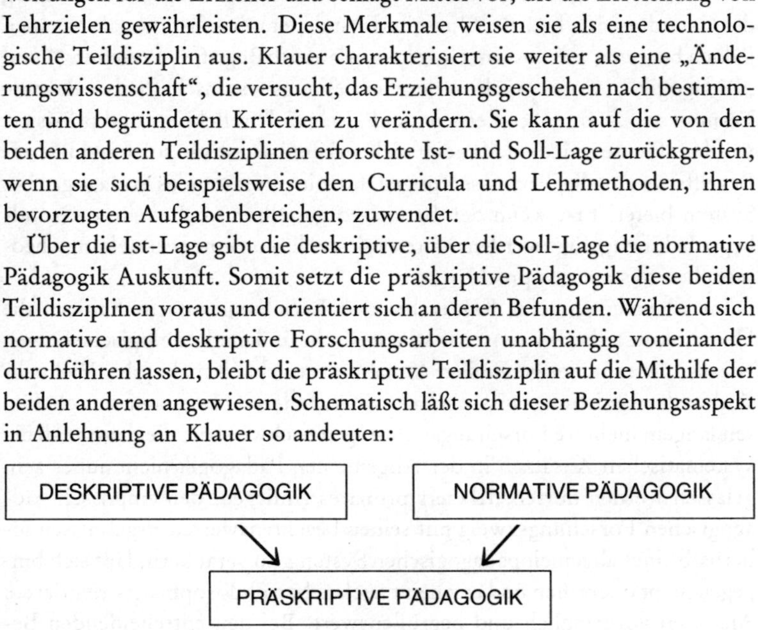

Abb. 11

Wenn alle drei Teilsaspekte der Pädagogik das unverzichtbare Kriterium der Objektivität – und das heißt im empirisch-rationalen Zusammenhang nichts anderes als intersubjektive Überprüfbarkeit – beachten, so hat Klauer keine Bedenken, ihnen das Attribut der Wissenschaftlichkeit zuzuerkennen. Nicht die Aufgabenstellung einer Teildisziplin entscheidet also darüber, ob Aussagen als wissenschaftlich zu qualifizieren sind, sondern allein der adäquate Einsatz erfahrungswissenschaftlicher Methoden. Aus den bisherigen Feststellungen geht hervor, daß alle drei Teildisziplinen aufeinander angewiesen sind und daher miteinander zu kooperieren haben. Damit gelingt es Klauer, die wichtigsten Aspekte der Pädagogik als einer handlungsorientierten Wissenschaft herauszustellen, ohne zugleich die Einheit der Erziehungswissenschaft aufzugeben. Freilich enthält auch dieser Ansatz einige Schwachstellen, die im nächsten Kapitel kurz angesprochen werden sollen.

3.3.2. Kritische Anmerkungen

Klauers begriffsanalytischer Ansatz geht über das von Brezinka bislang entwickelte Kategoriensystem weit hinaus, was die inhaltliche Festlegung der Grundbegriffe betrifft. Quantitativ ist der empirisch-rationale Versuch jedoch begrenzt auf zwei im einzelnen erläuterte Begriffe „Erziehung“ und „Pädagogik“, wobei auch andere erziehungswissenschaftlich relevante Termini wie „Lehren“, „Lernen“ und „Lehrziel“ reflektiert und präzisiert werden. Heute ist jedenfalls noch nicht erkennbar, ob ein solch reduziertes Begriffssystem die Voraussetzungen für ein umfassendes pädagogisches System bietet. Erst wenn den bereits vorgestellten noch weitere Grundbegriffe hinzugefügt werden, wäre es sinnvoll, von einem erziehungstheoretischen System zu sprechen.

Im allgemeinen setzt Klauer bei den Erziehungswissenschaftlern die Übereinkunft über wissenschaftstheoretische und methodologische Fragen voraus, die es in der generellen Annahme tatsächlich nicht gibt. Vielmehr sind in der Erziehungswissenschaft wie in anderen Humanwissenschaften seit langem mehrere Forschungsrichtungen nachweisbar, die dann auch bei systematischen Ansätzen in der Allgemeinen Pädagogik nicht außer acht gelassen werden dürfen. Klauers primäres Anliegen, den empirisch-pädagogischen Forschungszweig mit seinen beachtenswerten Ergebnissen innerhalb eines allgemeinpädagogischen Systems zu verankern, läßt sich hingegen nicht übersehen und erscheint auch neben philosophisch orientierten Ansätzen vordringlich und begrüßenswert. Bei den entscheidenden Begriffsanalysen oder besser Begriffsfestsetzungen, die keineswegs das Niveau und den Umfang der Brezinkaschen Begriffsexplikationen erreichen, vermißt man das Eingehen auf Grundfragen des erziehungstheoretischen Vorverständnisses, die Klauer indes bewußt ausklammert, weil ihn allein pragmatische Gesichtspunkte interessieren wie die *Brauchbarkeit* der definierten Begriffe in der Erziehungstheorie. So wird von gewichtigen Kriterien ausgegangen, die nirgendwo begründet werden und ohne Begründungszusammenhang weder gebilligt noch verworfen werden können. B. Meile hat in seiner Rezension des Klauerschen Buches gerade dieses Versäumnis moniert, als er feststellte:

> Klauers Explikation der tragenden Begriffe der Erziehungswissenschaft wird von einem Vorverständnis geleitet, das nirgends expliziert wird. Die unausgesprochene Leitidee, der Konsens der Pädagogen ... zieht sich wie ein roter Faden durch das Buch hindurch. (Meile 1974, 825)

Im Gegensatz zu W. Brezinka vertritt K. J. Klauer einen weiteren *Erziehungsbegriff*, der wohl der Erziehungssituation und ihrer Erforschung eher gerecht wird. Erziehung wird nicht mehr eindimensional auf die Absicht und Handlungsweise eines Erziehers bezogen, der beim Zu-Erziehenden etwas Positives zu bewirken versucht. Sie bedeutet vielmehr ein dynamisches Interaktionsgeschehen, das auf den Zusammenhang von Lehren und Lernen erweitert wird, wobei auch weitere Einflußfaktoren hinsichtlich des Lehrenden und Lernenden berücksichtigt werden. Offen bleibt allerdings die forschungsmethodische Grundfrage, wie gerade diese Beeinflussungsmomente zu messen und zu kontrollieren sind.

Da Klauer – in Anspielung auf Brezinkas Aussagen – nicht die Merkmale der sogenannten funktionalen, d. h. der sich absichtslos ereignenden, Erziehung aus der Erziehungstheorie „hinausdefinieren" möchte, kann *Absicht* nicht als geeignetes Definitionsmerkmal von Erziehung angesehen werden. In der Erziehungssituation werden das intentionale und funktionale Moment zugleich mehr oder weniger ausgeprägt anzutreffen sein.

Des weiteren bemängelt Klauer an Brezinkas Erziehungsbegriff, daß Erziehung stets eine Wertkomponente enthält, die aus der Sicht des Erziehers nur das als wertvoll erscheinen läßt, was dieser selbst für pädagogisch bedeutsam hält, und somit die Formen der Fehlerziehung und die zu beobachtenden Erziehungsfehler per definitionem von den Kritischen Rationalisten ausgeblendet werden. Klauer plädiert für einen wertfreien Erziehungsbegriff, der es der empirisch-pädagogischen Forschung erlaubt, die Bedingungen und Gegebenheiten der erziehlichen Gesamtsituation ungefiltert und möglichst ideologiefrei zu analysieren. Hierzu gehören sowohl die positiven wie die negativen Erscheinungsformen erziehlicher Einflußnahme.

In Klauers Schrift fehlt es nicht an Hinweisen, die den Schluß nahelegen, daß der im ersten Teil der Abhandlung bewußt weitgefaßte Lehrbegriff im Verlauf der Darstellung immer mehr eingeengt und im Grunde nicht durchgehalten wird. Ebenso wird allzu häufig der Erziehungsbegriff auf Lernen und zudem schulisches Lernen eingeschränkt, was zu der Erkenntnis führt, daß Klauer die Begriffe „Lehren“ und „Lernen“ anfangs zu global definiert hat. Es ist nicht zu verkennen, daß der empirische Rationalist große Anstrengungen unternimmt, diese Begriffe möglichst weit zu fassen.

Bei solchen Bemühungen zeigt sich ein weiteres Problem: Ob nämlich Erziehung durch derart weitgefaßte Termini präzise definiert werden kann. Es ist zu fragen, ob „Lehren“ und „Lernen“ in der von Klauer gewählten Aussage überhaupt imstande sind, die Funktion der „differentia specifica“ zu übernehmen. K.-H. Dieckhoff hat Klauers Explikat des Wortes Erziehung eine Scheindefinition genannt, weil es entweder zu inhaltsarm sei, d.h. die erklärenden Begriffe gehen über den Begriff, den sie spezifizieren sollen, weit hinaus, oder gegen die Regeln der Logik verstoße. Dieckhoff kommt in seiner kritischen Studie, die zum Teil detaillierte Analysen enthält, denen man nicht in allen Einzelheiten zuzustimmen braucht, zum Ergebnis:

> Gerade das Modell, mit dem Klauer seine Begriffe und ihre Beziehung zueinander erläutern möchte, macht besonders deutlich, daß es sich bei seinen Definitionsvorschlägen um Scheindefinitionen handelt. Wenn dennoch deren Scheincharakter offenbar zunächst verborgen bleibt, so dürfte dies daran liegen, daß es sich um häufig verwendete Worte der Umgangssprache handelt, die durch die Art und Weise, wie sie benutzt werden, es dem Leser (und wohl auch Klauer selbst) besonders leicht machen, unwillkürlich auf die ursprüngliche Bedeutung zurückzugreifen. (Dieckhoff 1979, 24)

Eine andere Frage, die sich angesichts des weitgefaßten Erziehungsbegriffs aufdrängt, wird von Klauer nicht behandelt: inwieweit sich sein Erziehungsbegriff dem modernen Sozialisationsbegriff (Habermas, Krappmann) nähert bzw. mit ihm zusammenfällt oder welche Unterschiede sich möglicherweise ergeben. Die im letzten Jahrzehnt in der Erziehungswissenschaft geführte Diskussion über „Sozialisation oder/und Erziehung“ macht eine Erörterung dieses Zusammenhangs erforderlich.

Klauers mehrperspektivisch orientierter Begriff der *Pädagogik* provoziert natürlich die Kritik der kritisch-rationalistisch eingestellten Erziehungswissenschaftler. Sie kritisieren u.a., daß Klauer die beiden Begriffe „Pädagogik“ und „Erziehungswissenschaft“ nebeneinander verwendet oder sogar den ersteren Ausdruck bevorzugt, ohne dabei den von Brezinka hervorgehobenen Unterschied zu beachten (vgl. Zirz 1979, 143). So richtig es ist, in der Fachsprache synonyme Termini zu vermeiden und sich nach der Explikation für einen Ausdruck zu entscheiden, so ist ebenso festzustellen, daß Klauer – und mit ihm der Kritische Rationalist L. Rössner – sich bewußt für die Verwendung des Begriffs der Pädagogik ausgesprochen hat, um gerade mit dieser Bezeichnung den Theorie-Praxis-Zusammenhang zu signalisieren. Wer sich einmal für einen Ausdruck entschieden und dies noch begründet hat, sollte ihn dann konsequenterweise in seiner Abhandlung durchgehend verwenden.

Beachtenswert erscheint in Klauers Konzeption eines allgemeinpädagogischen Begriffssystems die herausragende Stellung der präskriptiven Pädagogik. Demgegenüber wird die deskriptive Pädagogik auf empirische Unterrichtsforschung nur allzusehr eingeengt, was vielleicht damit zusammenhängt, daß Klauer sich auf diesem Gebiet besonders gut auskennt und daher immer wieder auf diesen Forschungszweig exemplarisch Bezug nimmt.

Aber bei Klauer ist sehr wohl der Unterschied zwischen wissenschaftlicher Erkenntnis und persönlichem Bekenntnis zu konstatieren, auch wenn die präskriptive Pädagogik gegenüber den beiden anderen Bedeutungsklassen von Pädagogik unzweifelhaft präferiert wird. Dies kann nur dadurch erklärt werden, daß Klauer die Pädagogik als Real- und handlungsorientierte Wissenschaft ernst nimmt und alle Stellungnahmen und Wertungen als ebenso bedeutsam einschätzt wie die Erkenntnisse, die mit Hilfe empirisch-analytischer Verfahren gewonnen werden. Für Klauer ist weniger entscheidend, innerhalb welcher Teildisziplinen der Forscher zu den Erkenntnissen kommt, sondern ob die angewandten Methoden den allgemein anerkannten Kriterien wissenschaftlicher Forschung, insbesondere der unerläßlichen Bedingung der intersubjektiven Überprüfbarkeit, entsprechen.

Freilich läßt auch Klauers „Drei-Aspekte-Lehre“ (Nicklis) einige Wünsche offen, auf die u. a. B. Meile hingewiesen hat:

> Klauers Versuch der äußeren und inneren Abgrenzung der Pädagogik mündet in ein kooperatives Modell der pädagogischen Disziplinen. Gleichzeitig wird der Bezug zur Praxis hervorgehoben. Die Überlegungen gehen aber nicht über den Rahmen des Prinzipiellen hinaus. Es wäre wünschenswert, daß konkretere Formen und Modelle der Zusammenarbeit sowohl zwischen den Disziplinen als auch zwischen der Forschung und der Praxis entwickelt würden. Außerdem wird die Stellung der Pädagogik innerhalb der Human- und Sozialwissenschaften nicht diskutiert. (Meile 1974, 828)

Klauers differenzierte Sicht der Pädagogik und ihre Aufteilung in drei Teildisziplinen ist keineswegs originell und erhebt auch nicht einen solchen Anspruch. Th. Litt hatte bereits 1921 dieselben Bezeichnungen verwendet, wie wir sie bei Klauer vorfinden, allerdings hat er sich schon bald wieder von seiner Begriffstrias distanziert. R. Lochner (1963) unterschied zwischen Erziehungswissenschaft und Erziehungslehre. W. Brezinka knüpfte hier wohl an, als er seine erziehungstheoretische Dreiheit „Erziehungswissenschaft, Philosophie der Erziehung und Praktische Pädagogik" in programmatischer Absicht entwickelte. Klauers Verdienst liegt in dem nüchternen Entwurf eines noch fragmentarischen Begriffssystems der Pädagogik, das gewiß auch in Zukunft beachtet und hoffentlich von ihm weiterentwickelt wird.

Literatur

Quelle

Klauer, K. J.: Revision des Erziehungsbegriffs. Düsseldorf 1973.

Schrifttum

Brezinka, W.: Grundbegriffe der Erziehungswissenschaft. München 1974.

Cube, F. v.: Erziehungswissenschaft. Stuttgart 1977.

Dieckhoff, K.-H.: Pädagogik ohne Praxis? München 1979.

Litt, Th.: Das Wesen des pädagogischen Denkens (1921); gekürzter Wiederabdruck in: Th. Litt, Führen oder Wachsenlassen. Stuttgart [10]1962, S. 83–109.

Lochner, R.: Deutsche Erziehungswissenschaft. Meisenheim 1963.

Meile, B.: Karl Josef Klauer: Revision des Erziehungsbegriffs (Rezension). In: Zeitschrift für Pädagogik 20 (1974), S. 824–829.

Nicklis, W. S.: Pädagogischer Revisionismus zwischen den Stühlen. In: Zeitschrift für Pädagogik 20 (1974), S. 789–796.

Zirz, A.: Kritischer Rationalismus und Erziehungswissenschaft. München 1979.

3.4. Der emanzipatorisch-metakommunikative Ansatz

Neben den beiden soeben vorgestellten Ansätzen zu einer neueren systematischen Betrachtungsweise der Allgemeinen Pädagogik hat noch ein weiterer Theorieansatz den Anspruch erhoben, das Konzept für eine zeitgemäße Systematische Pädagogik entwickelt zu haben: die Kommunikative Pädagogik. Diese programmatische Denkrichtung repräsentiert der Bochumer Erziehungswissenschaftler Klaus Schaller (geb. 1925), der im Verlauf der letzten zehn Jahre in mehreren Arbeiten die Konturen eines Modells der „Pädagogik der Kommunikation" vor dem Hintergrund eines emanzipatorisch-metakommunikativen Theorieverständnisses herausgearbeitet hat.

Die ersten Grundaussagen zu diesem allgemeinpädagogischen Paradigma finden sich bereits in der von K.-H. Schäfer und K. Schaller gemeinsam veröffentlichten Schrift ›Kritische Erziehungswissenschaft und kommunikative Didaktik‹ (1971); es wird dann weitergeführt in den von Klaus Schaller allein publizierten Arbeiten ›Einführung in die Kritische Erziehungswissenschaft‹ (1974) und ›Zur Problematik des Erziehungszieles im Rahmen einer Pädagogik der Kommunikation‹ (1977). Bei der letzteren Veröffentlichung handelt es sich um einen Originalbeitrag in einem Sammelband mit dem Titel ›Zur Zielproblematik in der Pädagogik‹, in dem Schaller nicht nur das Verhältnis von allgemeinem Erziehungsziel und Kommunikativer Pädagogik behandelt, sondern auch über den derzeitigen Stand des rational-kommunikativen Ansatzes zusammenfassend und prägnant Auskunft gibt. Die für unseren Zusammenhang wichtigste Publikation Schallers ist die ›Einführung in die Kommunikative Pädagogik‹ (1978) – eine Abhandlung, die als Studienbuch konzipiert ist und die erweiterte Fassung eines Studientextes für einen Fernstudienkurs der Fernuniversität Hagen darstellt.

Während die ›Einführung in die Kritische Erziehungswissenschaft‹ lediglich eine Systematische Pädagogik vorbereiten soll, ist die ›Einführung in die Kommunikative Pädagogik‹ nach Aussagen des Autors mit einer solchen gleichzusetzen. Der Systematisierungsversuch wird von Schaller damit begründet, daß der neue Ansatz von der vorgegebenen gesellschaftlichen Situation ausgehe und durchgängig auf sie bezogen bleibe. Ob dieser Anspruch tatsächlich im Verlauf der Darstellung durchgehalten wird, darüber müssen die entscheidenden Grundbegriffe Aufschluß geben. Schaller stellt hierzu fest:

> Diese kompromißlose Verankerung der Theorie in der gesellschaftlichen Realität macht es ihr darum auch möglich, die Vielzahl pädagogischer Aussagen zu einem System zusammenzufassen: zu einem System von Gedanken, Worten und Handlungen. Eine 'Pädagogische Theorie', die all die genannten Merkmale in sich vereinigt, kann als '*Systematische Pädagogik*' bezeichnet werden. (Schaller 1978, 16)

Nun ist Schaller nicht der erste pädagogische Systematiker, der die gesellschaftlichen Rahmenbedingungen pädagogischen Denkens und Handelns zum Ausgangspunkt seines Ansatzes wählt und der gesellschaftlichen Dimension pädagogischer Aussagen einen beachtlichen Stellenwert einräumt. Klaus Mollenhauer, Hermann Giesecke, Wolfgang Klafki und Hans-Jochen Gamm, um nur einige Namen zu nennen, haben in ihren Arbeiten ebenso den Versuch unternommen, die gesellschaftliche Wirklichkeit stärker als es früheren Erziehungstheorien gelungen war, in deutlicher Anlehnung an die Kritische Theorie der sogenannten Frankfurter Schule (Horkheimer, Adorno, Habermas) auf pädagogische Grundaussagen anzuwenden. So unterschiedlich diese einzelnen Bemühungen auch sein mögen, so wäre es ohne weiteres möglich, sie zunächst einmal der modernen Hauptströmung der Kritischen Erziehungswissenschaft zuzuordnen.

Bei Schallers bisher vorgelegten Arbeiten hat man indes einige Schwierigkeiten, sie dieser pädagogischen Denkrichtung zuzuweisen, auch wenn er selbst diesen Anspruch oftmals signalisiert. So fällt es nicht schwer, zentrale Kategorien des Kritischen Theorieverständnisses wie „Kritik", „Emanzipation", „Gesellschaft", „Kommunikation", „Theorie-Praxis-Verhältnis" u. a. in den neueren Schallerschen Abhandlungen ausfindig zu machen. Sie werden dann jedoch mit völlig anderen Denkweisen und -modellen in Verbindung gebracht, so daß der Einfluß der Kritischen Theorie kaum noch zu erkennen ist.

Das wird verständlich, wenn man bei Schaller liest, daß er seinen Theorieansatz auf die Kommunikationstheorie von P. Watzlawick, J. H. Beavin und D. Jackson, die Theorie des Symbolischen Interaktionismus und die Theorie einer „Pädagogik der Entsprechung" (Buber, Ballauff) gründet. Trotz des Hinweises auf die Elemente des Schallerschen Ansatzes bereitet es einige Mühen, die Variante des Systemversuchs eindeutig zu bezeichnen, da gleich mehrere Bezeichnungen in Frage kommen: z. B. rational-interaktionistischer Ansatz, kommunikativ-pädagogischer Ansatz, emanzipatorisch-metakommunikativer Ansatz. Nach Abwägung einzelner Gesichtspunkte habe ich mich für die letztere Formulierung entschieden; sie wird zumindest der *Absicht* des Autors am ehesten gerecht. Daß auch für die Wahl der beiden anderen Bezeichnungen einige Gründe sprechen, wird nicht bestritten. Das Adjektiv „metakommunikativ" wird hier in der Bedeutung verwendet, daß über theoretische Zusammenhänge menschlicher und pädagogischer Kommunikation reflektiert wird. Dies werden die folgenden Ausführungen einsichtig machen.

3.4.1. K. Schallers Modell einer Kommunikativen Pädagogik unter systematischem Aspekt

Schaller hält im Gegensatz zu Brezinka an den herkömmlichen Bezeichnungen der beiden Betrachtungsweisen der Allgemeinen Pädagogik, der Systematischen und Geschichte der Pädagogik, fest. Die Systematische Pädagogik wird verstanden als „eine Theorie bzw. ein Bündel von Theorien (methodenbewußter und gelenkter Sichtweisen), welche (a) imstande sind, in den ‚Umständen der Zeit und des Orts' Erkenntnisse zu gewinnen, die zur rationalen Diskussion der Frage provozieren, was hier und heute Erziehung ist und welche Aufgaben sie zu erfüllen hat; eine Theorie, die es ferner (b) erlaubt, pädagogische Aussagen durch Rückgriff auf die vorwaltenden zwischenmenschlichen Interaktionsweisen (die eine Gesellschaft kennzeichnenden ‚Verkehrsweisen' oder ‚Produktionsverhältnisse') zu begründen und in einen folgerechten Zusammenhang zu bringen, so daß auch die letzte Aussage in den Perspektivpunkten einer historisch-gesellschaftlichen Realität ihren Grund hat; und in der (c) dies alles nicht nur formal geschieht, sondern seine Bestätigung erhält in unserer und durch unsere Lebenspraxis" (Schaller 1978, 14f.). Ein pädagogisches System ist daher nicht als etwas Abgeschlossenes und Unüberholbares zu betrachten, sondern wie gesellschaftliche und educative Prozesse dem geschichtlichen Wandel unterworfen. Ein zeitgemäßes System der Pädagogik hat vor allem zu verdeutlichen, mit welchen Maßgaben und Maßnahmen es Erziehung und Unterricht zu tun bzw. welche sie zu favorisieren haben. Oberste Prinzipien eines von Schaller angebotenenen Systems sind neben der „Einheit der Widersprüchlichkeit unseres gesellschaftlichen Lebens" insbesondere „Rationalität" und „Demokratisierung". Sie wiederum stehen in einer gewollten Abhängigkeit von der Maßgabe der „Emanzipation" gesellschaftlicher Verhältnisse.

Es ist für den hier vorzustellenden emanzipatorisch-metakommunikativen Ansatz bezeichnend, daß die das System tragenden Begriffe (Leitbegriffe) weder real definiert noch im einzelnen expliziert werden. Es wird allenfalls der formale Rahmen aufgewiesen, womit zugleich Erwartungen und Forderungen verbunden werden.

So wird *Emanzipation* als Voraussetzung dafür angesehen, in educativen Prozessen herrschaftsfrei zu interagieren und die normativen Verbindlichkeiten auszuhandeln. Sie setzt sich zum Ziel, Fremdbestimmung in Selbstbestimmung überzuführen. Soweit dies im Erziehungsprozeß noch nicht erwartet werden kann, z.B. aufgrund der entwicklungsbedingten Voraussetzungen, muß sie selbst dann zu einem maßgeblich anzustrebenden Erziehungsziel erklärt werden. Auch bei einer solch offenkundigen Zielsetzungsfunktion bleibt der rein formale Charakter der Maßgabe bestehen; denn Emanzipation wird nur formal-allgemein zu einer Zielformel erhoben, „freilich nicht im Sinne einer *inhaltlichen* Festlegung dessen, was als menschlich angesehen werden soll, sondern eher in einem formalen Sinne oder besser als Appell, rational-kommunikativ in gewandelter Lage die inhaltlichen Ziele individuellen wie gesellschaftlichen Handelns herauszustellen" (Schaller 1978, 52f.).

Eingebunden in emanzipatorische Interessen sind die gesellschaftlichen und zugleich pädagogischen Maßgaben der Demokratisierung und Rationalität.

Als das in unserer Gesellschaft zur Zeit politisch gegebene und wohl die Humanisierung am meisten fördernde Strukturprinzip sieht Schaller die

Demokratisierung an. Da Gesellschaft, Politik und Erziehung in einem untrennbaren Wechselverhältnis stehen, ist dieser Grundsatz ebenso auf die Erziehung zu übertragen und bleibt für sie gültig. Dies muß dann sowohl in der Gestaltung des Schullebens und der Organisation des Unterrichts wie an den Einstellungen der an dem Erziehungsvorgang Beteiligten erkennbar werden. Demokratisches Verhalten zeigt sich nicht zuletzt in den vielfältigen Organisationsformen von Erziehung und den zwischenmenschlichen Beziehungen im Erziehungsalltag.

Außer Emanzipation und Demokratisierung, die auch bei einigen Vertretern der Kritischen Erziehungswissenschaft (Mollenhauer, Klafki) als Leitideen propagiert werden, betont Schaller die *Rationalität* als obersten Grundsatz einer Kommunikativen Pädagogik. Rational bezieht sich nicht nur auf „vernünftiges" und „vernunftgemäßes" Handeln, sondern auch in einem spezifischen Verständnis auf die „historisch-gesellschaftlich vermittelte Lebensbedingung des modernen Menschen". Rationalität verharrt also nicht in reiner Vernünftigkeit. Sie avanciert zu einer anthropologischen Leitformel, wenn sie als Bedingung und Gewähr menschlicher Lebensvollzüge und pädagogischer Handlungsweisen angesehen wird. Wenn Rationalität das Typisch-Menschliche kennzeichnet bzw. sie dafür gehalten wird, ist es folgerichtig, sie nicht allein den Erwachsenen zuzubilligen. Sie ist dann ebenso Kindern und Jugendlichen zuzugestehen. Die anthropologische und zudem gesellschaftliche Sinndeutung dieses Begriffs führen schließlich zu pädagogischen Grundaussagen, auf die unten noch einzugehen ist. Die Übertragung aller drei Grundprinzipien: Emanzipation, Demokratisierung und Rationalität auf drei Fundamentalbegriffe des Schallerschen Systemversuchs soll an den Begriffen der *Erziehung*, des *Erziehungsziels* und der *Erziehungswissenschaft* aufgezeigt werden.

Erziehung als gesellschaftlicher und rational-kommunikativer Vorgang

Erziehung versteht sich im Verständnis einer Kommunikativen Pädagogik als ein in allen ihren Verlaufsformen zu konstatierendes Wechselverhältnis von Gesellschaft und Politik. So wie die Erziehungsprozesse von dem gesellschaftlichen Umfeld abhängig sind und bleiben, so ist und bleibt andererseits die Gesellschaft zum Zwecke ihrer Reproduktion auf die Erziehung ihrer Mitglieder angewiesen. Die (Bildungs-)Politik macht sich diese Einsicht zunutze.

Der Erziehungsbegriff wird – und das braucht nach dem oben Gesagten nicht mehr zu überraschen – auf eine Zielperspektive hin definiert:

Unter Erziehung verstehen wir die Produktion und die Vermittlung von 'humaner' Handlungsorientierung in symmetrischen Prozessen gesellschaftlicher Interaktion unter dem Horizont von Rationalität. Solche Erziehung findet statt in Prozessen rationaler Kommunikation, im Schnittpunkt von Individuation und Soziation. (Schaller 1978, 80)

Den Zusammenhang der wichtigsten Begriffe der Erziehungsdefinition veranschaulicht Schaller an diesem Schaubild*:

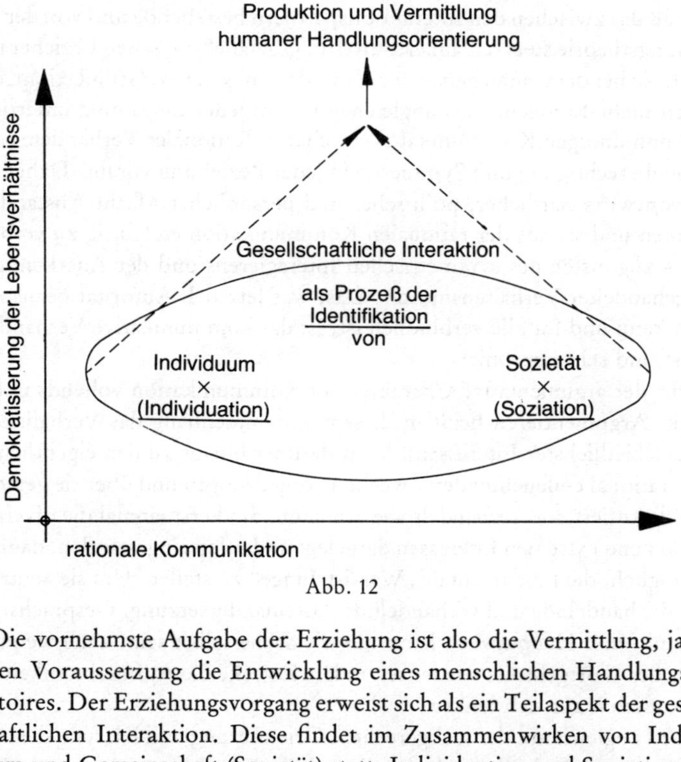

Abb. 12

Die vornehmste Aufgabe der Erziehung ist also die Vermittlung, ja als deren Voraussetzung die Entwicklung eines menschlichen Handlungsrepertoires. Der Erziehungsvorgang erweist sich als ein Teilaspekt der gesellschaftlichen Interaktion. Diese findet im Zusammenwirken von Individuum und Gemeinschaft (Sozietät) statt. Individuation und Soziation bezeichnen die jeweiligen Prozesse. Individuum und Individuation, Sozietät und Soziation werden im dynamischen Spannungsverhältnis der Identifikation stets aufeinander bezogen und zusammengehalten. Außer der Demokratisierung der Lebensbereiche ist die *rationale* Kommunikation die entscheidende Prämisse, von der es abhängt, daß Kriterien und Kategorien humaner Handlungsorientierung gefunden werden. Auch hier ist nicht zu

* (K. Schaller: Einführung in die Kommunikative Pädagogik. Freiburg 1978, S. 81.)

übersehen, daß der Rationalität im Umgang mit anderen eine Schlüsselstellung zukommt, von der alle anderen Aussagen aus zu verstehen sind.

Rationalität wird von Schaller unter pädagogischem Aspekt näher bestimmt. Demnach

– ist sie eine spezifische Kommunikationsweise, die unter bestimmten Bedingungen abläuft. In der rationalen Kommunikation geht es primär um die Kooperation der Partner, aber auch um das Ver- und Aushandeln letzter, d. h. grundsätzlicher, problematischer und offener Fragen;

– muß das zwischen den Interaktionspartnern bestehende und von der Erziehungstheorie stets reklamierte „Reifungsgefälle" zwischen Erzieher und Zu-Erziehendem aufgegeben werden, da ein solches Grundaxiom den Noch-nicht-Erzogenen als ungleichen und in jeder Beziehung unfertigen und unmündigen Kommunikator einschätzt. Rationales Verhandeln setzt Gleichberechtigung und Symmetrie in jeder Beziehung voraus. Daher gilt es, von wirtschaftlicher, politischer und persönlicher Macht Abstand zu nehmen und sie aus der rationalen Kommunikation endgültig zu verbannen – zugunsten des symmetrischen Interagierens und der Anerkennung ausgehandelter Verhaltensmuster. Das, was letztlich Autorität beanspruchen kann und für alle verbindlich ist, ist das kommunikative Verhandeln selbst und sein Ergebnis;

– tritt der argumentative Charakter der Kommunikation vollends in den Blick. Argumentieren heißt in diesem Zusammenhang das Verbalisieren unterschiedlichster Interessen, damit darüber hinaus zu den eigentlichen, d. h. rational einleuchtenden Zwecken vorgedrungen und über sie gemeinsam diskutiert und verhandelt werden kann. Sind erst einmal die divergierenden und extremen Interessen dargelegt und offen eingestanden, dann ist es möglich, die fundamentale „Was-ist-Frage" zu stellen. Um sie zentriert sich die handelnde und verhandelnde Auseinandersetzung. Gesprächsmittelpunkt und Hauptzweck kann nur die Sache selbst sein, auch wenn im Eifer des Wortgefechts wieder sekundäre Zwecke die Aufmerksamkeit der Diskutanten auf sich lenken;

– wird zugleich mit der sachgerechten Orientierung und Klärung die bestmögliche und das heißt wiederum die sachdienliche Information unter Hintanstellung subjektiver Interessen gefordert. Wie in der Pädagogik der Entsprechung Th. Ballauffs gilt sowohl der eigene als auch der Wille aller als äußerst suspekt. Deshalb lautet die Losung der Pädagogik der Kommunikation: Abkehr von jeglicher Willentlichkeit. Die Hinwendung aller Kommunikationspartner zur „Was-ist-Frage" eröffnet die Chance, der Unterordnung des noch unselbständigen und unfertigen Willens unter das Gebot des übermächtigen Willens eines Erziehers zu entgehen;

– ist festzustellen, daß die Theorie des pädagogischen Bezuges abgelehnt und statt dessen das kollektive Moment der Schulklasse mit all den gesellschaftlich-politischen Implikationen betont, ja überbetont wird. Andererseits wird der Erziehungsgemeinschaft eine vierfache Aufgabe übertragen, die neben der institutionellen, medialen und prozessualen Betrachtungsweise die personale Sichtweise (Erzieher-Zögling-, Lehrer-Schüler-Interaktion) umfaßt.

Rationalität wird in der Schallerschen Pädagogik zu einem letzten Wertprinzip erhoben, von dem aus in Verbindung mit anderen Wertmaßstäben (Emanzipation, Demokratisierung) das neue System der Pädagogik, die Kommunikative Pädagogik, begründet werden soll. Die Maßgabe der Rationalität stützt sich auf eine spezifisch-anthropologische Qualität, die der einzelne Mensch dank seines Menschseins anlagemäßig besitzt, aber auch im Sinne des höheren Menschseins auszubilden und als Interaktionspartner unter Beweis zu stellen hat. Wer stets nach dem „Was ist?" fragt, über das Vordergründige zum Wesen von Menschen, Gedanken und Dingen vordringt, wird sich dem Leitbild von Rationalität und rationaler Kommunikation nähern.

Schaller versucht in seinem Lehrbuch der Pädagogik der Kommunikation eine nicht zu übersehende anthropologische Basis zu geben, die seine Kritiker in früheren Arbeiten vermißt oder nur als gesellschaftliche Selbsterfahrung, begrifflich festgemacht als „anthropologisches Datum", beklagt hatten (vgl. insb. Bock 1978, 381 ff.). Zu fragen bleibt, ob ein solcher, mit derartigen Erwartungen und Hoffnungen beladener Begriff als letzte Chiffre menschlichen Denkens und Handelns das alles bewirken kann, was ihm postulativ zugetraut wird. Es kommt nicht von ungefähr, daß in unserer Zeit das Wort „Rationalität" im politischen Leben und im pädagogischen Denken eine besondere Wertschätzung erfährt. In einer leistungsorientierten Industriegesellschaft übernehmen Ausdrücke wie „rational", „rationell", „zweckrational" eine Signalfunktion und üben auf jeden von uns eine Faszination aus, deren fatale Wirkung auch von kritisch eingestellten Menschen kaum bedacht wird. Es entspricht aber gerade dem emanzipatorisch-metakommunikativen Ansatz, wenn die Schlüsselbegriffe des von ihm entwickelten pädagogischen Systems kritisch reflektiert und rational-kommunikativ erörtert werden. Die kritisch-rationale Kommunikation ist ferner dazu bestimmt, die Kluft zwischen Theorie und Praxis zu verringern, wenn nicht sogar aufzuheben, und dazu ausersehen, pädagogische Zielfragen grundlegend zu klären.

Die Bestimmung und Anerkennung von Erziehungszielen als Gegenstand rational-kommunikativer Verhandlung

Gemäß der Darstellung des Erziehungsvorgangs kommt die Pädagogik der Kommunikation nach dem Vorbild der Habermasschen Konsenstheorie der Wahrheit zu einer von bisherigen Erziehungstheorien abweichenden Auffassung der verbindlichen Setzung von Erziehungszielen. Nach dem emanzipatorisch-metakommunikativen Erziehungsverständnis werden die erziehlichen Zwecke und pädagogischen Ziele nicht von außen an das Erziehungsgeschehen herangetragen oder „von oben", von der Position des Erziehers aus: des „Mächtigen", „Besser-Wissenden", in allem „Erfahreneren" durchgesetzt. Vielmehr ist die Bestimmung, Anerkennung, Übernahme oder auch Ablehnung erziehungsrelevanter Normen Auftrag und Bestandteil der rationalen Interaktion. So verhandeln die Interaktionspartner selbst darüber, welche Zielsetzungen für sie von Bedeutung sein sollen und welchen Zielperspektiven sie sich verpflichtet fühlen.

Unter der Voraussetzung, daß jeder Interaktionspartner nicht als Objekt, sondern stets als handelndes Subjekt des Erziehungsvorgangs angesehen wird, haben alle an der Erziehung Beteiligten darüber zu entscheiden, nach welchen gesellschaftlichen Normen und argumentativ ausgehandelten Zielsetzungen erzogen werden soll. Was hier den Ausschlag gibt für die Anerkennung oder Ablehnung von Zielen, ist nicht mehr die Machtposition eines einzelnen Menschen, sondern das allen einsichtige Argument oder das die Mehrheit überzeugende Gegenargument, was letzten Endes zu dem Kern herrschaftsfreier Kommunikation, der Rationalität, zurückführt. Zum Verbindlichkeitscharakter der diskursiv gewonnenen Erziehungsziele sagt K. Schaller:

> Subjekt und Objekt fallen hier in eins zusammen: Die Kommunikationspartner (Subjekte) binden hier sich selbst (als Objekte) an *das* Verbindliche, das sie als solches – als das für ihr weiteres Denken, Reden und Tun 'Autoritative' – hervorgebracht haben. Sie binden sich selbst an ihre eigene rational-interaktive Praxis. Sie werden nicht gebunden, sie lassen sich nicht binden durch fremde Autoritäten (mächtige Menschen, Institutionen oder sogenannte 'Sachzwänge'). Von diesen Autoritäten verlangen sie das, was sie auch von sich selbst verlangen: Argumentation. Und wenn etwas an den Argumenten jener Autoritäten ist, werden sie sie nicht geringachten und sie als Partner in ihrem rationalen Inter-Aktionsprozeß zulassen. (Schaller 1978, 114)

K. Schaller spricht sich also nicht grundsätzlich gegen die Übernahme sozio-kultureller Normen und vorgegebener Verhaltensmuster aus. Sie sind jedoch vor ihrer Anwendung rational und kommunikativ zu prüfen. Als Kriterien für die kommunikative Entscheidung, ob Zielsetzungen akzeptiert werden, werden der Erfahrungshorizont und die Ideologiekritik genannt. Schaller glaubt, mit diesem rationalen „Diskussionsmodell", das nicht zu übersehende Parallelen zum Habermasschen Diskursmodell aufweist, alle jene Schwierigkeiten aus dem Erziehungszusammenhang ausgeräumt zu haben, die herkömmliche Erziehungstheorien selbst produziert haben. Die Kommunikative Pädagogik gibt vor, ein nichtautoritäres Erziehungs- und Erziehungszielmodell gefunden zu haben, das die älteren Auffassungen vom Reifungsgefälle und die daraus resultierenden Maximen außer Kraft setzt. Ob dieser Anspruch freilich noch aufrechterhalten werden kann, wenn die Prämissen des Schallerschen Ansatzes kritisch hinterfragt worden sind, darauf wird später einzugehen sein.

Auch bei der Zielfindung und -festsetzung in der erziehlichen Interaktion dominiert das Vorrecht der Gruppe, der Primat des Überindividuellen oder der des gesamtgesellschaftlichen Erwartungshorizonts, der im „gesamtgesellschaftlichen Kommuniqué" seine markanteste Ausprägung findet. Weil dies alles mit *rationaler* Lebensführung zu vereinbaren ist oder *rational* begründet wird, können die Individualrechte und -bedürfnisse dem «volonté generale» subsumiert oder gar geopfert werden. Erste Hinweise auf das Denken vom „Anderen" her mag Schaller bei M. Bubers dialogischer Anthropologie und bei Th. Ballauffs Pädagogik der Entsprechung gefunden haben. In der Kommunikativen Pädagogik wird eine Denkweise, die nicht mehr so weit von Marxschen Lehrsätzen entfernt ist, als Gegenposition verabsolutiert, die im systematischen Gedankengang einer Allgemeinen Pädagogik der notwendigen Korrektur bedarf. Bevor auf einige kritische Grundgedanken des Gesamtansatzes eingegangen wird, dürfte es noch aufschlußreich sein, das Selbstverständnis der Kommunikativen Pädagogik als „Kritischer" Erziehungswissenschaft zu erläutern.

Die Kommunikative Pädagogik als Kritische Erziehungswissenschaft

Schaller nennt die von ihm beschriebene Theorie der Erziehung, die nicht in allen Einzelheiten vorgestellt werden kann, entweder „Kommunikative Pädagogik" oder synonym „Pädagogik der Kommunikation". Mit Bedacht wird der Teminus „Pädagogik" anderen denkbaren Bezeichnungen vorgezogen, weil er das Wechselverhältnis von Erziehungstheorie und -praxis bereits im Worte anzeigt. Denn eine rein deskriptive Erziehungstheorie, die die Nöte und Sorgen des Erziehungsalltags ignoriert und sich in gedanklichen Abstraktionen verliert, kann es für eine handlungsbezogene Erziehungswissenschaft nicht geben.

Als Theorie einer Praxis ist die Pädagogik wie jede andere Wissenschaft von den diese Praxis leitenden Maßgaben gezeichnet und hält diese den in ihr agierenden Menschen vor Augen, wenn sie im Gewirr ihrer alltäglichen Praktiken vergessen, wozu sie sich mit dem Betreiben eben dieser Praxis entschlossen haben. (Schaller 1978, 12)

Als eine den handlungsorientierten Wissenschaften zuzuweisende Disziplin hat die Pädagogik der Kommunikation stets *präskriptiven* Charakter. Sie hat also den Erziehern zu sagen, nach welchen Maßgaben am besten erzogen werden soll, und welche Maßnahmen zu ergreifen sind, um den angestrebten Zielsetzungen möglichst nahe zu kommen. Die Kommunikative Pädagogik hat sich aber auf den formalen Aspekt der vorschreibenden Aussage zu beschränken. Daher sei sie auch nicht mit einer normativen Pädagogik gleichzusetzen; sie wäre nur dann als normativ einzustufen, wenn sie den Erzieher auf zeitlose Grundsätze und allgemeingültige Wahrheiten festlegen würde. Statt dessen sind die pädagogischen Prinzipien und Handlungsanweisungen immer wieder für den konkreten Handlungszusammenhang in einer gegebenen Situation neu zu überdenken, gegebenenfalls kommunikativ zu verhandeln und erst dann verbindlich vorzuschreiben. Der erste und letzte Orientierungspunkt ist die historisch-gesellschaftliche Wirklichkeit, die als solche dem steten Wandel unterliegt und deshalb ständig der rationalen Standortbestimmung bedarf. Somit ist auch der Gegenstand der pädagogischen Wissenschaft immer in der Schwebe, nie endgültig bestimmbar, sondern im interaktiven Zusammenhang permanent hervorzubringen bzw. zu definieren. Nach Schaller ist die Erziehungswissenschaft nicht nur deskriptiv und präskriptiv; sie hat darüber hinaus auch konstruktiv, d. h. für die Lebenspraxis produktiv zu sein. Dieses Merkmal wird so beschrieben:

Sie [die Pädagogik, Erg. d. d. Vf.] hat zuallererst einmal festzustellen, ob auch heute noch ein bestimmtes pädagogisches Handeln an der Zeit und am Platz ist; sie hat im positiven (bejahenden) Falle auszumachen, was pädagogische Praxis im Zusammenhang unserer Lebenspraxis besagt (was sie '*ist*') und was sie leisten kann und '*soll*' in und für diese Lebenspraxis (Schaller 1978, 13)

Bevorzugter Forschungsbereich ist die Erziehungspraxis in ihren zahlreichen Bezügen zur Gesellschaft unter dem besonderen Blickwinkel der humanen Handlungsorientierung. Ihr wendet sich die Kommunikative Pädagogik vor allem unter zweierlei Perspektiven zu: der Systematischen Pädagogik und der Geschichte der Pädagogik. Da am Anfang dieses Kapitels der Aufgabenbereich der Systematischen Pädagogik schon dargelegt wurde, braucht nur noch die Bedeutung und die Funktionsbestimmung der Geschichte der Pädagogik im kommunikativ-pädagogischen Verständnis skizziert zu werden.

Die Geschichte der Pädagogik wird nicht um ihrer selbst willen betrieben. Sie hat praxisrelevante Ereignisse aus der Vergangenheit zu vergegenwärtigen, in einem konstruktiv-kritischen Zusammenhang zu reflektieren und letztendlich der pädagogischen Praxis wegen aufzuarbeiten. Schließlich sollen die historischen Erkenntnisse einmünden in erzieherisches bzw. kommunikatives Handeln; denn pädagogisches Sollen kann am faktischen Sein aufgewiesen werden. An dieser Aussage wird u. a. die Gegenposition zu den Vertretern des kritisch-rationalistischen Theorieansatzes in der Erziehungswissenschaft deutlich.

Beiden Teildisziplinen der Kommunikativen Pädagogik gemeinsam ist der Bezugspunkt der rationalen Handlungsorientierung, die produktiv zu gestalten und einsichtig zu vermitteln ist. Dabei stoßen insbesondere vier Bereiche auf das Erkenntnisinteresse des Forschers:

- die *personale* Sicht des Beziehungsgefüges zwischen Lehrer und Schülern, Eltern und Kindern, Bürger und Mitbürgern usw.;
- der *institutionelle* Hintergrund der jeweiligen personalen Beziehung wie Schule, Familie, Staat usw.;
- der *mediale* Bereich: Presse, Fernsehen, Rundfunk usw.;
- der *prozessuale* Aspekt aller drei genannten Bereiche: z. B. Lehren und Lernen, Erziehen, Versammeln und Demonstrieren usw.

Diese Betrachtungsweisen des interaktionalen Erziehungsgeschehens sind aufschlußreich und ermöglichen eine mehrperspektivische Aufarbeitung erziehungsrelevanter Teilbereiche. Dafür muß allerdings in Kauf genommen werden, daß andere bedeutsame Fragestellungen wie beispielsweise der vergleichende Aspekt in der Kommunikativen Pädagogik, methodologische Grundfragen und das Verhältnis einer Pädagogik der Kommunikation zu anderen zeitgenössischen Strömungen der Erziehungswissenschaft ausgeblendet bleiben. Auf bisherige Versäumnisse und Fehleinschätzungen des emanzipatorisch-metakommunikativen Ansatzes hat die Kritik in den letzten Jahren bereits hingewiesen.

3.4.2. Kritische Anmerkungen

Klaus Schallers Ansatz zu einer neueren Systematischen Pädagogik ist neben anderen Bemühungen, denen die Kritische Theorie zum Ausgangspunkt dient, als ein weiterer Versuch anzusehen, bedeutsame Kategorien der Allgemeinen Pädagogik aus dem Blickwinkel einer emanzipatorisch-metakommunikativen Theoriekonstruktion zu betrachten. Elemente des Theorieansatzes sind die von Watzlawick, Beavin und Jackson näher beschriebenen Axiome für eine Theorie menschlicher Kommunikation, Grunderkenntnisse des amerikanischen und bei uns rezipierten Symbolischen Interaktionismus und schließlich antisubjektive Postulate des dialogischen (Buber) und existenzphilosophischen (Ballauff) Erziehungsverständnisses.

Diese vorgegebenen Theorieelemente werden nicht einfach übernommen und zu einer pädagogischen Gesamttheorie zusammengestellt, sondern nur die für den eigenen Ansatz als bedeutsam angesehenen Grundgedanken ausgewählt und weitergeführt. Formal gesehen ist gegen ein solches Vorgehen nichts einzuwenden, wenn auch anzuzweifeln ist, ob sich so unterschiedliche Theoreme, wie sie hier aufgegriffen und zueinander in Beziehung gebracht werden, für eine Gesamttheorie eignen.

Schallers metakommunikatives Konzept einer Systematischen Pädagogik bekennt sich zu der primären Aufgabe, „die Legitimation (begründende Rechtfertigung) pädagogischer Praxis im Rahmen unserer Lebenspraxis" (Schaller 1978, 14) zu erörtern, wobei die historische und gesellschaftliche Wirklichkeit als die entscheidenden Maßgaben betrachtet werden. Die Pädagogik der Kommunikation tritt augenfällig zu der technologischen Variante der Kommunikationstheorie in Distanz, die menschliche Kommunikation vor allem auf der Grundlage informationstheoretischer Erkenntnisse und Kategorien (z. B. Sender – Empfänger) beschreibt. Sie hat also nichts mit einer Kybernetischen Pädagogik, wie sie in der Bundesrepublik Deutschland beispielsweise von H. Frank und F. v. Cube vertreten wird, gemein.

Überdies werden von Schaller weder interaktionistische noch rollentheoretische Paradigmen gutgeheißen, die die historisch-gesellschaftliche Legitimationsbasis vernachlässigen, es bei subjektivistischen Aussagen bewenden lassen oder den Sozialisationsvorgang lediglich als Anpassung an überlieferte und vorgefundene Gesellschaftsstrukturen vorsehen. Bei M. Bubers dialogischem Weltverständnis vermißt Schaller den Bezug zur sozio-ökonomischen Wirklichkeit unter weiterer Außerachtlassung politischer Realitäten. Allein Ballauffs Pädagogik der Entsprechung vermag dem pädagogisch-kommunikativen Systematiker den philosophischen Weg zu weisen und ihm die Grundkategorien zu liefern, die es erlauben, die Grundlinien einer neuen Systematik zu bestimmen. Allerdings ist Schaller nicht bereit, Theodor Ballauff über die gesellschaftlich-historische Lebenspraxis hinaus zu folgen. Die Kommunikative Pädagogik begnügt sich mit dem sozialen und politischen Rahmen der Erziehung, ohne gleichzeitig die letzten Fragen des erziehlichen Zusammenhangs thematisieren zu wollen. Dennoch bleibt Ballauffs pädagogisches Denken für Schallers dargelegtes System grundlegend.

Und damit ist Schallers eigentlicher Standort und das von ihm bevorzugte Argumentationsfeld angesprochen, von dem aus unter Bezugnahme auf andere Theorien der systematische Ansatz in metakommunikativer Absicht konstruiert wird. So bleibt Klaus Schaller auch in seiner Kommunikativen Pädagogik dem Denken seines Lehrers Th. Ballauff verbunden, auch wenn die fundamentalontologische Betrachtungsweise zugunsten einer nüchternen und pragmatischen Sicht des Erziehlichen zurücktritt. Nicht wenige Begriffe und Redewendungen im Text zeigen die Affinität zu Ballauffs Formulierungen, und die von Schaller gewählte Schreibweise einiger gewichtiger Substantive (z.B. Ver-Handlung, Inter-Aktion, Ko-Operation) erinnert an Vorbilder der fundamentalontologischen Denkweise. Schaller gesteht sich indes selbst nur ein, der existenzphilosophisch orientierten Pädagogik „Mahnung ernst zu nehmen, auf je eigene Weise Kriterien zu finden und zu legitimieren; dies ist für die Pädagogik der Kommunikation genug“ (Schaller 1978, 65).

Es ist schon ein kühnes Unterfangen, zwei so unterschiedliche Denkweisen, die Kritische Theorie und die fundamentalontologisch-dialogische Fragestellung zu einem neuen Ganzen zu vereinen. Obgleich es der ersteren Richtung gut anstünde, durch die Verknüpfung mit existenzphilosophisch-zwischenmenschlichen Grundfragen zu einer Erweiterung ihrer Perspektiven zu gelangen, wäre der letzteren Richtung zu wünschen, die Höhenflüge ihrer philosophischen Dichtkunst und den Tiefgang ihrer etymologischen Glasperlenspiele an der gesellschaftlich-politischen Lebenspraxis zu orientieren. Ein solches Experiment, zwei so grundverschiedene Denkansätze zu einem neuen und alternativen Paradigma systematischer Betrachtungsweise zu kombinieren, muß vorerst als gescheitert angesehen werden, da es nicht ausreicht, zwar die Termini der sozialkritischen Theorie zu übernehmen, um sie dann aber mit Inhalten zu füllen, die zu der ursprünglichen Bedeutung kaum noch einen Bezug aufweisen. Das trifft bei dem Begriff „Kritik“ ebenso zu wie bei anderen Ausdrücken wie „Emanzipation“, „Kommunikation“, „Gesellschaft“ u.a. Hier konstruiert Schaller im Vorfeld Kritischer Theorie auf der Basis seiner linksliberalen Denkart Zusammenhänge, die von Vertretern der sogenannten Kritischen Erziehungswissenschaft als „unkritisch“, „ideologisch“ und „traditionell“ beurteilt werden. Sie betrachten Schallers Vorgehensweise als semantische Manipulation.

Insbesondere bleibt bei dem von Schaller entwickelten Kommunikationsmodell die sozialkritische Sicht im Verständnis Kritischer Theorie der Frankfurter Schule außer Betracht: die Wandlung derjenigen, die miteinander kommunizieren sollen. Oder die Veränderung wird bereits als gesellschaftliches Erfordernis stillschweigend vorausgesetzt. Demzufolge wird auch ein von Schaller häufig bemühtes „gesamtgesellschaftliches Kommuniqué“ trotz seiner dynamischen Komponente fragwürdig, wenn es – wie beabsichtigt – weiter in betont herrschaftsabhängigen und hierarchisch strukturierten Lebensbereichen praktiziert werden soll. Dietrich Hoffmann hat demgegenüber eingewandt:

Ein gesamtgesellschaftliches Kommuniqué der gedachten Art kann es im Rahmen der historischen gesellschaftlichen Verhältnisse gar nicht geben. Voraussetzung dafür wäre eine gleichsam herrschaftsfreie Kommunikation. Davon aber kann nicht die Rede sein. Die Theorie Schallers setzt im Grunde den Wandel, den sie erreichen will, voraus. (Hoffmann 1979, 79)

Zwischen dem Kommunikationsvorgang und dem von den Interaktionspartnern akzeptierten Kommuniqué bis hin zu einem gesamtgesellschaftlichen Kommuniqué sind gewiß noch einige ungenannte Störfaktoren einzuplanen, die von humanistisch argumentierenden Erziehungswissenschaftlern nur allzugern außer acht gelassen werden. Deshalb wäre es notwendig, pädagogische Theorien nicht nur zu entwickeln und sich dann mit erziehungspraktischen Postulaten zufriedenzugeben, sondern sie auch einer entsprechenden empirischen Prüfung zu unterziehen oder zumindest erfahrungswissenschaftliche Forschungsbefunde an der Erkenntnisfindung zu beteiligen, bevor sie mit dem Attribut „Theorie“ versehen werden. Schaller hat bisher nicht erkennen lassen, daß seine Theorieskizze der Bewährungsprobe im Erziehungsalltag ausgesetzt werden sollte. Er begnügt sich – wie frühere Vertreter der Systematischen Pädagogik – mit dem theoretischen Aufriß einer Systematischen Pädagogik, obwohl es vom sozialkritischen Ansatz her eigentlich geboten gewesen wäre, die Brücke von der Theorie zur Erziehungspraxis zu schlagen.

Allerdings scheint Schaller seinen in früheren Arbeiten unmißverständlich geäußerten Anspruch, Kritische Erziehungswissenschaft zu betreiben, zugunsten einer „Pädagogik der Kommunikation“ oder „Kommunikativen Pädagogik“ aufgegeben zu haben. Vielleicht ist diese terminologische Auffälligkeit bereits als erste Reaktion auf die Einwände der Kritiker zu deuten. Jedenfalls würde eine solche Selbsteinschätzung der wissenschaftstheoretischen Position dem eigenen Anliegen eher gerecht.

Der Schlüsselbegriff einer Kommunikativen Pädagogik ist zweifellos der Kommunikationsbegriff. Da Kommunikation im Schallerschen Verständnis von Emanzipation, Demokratisierung und Rationalität abhängig ist, gilt es, sie so herrschaftsfrei und argumentationsoffen im Sinne des Habermasschen kontrafaktischen Idealkonzepts zu gestalten, daß über Erziehungsmaßstäbe nicht mehr einseitig, aus der Position des Erwachsenen allein, verfügt werden darf, sondern alle am Erziehungsprozeß Beteiligten sich als denkende und handelnde Wesen einbringen und erzieherisch miteinander interagieren. Die erzieherische Subjekt-Objekt-Beziehung wird durch die angenommene Gleichstellung der Bezugspartner in einer Subjekt-Subjekt-Relation verbal ersetzt. Worauf es in der rationalen Kommunikation ankommt, sind dann Postulate wie: „optimale und rückhaltlose Information“ und die Bereitschaft des einzelnen, sich nach der internen Diskussion den interaktiv ausgehandelten Regeln und Zielen unterzuordnen, auf die als normativer Rest bei aller argumentativen Offenheit nicht verzichtet werden kann. Eine solche Grundannahme der „idealen Sprechsituation“ übersieht ebenso die unterschiedlichen Voraussetzungen der Diskursteilnehmer wie die zahlreichen Störfaktoren rationaler Interaktion, die sich spontan oder auch gewollt einstellen.

Ist das Diskursmodell, das Schaller von Habermas unbesehen übernimmt und in der Soziologie als Konsenstheorie der Wahrheit nicht unumstritten ist, überhaupt auf die Erzieher-Educanden-Situation übertragbar? In der Erziehungstheorie wurde bisher immer von einem anthropologisch und entwicklungspsychologisch bedingten *Unterschied* zwischen Erwachsenen und Kindern ausgegangen und Erziehung als soziale Hilfestellung zur individuellen Entwicklung, Sozialwerdung und Mündigkeit des jungen Menschen in kontinuierlichen Lernprozessen verstanden. Wer nun dieses alte pädagogische Axiom und zugleich die hieraus ableitbare Legitimation des Erzieherischen ignoriert und die pädagogische Interaktion als grundsätzlich symmetrisch propagiert, ohne dies realitätsbezogen zu begründen, konzipiert sein Erziehungsmodell an der Erziehungswirklichkeit vorbei und macht es sogleich angreifbar.

Symmetrische Interaktion kann allenfalls Ziel, besser Ideal, aber keineswegs im Erziehungsprozeß jederzeit vorausgesetzt werden. Erziehung hat die spezifische Aufgabe, den jungen Menschen instand zu setzen, daß er seine Bedürfnisse, Ansprüche und Zwecke artikulieren, reklamieren und in der Gruppe diskutieren kann. Es gleicht einer Überforderung, von jedem Menschen ohne Rücksicht auf seinen Entwicklungs- und Bildungsstand Diskursfähigkeit zu verlangen oder sie als Bereitschaft stets vorauszusetzen, wenn man Zweifel haben kann, ob die wissenschaftliche Elite bereit oder immer imstande ist, einen Disput diskursiv auszutragen.

Clemens Menze, der in mehreren Beiträgen auf diesen wunden Punkt der Kommunikativen Pädagogik aufmerksam gemacht hat, kommt zu dem Ergebnis:

> Der Übertrag der Habermasschen Konsensustheorie der Wahrheit, die in Philosophie und Gesellschaftslehre ihren Ort und ihre Funktion haben mag, auf pädagogische Verhältnisse löst die mit dem pädagogischen Bezug sich verknüpfenden Probleme nicht. Er ist der spezifischen pädagogischen Situation unangemessen. (Menze 1979, 18)

Damit wird der emanzipatorisch-metakommunikative Ansatz in seiner zentralen Aussage in Frage gestellt, so daß die positiven Aspekte des systematischen Entwurfes kaum zum Tragen kommen. Manche Grundaussage erweist sich bei näherer Betrachtung als bloße Setzung, die vom Leser nicht ohne weiteres nachvollzogen, geschweige denn überprüft werden kann und infolgedessen nicht zu akzeptieren ist. Die Grundvoraussetzung einer wissenschaftlichen Aussage, daß sie intersubjektiv überprüfbar sei, gilt für jedwede wissenschaftstheoretische Richtung, auch für die Kommunikative Pädagogik.

Schallers kommunikativer Ansatz der Systematischen Pädagogik klammert bewußt den Zusammenhang von Erziehung und Sozialisation aus. Dies verwundert um so mehr, als gerade der Bezug zur gesellschaftlichen Wirklichkeit hergestellt und als dynamisches Wechselverhältnis im Erziehungsbereich aufrechterhalten werden soll. Sozialisation wird einseitig als funktionalistisches Modell interpretiert und demzufolge für die rationale Kommunikation als indiskutabel angesehen. Die neueren Sozialisationstheorien bleiben unbeachtet. Die von K. Schaller reflektierte pädagogische Kommunikation verharrt daher trotz ihres emanzipatorischen Anstrichs in der häufig beklagten Binnenstruktur, aus der sie sie eigentlich zu befreien angekündigt hatte.

Literatur

Quellen

Schaller, K.: Einführung in die Kritische Erziehungswissenschaft. Darmstadt 1974.

Ders.: Zur Problematik des Erziehungszieles im Rahmen einer Pädagogik der Kommunikation. Aus: M. Benden (Hrsg.), Zur Zielproblematik in der Pädagogik. Bad Heilbrunn 1977, S. 183–195.

Ders.: Einführung in die Kommunikative Pädagogik. Freiburg i. Br. 1978.

Schäfer, K.-H./K. Schaller: Kritische Erziehungswissenschaft und kommunikative Didaktik. Heidelberg 1971.

Schrifttum:

Biermann, R.: Interaktion im Unterricht. Darmstadt 1978.

Bock, I.: Kommunikation und Erziehung. Darmstadt 1978.

Brezinka, W.: Die „Emanzipatorische Pädagogik" und ihre Folgen. In: Pädagogische Rundschau 35 (1981), S. 365–383.

Hoffmann, D.: Zur historischen Funktion Kritischer Erziehungswissenschaft. Aus: B. Claußen/H. Scarbath (Hrsg.), Konzepte einer Kritischen Erziehungswissenschaft. München 1979, S. 73–86.

Joppien, H.-J.: Pädagogische Interaktion. Bad Heilbrunn 1981.

Kreis, H.: Der pädagogische Gedanke der Emanzipation in seinem Verhältnis zum Engagement. Bad Heilbrunn 1978.

Menze, C.: Kritik und Metakritik des pädagogischen Bezugs. In: Pädagogische Rundschau 32 (1978) S. 288–299.

Ders.: Zur Kritik der kommunikativen Pädagogik. In: Vierteljahrsschrift für wissenschaftliche Pädagogik 55 (1979), S. 1–23.

Ders.: Aspekte einer humanistischen Geselligkeitslehre und die kommunikative Pädagogik. Aus: H. Röhrs (Hrsg.), Die Erziehungswissenschaft und die Pluralität ihrer Konzepte. Wiesbaden 1979, S. 147–162.

Sahmel, K.-H.: Bemerkungen zum Kritik-Begriff einiger Konzeptionen Kritischer Pädagogik. In: Pädagogische Rundschau 32 (1978), S. 789–807.

3.5. Ertrag

Überblickt man die drei oben skizzierten Theorieansätze zu einer modernen Darstellungsweise der Systematischen Pädagogik, so ergeben sich zum Teil beträchtliche Unterschiede bei gewichtigen Grundaussagen. Die auffälligsten Abweichungen sollen nun an den Grundbegriffen „Erziehung", „Erziehungsziel" und „Erziehungswissenschaft" aufgewiesen werden.

Erziehung

Der in jedem pädagogischen Begriffssystem hervorgetretene Fundamentalbegriff der Erziehung wird von den drei zuletzt behandelten Autoren in jeweils anderer Bedeutung verwendet. Im Gegensatz zu früheren Systematikern entscheiden sich die neueren Pädagogiker für *eine* Bedeutung des Wortes, wenn es auch nicht leichtfällt, die einmal getroffene Entscheidung in der Gesamtdarstellung durchzuhalten.

Erziehung wird von W. Brezinka in einem sehr engen Sinne bestimmt. Sie reduziert sich als Handlungsbegriff auf die Maßnahmen des Erziehenden, die freilich im Zu-Erziehenden ihren Adressaten haben. Diese auf dem erziehungstheoretischen Reißbrett konstruierte Einbahnstraßenpädagogik hält K. J. Klauer für wenig realitätszugewandt. Er begreift Erziehung als ein Interaktionsgeschehen von Personen und auch Sachen, wobei ebenso die Faktoren in Betracht gezogen werden, die auf sie wiederum in irgendeiner Hinsicht Einfluß nehmen. Daher tritt in diesem Zusammenhang Erziehung als ein weitgespannter und komplexer Vorgang in den Blick. Demzufolge wird sie in einem sehr weiten Sinne definiert. Bei K. Schaller steht indes ein weitgefaßter Erziehungsbegriff im Zentrum der Kommunikativen Pädagogik, da Individuum und Gesellschaft, Erzieher und Zu-Erziehende in rationaler Absicht aktiv und reaktiv zueinander in Beziehung treten, d. h. stets miteinander kommunizieren.

Bei Schallers Erziehungsauffassung und insbesondere bei der Erziehungsdefinition sind die präskriptiven, d. h. die vorschreibend-wertenden Elemente wie bei den meisten älteren Begriffsbestimmungen nicht zu übersehen, die von ihm im Verlauf seiner systematischen Darstellung als wesentliche Bestandteile erziehungswissenschaftlichen Denkens herausgestellt werden. Somit steht Schaller in der Reihe einer stattlichen Anzahl von Erziehungstheoretikern, die den Erziehungsbegriff mit Aussagen über das allgemeine Erziehungsziel definiert haben. Auf die Schwierigkeiten, die hieraus für die Feststellung der Adäquatheit einer Definition im Hinblick auf den zu beschreibenden Sachverhalt erwachsen, braucht nur hingewiesen zu werden.

Klauer präsentiert uns hingegen eine Erziehungsdefinition, die dem Ideal der Wertfreiheit nahekommt. Allerdings ist der Preis für einen solchen Fortschritt nicht gerade gering. Die tragenden Begriffe des Explikats von Erziehung, Lehren und Lernen, sind so weit gefaßt, daß der zu definierende Sachverhalt nicht exakt bestimmt wird; denn es fällt nicht schwer, sich ein Lernen vorzustellen, das sich außerhalb des Erziehungsvorgangs ereignet.

Was die Wertfrage innerhalb der Erziehungsdefinition betrifft, schlägt Brezinka offenkundig einen Mittelweg ein, indem er zwar keine allgemeinen oder besonderen Erziehungsziele in die Begriffsbestimmung einbezieht, dann aber doch in einer formalen Version vom „Verbessern" der psychischen Dispositionen spricht oder es dem Erzieher überläßt, die anzustrebenden Einstellungen und Bereitschaften als „wertvoll" oder „schlecht" zu beurteilen.

Daraus geht schon hervor, daß die Wertfrage innerhalb der Erziehungswissenschaft noch keineswegs als zufriedenstellend gelöst zu betrachten ist und in Zukunft weiter diskutiert werden muß. Brezinkas Bemühungen, den Wertgedanken aus dem erziehungswissenschaftlichen Zusammenhang zu eliminieren, vermochten bisher nicht zu überzeugen.

Erziehungsziel

Abweichend voneinander sind auch die Sicht und Bestimmung des allgemeinen Erziehungsziels der drei behandelten Autoren. Klauer lehnt es kurzerhand ab, die Termini „Erziehungsziel", „Unterrichtsziel" und „Lernziel" überhaupt zu verwenden. Nach seiner Auffassung kann nur von „Lehrzielen" gesprochen werden, da der Erziehungsprozeß von außen, d. h. von einem Lehrenden gesteuert wird. Das Lernen selbst ist als ein innerpsychischer Vorgang anzusehen, der sich jeder Beobachtung entzieht, wobei jedoch die effektive Verhaltensänderung feststellbar ist.

Brezinka begnügt sich damit, den Terminus „Erziehungsziel" zu explizieren, und zwar in der Weise, daß er formal festlegt, welche allgemeinen Aussagen gemacht werden können. So bedeutet das Erziehungsziel einmal eine *Norm* für den Erzieher, die *Ideale* im Blick auf den zu beeinflussenden Educanden enthält.

Schaller verlegt schließlich die Entscheidung über die Auswahl der Zielperspektiven und die Akzeptierung einzelner Erziehungsziele in den Erziehungsprozeß. Erzieher und Zu-Erziehende haben selbst und miteinander darüber zu befinden, welche Normen und Ziele für sie von Bedeutung sind. Abgesehen davon, ob ein solcher proklamierter Diskurs über Zielfragen auf allen Altersstufen möglich und auch nötig ist, ist generell zu bezweifeln, ob ein solches akademisches Modell bei allem demokratischen Selbstverständnis die Lösung der erziehungswissenschaftlichen Zielproblematik darstellt. Das Diskursmodell sollte den letzten und elementaren Fragen des allgemeinen Erziehungsziels vorbehalten bleiben, die nur noch aporetisch nach dem Vorbild platonischer Frühdialoge erörtert werden können.

Erziehungswissenschaft

Uneinig sind sich Brezinka, Klauer und Schaller auch über das Wissenschaftsprogramm der pädagogischen Theorie, was freilich von den gewählten wissenschaftstheoretischen Positionen her verständlich erscheint.

Während W. Brezinka den philosophischen und erziehungspraktischen Aspekt der Erziehung aus der wissenschaftlichen Betrachtungsweise ausschließt und von drei relativ unabhängigen Satzsystemen der Erziehungstheorie handelt, vermeidet K. J. Klauer eine solch künstliche Trennung elementarer Aussageweisen und damit auch die hierarchische Anordnung der drei Satzsysteme sowie die gleichzeitige Diskriminierung der beiden als nichtwissenschaftlich apostrophierten Teildisziplinen.

Nach Klauer kann die stets auf Erziehungspraxis bezogene Pädagogik deskriptiv, normativ und präskriptiv vorgehen, ohne ihr wissenschaftliches Selbstverständnis aufgeben zu müssen. Ob die pädagogische Disziplin bei Forschungsprojekten wissenschaftlich verfährt, darüber geben nicht zuletzt und zuverlässig die methodischen Verfahren, deren man sich bedient hat, Auskunft. Die Befunde, die den Anspruch auf Wissenschaftlichkeit erheben, müssen den modernen Standards genügen und den wissenschaftlichen Ansprüchen der intersubjektiven Überprüfbarkeit gerecht werden.

Wie beim Erziehungsvorgang, so betont K. Schaller bei der wissenschaftlichen Pädagogik das kommunikative Beziehungsgeflecht. Er bekennt sich zu der traditionellen Sichtweise der Pädagogik. Neben der Geschichte der Pädagogik nennt er die Systematische Pädagogik als eine bedeutsame Teildisziplin. Die Systematische Pädagogik ist im Grunde deskriptiv, präskriptiv und konstruktiv zugleich, je nachdem welchen Teilaspekt man gerade hervorkehrt. Auch bei Schaller bleibt der Einheitscharakter der Pädagogik als wissenschaftlicher Disziplin gewahrt. Demgegenüber werden die methodologischen Grundfragen, wenn überhaupt, nur unzureichend reflektiert.

Allen Autoren gemeinsam ist die *deskriptive* Betrachtungsweise der Pädagogik und ihr mehr oder weniger deutlich herausgearbeiteter Bezug zur Erziehungspraxis. Angesichts der divergierenden Vorschläge bleibt aber das Theorie-Praxis-Problem in der Erziehungswissenschaft weiter bestehen. Es bedarf dringend der umfassenden Klärung, damit die Kluft zwischen Erziehungstheorie und -praxis nicht noch größer wird und sich die Erziehungspraktiker von der Erziehungswissenschaft, die ihnen bisher allzu fremd geblieben ist, nicht weiterhin abwenden.

Ein Raster mit den wichtigsten Grundbegriffen, die bei den meisten pädagogischen Systemen oder deren Vorarbeiten vorgefunden wurden, ist gleichsam als Nebenprodukt entdeckt worden: Bei den neueren Ansätzen zur Systematischen Pädagogik, den Monographien und den ersten Entwürfen zur Systematischen Pädagogik (vgl. die drei vorangegangenen Kapitel dieses Buches) konnten mit einiger Regelmäßigkeit folgende Grundkategorien ausgemacht werden, bei denen die entscheidenden Fragen nach den jeweiligen Sachverhalten in Klammern angefügt werden:

- Erziehung (wer?, wen?, was?)
- Erziehungsziel (wohin?, wozu?)
- Erziehungsmaßnahmen (wie?, womit?)
- Erziehungsprinzipien (wonach?)
- Erziehungsinstitutionen (wo?)
- Erziehungswissenschaft (welche Forschungsmethoden?)

Eine neuere Darstellung der Systematischen Pädagogik wäre gut beraten, sich diesem kleinsten gemeinsamen Vielfachen pädagogischer Grundbegriffe und dem Konsensprogramm erziehungstheoretischer Betrachtungsweise zuzuwenden und besondere Beachtung zu schenken. Von welchem wissenschaftstheoretischen Verständnis aus die Bezüge zu den einzelnen Kategorien dann hergestellt und diese miteinander verbunden werden, darüber kann nur der einzelne Ansatz Aufschluß geben.

AUSBLICK: ANMERKUNGEN ZU DREI TRAGENDEN BEGRIFFEN EINES ALLGEMEINPÄDAGOGISCHEN BEGRIFFSSYSTEMS

Wenn wir nunmehr davon ausgehen können, daß es in der Erziehungswissenschaft einen Konsens über einen überschaubaren Katalog allgemeinpädagogischer Grundbegriffe gibt, wobei deren Bedeutungsgehalte von den Autoren noch sehr unterschiedlich definiert werden, bleibt abschließend zu fragen, nach welchen Gesichtspunkten die terminologische Diskussion weitergeführt werden soll. Da hier nicht auf alle Grundbegriffe des obengenannten Rasters (3.5.) eingegangen werden kann, wählen wir drei der tragenden Begriffe des allgemeinpädagogischen Begriffssystems aus: Erziehung, Erziehungsziel, Erziehungswissenschaft.

Erziehung

Bei aller Unterschiedlichkeit des Erziehungsverständnisses haben die Ansätze von Brezinka, Klauer und Schaller doch eins gemeinsam, daß sie den Zusammenhang von Sozialisation und Erziehung vernachlässigen. Dies überrascht um so mehr, als die gesellschaftliche Ebene keineswegs negiert, ja als sozialer Aspekt (Brezinka, Klauer) oder sogar als Schlüsselbegriff (Schaller) in Erscheinung tritt. Brezinka und Klauer erblicken das Äquivalent für die soziale Determinante im Lernbegriff. Bei genauerer Betrachtung ist aber der Lernbegriff nicht imstande, den Sozialisationsbegriff zu ersetzen, weil mit dem letzteren eine eigene Dimension menschlicher Entwicklung und Einflußnahme angesprochen wird. Wenn Erziehung als ein spezifischer Aspekt von Gesellschaft anzusehen ist und Gesellschaft eine Funktion von Erziehung bleibt, darf diese elementare Einsicht pädagogischer Klassiker (z. B. Schleiermacher, Dilthey) nicht wieder aufgegeben werden. Die Gesellschaft muß also weiterhin als eine unentbehrliche Bezugskategorie von Erziehung aufgefaßt werden – eine Einsicht, die notwendig im Erziehungsbegriff zur Anwendung kommt. Aus dem Gesellschaftsbegriff lassen sich noch einige andere relevante Begriffe ableiten.

Gesellschaft wird in unserem Zusammenhang als ein Sammelbegriff verstanden, und zwar für alle Gesellungsformen (soziale Gruppen, Institutionen, Assoziationen) eines kulturellen Systems. Sie umfaßt immer eine größere Zahl von Menschen aller Altersstufen, sozialer Schichten, sämtlicher Berufe und sonstige Gruppierungen, die sich zu bestimmten Zwecken organisiert und eine gemeinsame Kultur haben.

Mit *Sozialisation* wird dann der Vorgang der Integration eines Individuums in die Gesellschaft, der es angehört, bezeichnet. Dieser Prozeß ereignet sich einmal im Sinne von Prägung als Übernahme von Verhaltensmustern, Positionen, Rollen und Werten; zum anderen als Übermittlung von Inhalten der jeweiligen Kultur (Kulturtechniken, Wissenschaft, Kunst, Technologie); schließlich umfaßt Sozialisation alle jene Maßnahmen, die zur Übernahme tradierter und zur Gestaltung neuer Inhalte führen und das Individuum zu einem brauchbaren Mitglied der Gesellschaft machen. Bei dieser intentional-aktiven Auffassung von Sozialisation ergeben sich zweifellos Berühungspunkte zum Erziehungsbegriff. Generell herrscht bei der Sozialisation der Zusammenhang von Ursache und Wirkung, bei der Erziehung der von Zweck und Mittel vor (vgl. Götz/Kaltschmid 1978, Gukenbiehl 1979, Hurrelmann/Ulich 1980).

Der Begriff der Gesellschaft korrespondiert mit dem des Individuums. Das *Individuum* ist als Person die lebendige und nicht mehr teilbare Grundeinheit von sozialer Gruppe und Gesellschaft mit eigenem Wertbereich wie beispielsweise Menschenwürde, Freiheit (Glaubens-, Gewissens-, politische Meinungsfreiheit), Gerechtigkeit, Eigentum, Toleranz.

Individualisation bezeichnet den Vorgang der Ich- oder Selbstwerdung im Vergleich mit anderen Ausdrücken wie Personalisation und Individuation am besten. Denn Person braucht der Mensch nicht erst zu werden, er ist sie bereits als Mensch von seiner Geburt an. Individuation wird seit längerem von der Psychoanalyse als Terminus technicus beansprucht, der nur in dieser Bedeutung verständlich ist und verwendet werden sollte. Individualisation ist als humaner Vorgang nicht anders als im Kontext sozialer Beziehungen und Aktivitäten sowie im Spannungsverhältnis von Anlagebedingungen des Individuums und Umwelteinflüssen zu verstehen.

Zwischen Gesellschaft und Individuum ist noch eine dritte Grundeinheit vorzusehen: die *soziale Gruppe.* Die soziale Gruppe umfaßt eine überschaubare Zahl von Mitgliedern, die gemeinsame Ziele (Zwecke) verfolgen, in der Regel einen Status besitzen und bestimmte Rollen zuweisen.

Dem Prozeß der Sozialisation oder Individualisation entspricht bei der sozialen Gruppe der Vorgang der *Interaktion.* Sie kann allgemein als das Wechselverhältnis kommunikativen Handelns verstanden werden. Es handelt sich hierbei um die wechselseitige Beziehung von wenigstens zwei Partnern. Wichtige Voraussetzungen für den interaktionalen Vorgang sind Normenkonsens einerseits, Dissens, Konflikt und die Bereitschaft, Konflikte zu bewältigen, andererseits.

Gesellschaft, Individuum und soziale Gruppe sind die drei Grundkategorien des sozialen Systems. In den gesellschaftlichen Organisationen, den Institutionen, werden sie direkt aufeinander bezogen. Ebenso wechselseitig voneinander abhängig sind die einzelnen Prozesse: Sozialisation, Individualisation und soziale Interaktion. Wenn Erziehung nicht einseitig bzw. extrem (z. B. als Kollektivation, Singularisation, Interaktionismus) verlaufen soll, wird sie sich allen drei Bezugspunkten zugleich zuwenden müssen.

Erziehung ist vor dem Hintergrund des bisher Gesagten als soziale Interaktion zu begreifen, die aufgrund zweckrationaler Zielsetzungen in eine pädagogische Interaktion überwechselt und so lange als solche fortbesteht, wie die erziehliche Intention von Bedeutung ist. Zu den Hauptzielen pädagogischer Einflußnahme gehören die Bemühungen, dem einzelnen zur Sozialisation, Interaktion und Individualisation zu verhelfen, und die Versuche, das Verhalten der Mitmenschen kurz- oder langfristig zu stabilisieren, zu ändern oder auch zu verhindern. Letztlich kehrt jede pädagogische Interaktion als Verbesonderung des sozialen Prozesses in die ursprüngliche soziale Interaktion zurück (vgl. Langeveld 1965). Wie in jeder sozialen Interaktion finden sich auch in der pädagogischen Interaktion sowohl dyadische (Erzieher – Zu-Erziehender) als auch kollektive (Erzieher – Gruppe der Zu-Erziehenden) Beziehungselemente. Über die Aktualität beider elementarer Zuwendungsformen entscheidet die jeweilige Situation. Der stete Wechsel zwischen beiden Bezügen macht ihren dynamischen Charakter aus. Pädagogische Interaktionen haben ihren natürlichen Ort in den pädagogischen Interaktionssystemen: im Eltern-Kind-, Heimerzieher-Zögling-, Erzieherin-Kind-, Lehrer-Schüler-Verhältnis u. a. Über die rein zwischenmenschliche Beziehung hinaus sind auch Maßnahmen, die Mittel und Medien Einflußfaktoren, die wesentlich zur pädagogischen Gesamtatmosphäre beitragen.

Interpersonale Erziehungsvorgänge lassen sich in Interaktionsanalysen nach bestimmten Kriterien feststellen und beschreiben. Verfahren hierzu wurden in mehreren Ansätzen von den Amerikanern Flanders, Bellack u. a. entwickelt und bei uns von Merkens und Seiler (1978) im einzelnen dargestellt.

Erziehungsziel

Aus der Sicht der kritisch-rationalistischen Wissenschaftstheorie ist der Erziehungszielbegriff der umstrittenste aller pädagogischen Kategorien. Entweder wird er durch den Lernzielbegriff ersetzt oder ganz aus dem Zusammenhang strenger Wissenschaft zu eliminieren versucht. Damit ist aber das erziehungswissenschaftliche Problem der Zielsetzung noch keineswegs gelöst. Es stellt sich immer wieder neu bei den Grundfragen, z. B. bei denen nach dem Zweck und den Mitteln, der Erziehung. Einige Erziehungswissenschaftler machen es sich zu einfach, wenn sie aus wissenschaftstheoretischen Gründen einer Richtung das Formulieren von Erziehungs- oder Lehrzielen den Politikern, Politikwissenschaftlern, Soziologen oder Juristen überlassen. Sie weichen damit allenfalls der selbstkritischen Reflexion aus und stellen sich ebensowenig der Frage, inwieweit der wissenschaftstheoretische Ansatz noch fruchtbar ist, wenn er bei einer der bedeutendsten Kategorien des Begriffssystems versagt. Was ist zu tun?

Es steht außer Frage, daß allgemeine Erziehungsziele von keinem Menschen für alle Zeiten und für alle Mitmenschen gesetzt werden können. Dennoch wird die Erziehungstheorie nie ganz ohne globale Zielformeln auskommen; nicht zuletzt deshalb, weil sie sich in der Erziehungspraxis besonderer Beliebtheit erfreuen. Erziehungsziele bedürfen als Normen, Vorschriften und Weisungen der Verhandlung im erziehlichen, erziehungswissenschaftlichen und politischen Raum. Sie entziehen sich der Beurteilung von „wahr" oder „falsch"; sie beanspruchen, für einen Personenkreis und für eine gewisse Zeit „gültig" zu sein. Wer entscheidet über die Gültigkeit von Erziehungszielen? Hierzu bedarf es des kritischen Sachverstandes und in einer freiheitlich-demokratischen Gesellschaft der pluralen Zusammensetzung politisch organisierter Gremien. Ein nach den gesellschaftlich relevanten Gruppen zusammengesetzter Ausschuß, dem die Entscheidung zufällt, beispielsweise die Richtziele für den Erziehungsbereich der Schule zu beraten und sie dem Landesparlament zur Entscheidung vorzulegen, wird in der Regel den Erziehungswissenschaftler um Rat fragen und ihn um Entscheidungshilfen bitten.

Der Erziehungswissenschaftler wird es aber nicht nur bei einer subjektiven Aussage bewenden lassen, sondern sich auch um die Rechtfertigung (Legitimation) seiner Zielangaben und deren Transparenz, d. h. überprüfbaren Herleitung, bemühen. Mit diesen beiden Beurteilungskriterien gelangen wir erst in den Vorhof wissenschaftlich denkbarer Zielaussagen. Ob Zielaussagen als „wissenschaftlich" anerkannt werden können, hängt davon ab, ob die Verfahren, deren man sich bedient hat, wissenschaftlichen Ansprüchen genügen. Die Legitimation und Transparenz von erziehlichen Zielsetzungen sind danach zu beurteilen, ob sie dem Minimalkonsens moderner Wissenschaftstheorien und -praxis, der intersubjektiven Überprüfbarkeit, standhalten. Darüber hinaus ist der Erziehungswissenschaftler verpflichtet, zur Evaluation, d. h. zur Operationalisierung der allgemeinen Zielsetzungen (Richtziele) und deren empirischen Prüfung in der Erziehungswirklichkeit, beizutragen. Dieses Vorgehen setzt eine gewisse Differenzierung, z. B. der Richtziele in Grob- oder Feinlernziele, voraus. Somit ist gewährleistet, daß Erziehungsziele nicht nur als abstrakte Zielformeln gehandelt werden, sondern auch in dem Bereich, für den sie Gültigkeit beanspruchen, anwendbar sind.

Zweifellos sind die Bedingungen für die Gültigkeit von Erziehungszielen bisher in der Curriculumforschung für das Praxisfeld der Schule zuerst gesehen und am ehesten berücksichtigt worden. Das schließt nicht aus, daß es bei der Lehrplanentwicklung immer noch zahlreiche offene Fragen und nicht wenige kontroverse Auffassungen gibt. Es liegt also nahe, bei der Curriculumentwicklung möglichst breit anzusetzen und zumindest vier Ansätze, wie Forster und Reichel dargelegt haben, zu kombinieren: den wissenschaftstheoretischen, bildungstheoretischen, curriculumtheoretischen und bildungspolitischen Ansatz (Forster/Reichel 1977, 120ff.).

Erst auf der Basis mehrerer Ansätze scheint die erziehungstheoretische und politisch verbindliche Zielaussage akzeptabel. Daß hierbei der Erziehungswissenschaftler von seiner Fachkompetenz her einen gewichtigen Beitrag zu leisten hat, steht außer Frage. Dieser Beitrag kann einmal darin bestehen, daß er nach Vorgabe des Erziehungsbegriffs allgemeine Zielformeln im Blick auf Sozialisation, soziale Interaktion und Individualisation bereitstellt und zum anderen Kritierienkataloge entwickelt, wonach die globalen Aussagen in konkretere übergeführt, auf die jeweilige Erziehungspraxis übertragen werden können. Erziehungsziele jeder Art haben sich operational und erziehungspraktisch zu bewähren. Gerade hier fehlt es noch an der Bereitschaft der Vertreter der Allgemeinen Pädagogik. Sie lassen es in ihren Abhandlungen zu häufig beim Definieren des Erziehungsziels und bei der Formulierung allgemeinster Zielsetzungen bewenden. Die Konkretisierung und Überprüfung ihrer allgemeinen Aussagen überantworten sie den erziehungswissenschaftlichen Teildisziplinen oder den Erziehungspraktikern.

Erziehungswissenschaft

Sofern die Pädagogik sich als eine wissenschaftliche Disziplin versteht, unterliegt sie den gleichen wissenschaftstheoretischen und methodologischen Ansprüchen wie andere vergleichbare Wissenschaften (z. B. Humanwissenschaften). Über alle wissenschaftstheoretischen Kontroversen hinweg, wie sie zwischen einzelnen Hauptrichtungen bestehen, müßte wenigstens ein Minimalkonsens über das, was als wissenschaftlich anzuerkennen sei, möglich sein. Wir erblicken ihn ganz allgemein in der intersubjektiven Überprüfbarkeit der als wissenschaftlich apostrophierten Erkenntnisse. Bei der Historiographie der Erziehung bilden die Quellentexte, bei der sich empirisch verstehenden Pädagogik statistische Verfahren die unerläßliche Voraussetzung hierzu.

Zwischen den beiden großen Forschungsbereichen, der hermeneutisch-phänomenologischen und empirischen Pädagogik, wird es immer einen Rest methodologischer Unterschiede und Aporien geben, was nicht zuletzt mit der Verschiedenheit der angewandten Methoden zu begründen ist. Schließlich sind die Forschungsgegenstände selbst unterschiedlicher Natur, die wiederum ein stark differenziertes Instrumentarium erforderlich machen. Nur Ideologen verabsolutieren *eine* Methode, meistens die eigene, und verketzern andere Wege der Erkenntnisfindung. Nicht zuletzt entscheidet aber der zu erforschende Gegenstand darüber, welche Methode(n) zu wählen ist (sind), um zu einwandfreien und abgesicherten Ergebnissen zu gelangen. In einem freiheitlich-demokratischen Rechtsstaat ist die Pluralität der Forschungsmethoden nicht nur erwünscht, sondern von der Verfassung auch garantiert.

In der Erziehungswissenschaft fehlt es nicht an Hinweisen, die zu erkennen geben, wie häufig es in der Vergangenheit versucht worden ist, den Methodenpluralismus zugunsten einer Methode aufzuheben. Es gibt aber ebenso andere Beispiele, die belegen, daß es stets Forscher gab, die sich für ein breites Spektrum anerkannter Forschungsmethoden eingesetzt haben. In unserer Zeit wird mehr und mehr der über eine Einzelwissenschaft hinausgehende forschungsmethodische Ansatz vertreten, d. h. man beruft sich nicht mehr auf das forschungsmethodische Instrumentarium *eines* Faches; im Mittelpunkt der Einzeldisziplinen stehen vielmehr die allen vergleichbaren Wissenschaften gemeinsamen methodischen Verfahren. Dies ist gewiß eine gute Voraussetzung für interdisziplinäre Forschungsaufgaben, die auch in der Erziehungswissenschaft zu wenig angegangen werden, in Zukunft jedoch häufiger realisiert werden müssen, wenn anstehende fächerübergreifende Forschungsaufgaben zu einem befriedigenden Abschluß geführt werden sollen (siehe zur Methodendiskussion in der Erziehungswissenschaft folgende Arbeiten: Roth 1978, Danner 1979, Heller/Rosemann 1981).

Angesichts des oben dargestellten Erziehungsverständnisses bieten sich als kooperierende Disziplinen an: Anthropologie, Sozialwissenschaften, Psychologie mit ihren Teildisziplinen, Kommunikationswissenschaft u. a. Selbstverständlich kommen noch andere, hier nicht genannte Fachgebiete in Frage, worüber im Einzelfall zu entscheiden ist.

Inwieweit der Erziehungswissenschaft zu einer eigenen Systematik, d. h. zu einer nach einem Ordnungsprinzip erstellten Gliederung der Teildisziplinen, verholfen werden kann, ist noch völlig offen. H. Paschen hat neuerdings einen Versuch unternommen, der wesentliche Aufgabenbereiche der Erziehungstheorie erfaßt und sinnvoll strukturiert (Paschen 1981). Bei diesem Systematisierungsvorschlag wird die Allgemeine Erziehungswissenschaft von der Speziellen Erziehungswissenschaft abgehoben. Innerhalb der Allgemeinen Erziehungswissenschaft sind als Teilbereiche die historische, vergleichende und systematische Betrachtungsweise genannt; einer solchen Grobeinteilung kann uneingeschränkt zugestimmt werden. Bei der systematischen Betrachtungsweise der Allgemeinen Pädagogik treten Bereiche in den Vordergrund, die zum Themenkatalog bereits vorliegender und in diesem Buch behandelter Darstellungen der Systematischen Pädagogik gehören. Es lohnt sich, Paschens konstruktiven Vorschlag zu einer Systematik der Erziehungswissenschaft zu diskutieren.

Damit sind einige Problemfelder und Aufgabenbereiche einer neu zu konzipierenden Systematischen Pädagogik aufgezeigt. Bei der Neukonzeption kann es sich nur um eine Darstellung handeln, die den heutigen wissenschaftstheoretischen und erziehungspraktischen Ansprüchen gleichermaßen gerecht wird. Daß die Erziehungstheorie und Erziehungspraxis der Systematisierung der Grunderkenntnisse bedürfen, sollte jedem nunmehr evident sein und die Fachvertreter zu weiteren Systementwürfen anregen.

Literatur

Danner, H.: Methoden geisteswissenschaftlicher Pädagogik. München 1979.

Forster, H./H. Reichel (Hrsg.): Glossar zur Lehrplanentwicklung in Rheinland-Pfalz. Mainz 1977.

Götz, B./J. Kaltschmid (Hrsg.): Sozialisation und Erziehung. Darmstadt 1978.

Gukenbiehl, H. L. (Hrsg.): Felder der Sozialisation. Braunschweig 1979.

Heller, K./B. Rosemann: Planung und Auswertung empirischer Untersuchungen. Stuttgart ^{2}1981.

Hurrelmann, K./D. Ulich (Hrsg.): Sozialisationsforschung. Weinheim 1980.

Langeveld, M. J.: Einführung in die theoretische Pädagogik. Stuttgart ^{5}1965.

Merkens, H./H. Seiler: Interaktionsanalyse. Stuttgart 1978.

Paschen, H.: Zur Systematik der Erziehungswissenschaft und ihrer Repräsentation an Wissenschaftlichen Hochschulen. In: Bildung und Erziehung 34 (1981), H. 1, S. 20–34.

Roth, L. (Hrsg.): Methoden erziehungswissenschaftlicher Forschung. Stuttgart 1978.

REGISTER

Namen

Sachen